当代国外
马克思主义哲学研究丛书
张一兵 主编

南京大学
建设世界一流大学一流学科工程项目

Value-Form,
State Derivation and
Critical Theory
A Study on the Neue Marx-Lektüre in
Germany

价值形式、国家衍生与批判理论

德国新马克思阅读运动研究

李乾坤 著

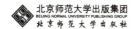
北京师范大学出版集团
BEIJING NORMAL UNIVERSITY PUBLISHING GROUP
北京师范大学出版社

总　序

今天中国的改革开放创造了一个前所未有的华夏文明的时代，中国人文社会科学学术研究领域中那种单向的"去西方取经"一边倒的情形，已经转换为世界各国的科学家和思想家纷纷来到中国这块火热的大地上，了解这里发生的一切，与中国的学者进行面对面的交流。在作为中国马克思主义哲学研究重镇的南京大学，德里达来了，齐泽克①

---

① 斯拉沃热·齐泽克(Slavoj Žižek，1949—)：当代斯洛文尼亚著名思想家，欧洲后马克思思潮主要代表人物之一。1949 年 3 月 21 日生于斯洛文尼亚的卢布尔雅那市，当时，该市还是南斯拉夫西北部的一个城市。1971 年在卢布尔雅那大学文学院哲学系获文科(哲学和社会学)学士，1975 年在该系获文科(哲学)硕士，1981 年在该系获文科(哲学)博士。1985 年在巴黎第八大学获文科(精神分析学)博士。从 1979 年起，在卢布尔雅那大学社会学和哲学研究所任研究员(该所从 1992 年开始更名为卢布尔雅那大学社会科学院社会科学研究所)。主要著作：《意识形态的崇高对象——悖论与颠覆》(1989)、《斜视》(1991)、《延迟的否定——康德、黑格尔与意识形态批判》(1993)、《快感大转移——妇女和因果性六论》(1994)、《难缠的主体——政治本体论的缺席中心》(1999)、《易碎的绝对——基督教遗产为何值得奋斗?》(2000)、《视差之见》(2006)、《捍卫失败的事业》(2008)、《比无更少》(2012)等。

来了，德里克①来了，凯文·安德森②来了，凯尔纳③来了，阿格里塔④来了，巴加图利亚⑤来了，郑文吉⑥来了，望月清司⑦来了，奈格里⑧

① 阿里夫·德里克(Arif Dirlik, 1940—2017)：土耳其裔历史学者，美国著名左派学者，美国杜克大学、俄勒冈大学教授。代表作：《革命与历史——中国马克思主义历史学的起源，1919—1937》(1978)、《中国革命中的无政府主义》(2006)、《后革命时代的中国》(2015)等。

② 凯文·安德森(Kevin B. Anderson, 1948—)：美国当代西方列宁学家，社会学家，加利福尼亚大学圣塔芭芭拉分校教授。代表作：《列宁、黑格尔和西方马克思主义：一种批判性研究》(1995)等。

③ 道格拉斯·凯尔纳(Douglas Kellner, 1943—)：马克思主义批判理论家，美国加利福尼亚大学洛杉矶分校教授，乔治·奈勒教育哲学讲座教授。代表作：《后现代转折》(1997)、《后现代理论——批判性的质疑》(1991)、《媒体奇观：当代美国社会文化透视》(2001)等。

④ 米歇尔·阿格里塔(Michel Aglietta, 1938—)：法国调节学派理论家，法国巴黎第五大学国际经济学教授，法国巴黎大学荣誉教授。代表作：《调节与资本主义危机》(1976)等。

⑤ 巴加图利亚(G. A. Bagaturija, 1929—)：俄罗斯著名马克思主义文献学家和哲学家。

⑥ 郑文吉(Chung, Moon-Gil, 1941—2017)：当代韩国著名马克思学家。1941 年 11 月 20 日出生于韩国庆尚北道大邱市；1960—1964 年就读于大邱大学(现岭南大学)政治系，1964—1970 年为首尔大学政治学研究生，获博士学位；1971 年起，任教于高丽大学，1975 年任副教授，1978 年任教授；2007 年，从高丽大学的教职上退休。1998—2000 年，郑文吉任高丽大学政治科学与经济学院院长。代表作：《异化理论研究》(1978)、《青年黑格尔派与马克思》(1987)、《马克思的早期论著及思想生成》(1994)、《韩国的马克思学视域》(2004)等。

⑦ 望月清司(Mochizuki Seiji, 1929—)：日本当代新马克思主义思想家。1929 年生于日本东京，1951 年就读于日本专修大学商学部经济学科，1956 年就任该大学商学部助手，1969 年晋升为该大学经济学部教授。1975 年获得专修大学经济学博士，并从 1989 年开始连任专修大学校长 9 年，直至退休为止。代表作：《马克思历史理论的研究》(1973)等。

⑧ 安东尼·奈格里 (Antonio Negri, 1933—)：意大利当代著名马克思主义哲学家。1956 年毕业于帕多瓦大学哲学系，获得哲学学士学位。同年加入意大利工人社会党。20 世纪 60 年代曾参与组织意大利工人"自治运动"(Autonomia Operaia)。1967 年获得教授资格。1978 年春季，他应阿尔都塞的邀请在巴黎高师举办了一系列关于马克思《政治经济学批判大纲》的讲座，其书稿于 1979 年分别在法国和意大利出版，即《〈大纲〉：超越马克思的马克思》。1979 年，奈格里因受到红色旅杀害当时任意大利总理阿尔多·莫罗事件的牵连而被捕。释放后流亡法国 14 年，在法国文森大学(巴黎第八大学)和国际哲学学院任教。1997 年，在刑期从 30 年缩短至 13 年后，奈格里回到意大利服刑。在狱中奈格里出版了一批有影响的著作。1994 年，奈格里与哈特合作出版了《酒神：国家形式的批判》。之后，二人又相继合作出版了批判资本主义全球化的三部曲：《帝国》(2000)、《诸众》(2004)、《大同世界》(2011)等。

和普舒同①来了，斯蒂格勒②和大卫·哈维③这些当代的哲学大师都多次来到南京大学，为老师和学生开设课程，就共同关心的学术前沿问题与我们开展系列研讨与合作。曾几何时，由于历史性和地理性的时空相隔，语言系统迥异，不同文化和不同的政治话语语境，我们对国外马克思主义哲学的研究，只能从多重时空和多次语言转换之后的汉译文本，生发出抽象的理论省思。现在，这一切都在改变。我们已经获得足够完整的第一手文献，也培养了一批批熟练掌握不同语种的年轻学者，并且，我们已经可以直接与今天仍然在现实布尔乔亚世界中执着抗争的欧美亚等左派学者面对

---

① 穆伊什·普舒同(Moishe Postone, 1942—2018)：当代加拿大马克思主义历史学家、哲学家和政治经济学家。1983年获德国法兰克福大学博士学位，代表作《时间、劳动和社会支配：对马克思批判理论的再解释》在国际马克思主义学界产生了很大影响。普舒同教授曾于2012年和2017年两次访问南京大学马克思主义社会理论研究中心，为师生作精彩的学术演讲，并与中心学者和学生进行深入的研讨与交流。

② 贝尔纳·斯蒂格勒(Bernard Stiegler, 1952—)：当代法国哲学家，解构理论大师德里达的得意门生。早年曾因持械行劫而入狱，后来在狱中自学哲学，并得到德里达的赏识。1992年在德里达的指导下于社会科学高级研究院获博士学位(博士论文：《技术与时间》)。于2006年开始担任法国蓬皮杜中心文化发展部主任。代表作：《技术与时间》(三卷，1994—2001)、《象征的贫困》(二卷，2004—2005)、《怀疑和失信》(三卷，2004—2006)、《构成欧洲》(二卷，2005)、《新政治经济学批判》(2009)等。

③ 大卫·哈维(David Harvey, 1935—)：当代美国著名马克思主义思想家。1935年出生于英国肯特郡，1957年获剑桥大学地理系文学学士，1961年以《论肯特郡1800—1900年农业和乡村的变迁》一文获该校哲学博士学位。随后即赴瑞典乌普萨拉大学访问进修一年，回国后任布里斯托大学地理系讲师。1969年后移居美国，任约翰·霍普金斯大学地理学与环境工程系教授，1994—1995年曾回到英国在牛津大学任教。2001年起，任教于纽约市立大学研究生中心和伦敦经济学院。哈维是当今世界最重要的马克思主义思想家，提出地理—历史唯物主义，是空间理论的代表人物。其主要著作有《地理学中的解释》(1969)、《资本的界限》(1982)、《后现代的状况——对文化变迁之缘起的探究》(1989)、《正义、自然与差异地理学》(1996)、《希望的空间》(2000)、《新自由主义简史》(2005)、《跟大卫·哈维读〈资本论〉》(第一卷，2010；第二卷，2013)、《资本社会的17个矛盾》(2014)、《世界之道》(2016)等。

面地讨论、合作与研究，情况确实与以前大不相同了。

2017 年 5 月，我们在南京召开了"第四届当代资本主义研究暨纪念《资本论》出版 150 周年国际学术研讨会"和"《政治经济学批判大纲》专题讨论会"。在这两个会议上，我们与来到南京大学的国外马克思主义哲学研究者们，不仅共同讨论基于原文的马克思《1857—1858 年经济学手稿》中的"机器论片断"，也一同进一步思考当代数字资本主义社会出现的所谓自动化生产与"非物质劳动"问题。真是今非昔比，这一切变化都应该归因于正在崛起的伟大的社会主义中国。

2001 年，哲学大师德里达在南京大学的讲坛上讨论解构理论与当代资本主义批判之间的关系，他申辩自己不是打碎一切的"后现代主义者"，而只是通过消解各种固守逻辑等级结构的中心论，为世界范围内的文化、性别平等创造一种新的思维方式。如今，这位左派大师已经驾鹤西去，但他的批判性思想的锐利锋芒，尤其是谦逊宽宏的学术胸怀令人永远难忘。

2003 年以来，我们跟日本学界合办的"广松涉与马克思主义哲学国际学术研讨会"已经举行了六届，从南京到东京，多次与广松涉①夫人及

---

① 广松涉(Hiromatsu Wataru, 1933—1994)：当代日本著名的新马克思主义哲学家和思想大师。广松涉 1933 年 8 月 11 日生于日本的福冈柳川。1954 年，广松涉考入东京大学，1959 年，在东京大学哲学系毕业。1964 年，广松涉在东京大学哲学系继续博士课程的学习。1965 年以后，广松涉先后任名古屋工业大学讲师(德文)、副教授(哲学和思想史)，1966 年，他又出任名古屋大学文化学院讲师和副教授(哲学与伦理学)。1976 年以后，广松涉出任东京大学副教授、教授直至 1994 年退休。同年 5 月，任东京大学名誉教授。同月，广松涉因患癌症去世。代表作：《唯物史观的原像》(1971)、《世界的交互主体性的结构》(1972)、《文献学语境中的〈德意志意识形态〉》(1974)、《资本论的哲学》(1974)、《物象化论的构图》(1983)、《存在与意义》(全二卷，1982—1983)等。

学生们深入交流，每每谈及广松先生从 20 世纪 60 年代就开始直接投入
左翼学生运动狂潮的激情，尤其是每当聊到广松先生对马克思主义哲学
的痴迷和以民族文化为根基，以马克思主义哲学为中轴，创立独具东方
特色的"广松哲学"的艰辛历程时，广松夫人总是热泪盈眶、情不能已。

2005 年，卡弗①访问了南京大学马克思主义社会理论研究中心，每
当谈起马克思恩格斯的《德意志意识形态》等经典哲学文本时，这位严谨
的欧洲人认真得近乎固执的治学态度和恭敬于学术的痴迷神情总是会深
深打动在场的所有人。2018 年，卡弗再一次来到南京大学时，已经带
来了我们共同关心的《德意志意识形态》手稿版和政治传播史的新书。
2006 年，雅索普②在我们共同主办的"当代资本主义研究国际学术研讨
会"上受邀致闭幕词，其间他自豪地展示了特意早起拍摄的一组清晨的
照片，并辅以激情洋溢的抒怀，他对中国社会和中国文化的欣赏与热情
展露无遗，令与会者尽皆动容。

令我记忆深刻的还有 2007 年造访南京大学的哲学家齐泽克。在我

① 特雷尔·卡弗（Terrell Carver，1946—　）：英国布里斯托大学政治学系教授，
当代著名西方马克思学学者。1974 年在牛津大学贝列尔学院获得政治学博士学位，1995
年 8 月至今任英国布里斯托大学政治学系教授。代表作：《卡尔·马克思：文本与方法》
（1975）、《马克思的社会理论》（1982）、《弗里德里希·恩格斯：他的生活及思想》（1989）、
《后现代的马克思》（1998）、《政治理论中的人》（2004）、《〈德意志意识形态〉手稿》
（2016）等。
② 鲍勃·雅索普（Bob Jessop，1946—　）：当代重要的西方马克思主义理论家。毕
业于英国兰卡斯特大学，从事社会学研究并获得学士学位。在英国剑桥大学获得博士学
位后，任剑桥大学唐宁学院的社会与政治科学研究员。1975 年他来到艾塞克斯大学政府
学院，开始教授国家理论、政治经济学、政治社会学和历史社会学，现为英国兰卡斯特
大学社会学教授。代表作：《国家理论：让资本主义国家归位》（1990）、《国家的过去、现
在与未来》（2016）等。

与他的对话中，齐泽克与我提到资本主义经济全球化中的那一双"童真之眼"，他说，我们应该为芸芸众生打开一个视界，让人们看到资本的逻辑令我们看不到的东西。在他看来，这，就是来自马克思主义批判的质性追问。也是在这一年，德里克访问南京大学，作为当代中国现代史研究的左翼大家，他在学术报告中提出后革命时代中马克思主义的不可或缺的意义。不久之后，在我的《回到马克思》英文版的匿名评审中，德里克给予了此书极高的学术评价，而这一切他从来都没有提及。

2008 年，苏联马克思主义研究院的那位编译专家巴加图利亚，为我们带来了自己多年以前写作的关于《德意志意识形态》的哲学博士论文和俄文文献。也是这一年，韩国著名马克思文献学学者郑文吉应邀来南京大学访问，他在为南京大学学生作的报告中告诉我们，他的学术研究生涯是"孤独的 30 年"，但是，在他退休之后，他的研究成果却在中国这样一个伟大的国家得到承认，他觉得过去艰难而孤独的一切都是值得的。2011 年，日本新马克思主义思想家望月清司访问南京大学，他将这里作为 40 年前的一个约定的实现地，此约定即谁要是能查到马克思在《资本论》中唯一一次使用的"资本主义"（Kapitalismus）一词，就请谁喝啤酒。已经初步建成《马克思恩格斯全集》电子化全文数据库的我们都喝到了他的啤酒。

最令我感动的是年过八旬的奈格里，他是怀中放着心脏病的急救药，来参加我们 2017 年"第四届当代资本主义研究暨纪念《资本论》出版150 周年国际学术研讨会"的，曾经坐过十几年资产阶级政府大牢的他，一讲起意大利"1977 运动"的现场，就像一个小伙子那样充满激情。同样是参加这次会议的八旬老翁普舒同，当看到他一生研究的马克思

《1857—1858 年经济学手稿》的高清扫描件时，激动得眼泪都要流出来了。不幸的是，普舒同教授离开中国不久就因病离世，在南京大学的会议发言和访谈竟然成了他留给世界最后的学术声音。

2015—2018 年，斯蒂格勒四次访问南京大学，他连续三年为我们的老师和学生开设了三门不同的课程，我先后与他进行了四次学术对话，也正是与他的直接相遇和学术叠境，导引出一本我关于《技术与时间》的研究性论著。① 2016—2018 年，哈维三次来到南京大学，他和斯蒂格勒都签约成为刚刚成立的南京大学国际马克思主义研究院的兼职教授，他不仅为学生开设了不同的课程，而且每一次都带来了自己的最新研究成果。我与他的哲学学术对话经常会持续整整一天，当我问他是否可以休息一下时，他总是笑着说："我到这里来，不是为了休息的。"哪怕在吃饭的时候，他还会问我："马克思的异化概念到底是什么时候形成的？"

对我来说，这些当代国外马克思主义哲学家和左派学者真的让人肃然起敬。他们的旨趣和追求是真与当年马克思、恩格斯的理想一脉相承的，在当前这个物质已经极度富足丰裕的资本主义现实里，身处资本主义体制之中，他们依然坚执地秉持知识分子的高尚使命，在努力透视繁华世界中理直气壮的形式平等背后深藏的无处控诉的不公和血泪，依然理想化地高举着抗拒全球化资本统治逻辑的大旗，发出阵阵发自肺腑、激奋人心的激情呐喊。无法否认，相对于对手的庞大势

---

① 张一兵：《斯蒂格勒〈技术与时间〉构境论解读》，上海，上海人民出版社，2018。

力而言，他们显得实在弱小，然而正如传说中美丽的天堂鸟①一般，时时处处，他们总是那么不屈不挠。我为有这样一批革命的朋友感到自豪和骄傲。

其实，自 20 世纪 80 年代以来，中国马克思主义理论界接触、介绍和研究国外马克思主义哲学已经有 30 多个年头了。我们对国外马克思主义哲学家的态度和研究方法也都有了全面的理解。早期的贴标签式的为了批判而批判的研究方式早已经淡出了年轻一代的主流话语，并逐渐形成了以文本和思想专题为对象的各类更为科学的具体研究，正在形成一个遍及中国的较高的学术探讨和教学平台。研究的领域也由原来对欧美马克思主义哲学的关注，扩展到对全球马克思主义哲学研究的全景式研究。在研究的思考逻辑上，国内研究由原来零星的个人、流派的引介和复述，深入到对国外马克思主义哲学的整体理论逻辑的把握，并正在形成一批高质量的研究成果。各种国外马克思主义论坛和学术研讨活动，已经成为广受青年学者关注和积极参与的重要载体和展示平台，正在产生重要的学术影响。可以说，我们的国外马克思主义哲学学科建设取得了喜人的进展，从无到有，从引进到深入研究，走过的是一条脚踏实地的道路。

从这几十年的研究来看，国外马克思主义哲学研究对于我国的马克思主义学术理论建设，对于了解西方当代资本主义社会的变迁具有极为

---

① 传说中的天堂鸟有很多版本。辞书上能查到的天堂鸟是鸟，也是一种花。据统计，全世界共有 40 余种天堂鸟，在巴布亚新几内亚就有 30 多种。天堂鸟花是一种生有尖尖的利剑状叶片的美丽的花。但是我最喜欢的传说，还是作为极乐鸟的天堂鸟，在阿拉伯古代传说中是不死之鸟，相传每隔五六百年就会自焚成灰，在灰中获得重生。

重要的意义。首先，国内的马克思主义哲学研究由于长期受到苏联教条主义教科书的影响，在取得了重大历史成就的同时也存在着一些较为严重的缺陷，对这些理论缺陷的反思，在某种意义上是依托对国外马克思主义哲学的研究和比较而呈现出来的。因而，在很大的意义上，国外马克思主义哲学的研究推动了国内马克思主义研究在理论和方法上的变革。甚至可以说，国外马克思主义哲学研究和国内马克思主义哲学研究是互为比照，互相促进的。其次，我们对国外马克思主义哲学的研究同时也深化了对西方左翼理论的认识，并通过这种研究加深了我们对于当代资本主义现实的理解，进而也让我们获得了中国特色社会主义道路自信最重要的共时性参照。

当然，随着当代资本主义的发展，国外马克思主义哲学理论逻辑也发生了重大变化，比如，到 20 世纪 60 年代，以阿多诺的《否定的辩证法》和 1968 年"红色五月风暴"学生运动的失败为标志，在欧洲以学术为理论中轴的"西方马克思主义"在哲学理论逻辑和实践层面上都走到了终结，欧洲的马克思主义哲学研究出现了"后马克思"转向，并逐渐形成了"后马克思思潮""后现代马克思主义""晚期马克思主义"等哲学流派。这些流派或坚持马克思的立场和方法，或认为时代已经变了，马克思的理论和方法已经过时，或把马克思的理论方法在新的时代条件下加以运用和发展。总的来说，"后马克思"理论倾向呈现出一幅繁杂的景象。它们的理论渊源和理论方法各异，理论立场和态度也各异，进而对当代资本主义的认识和分析也相去甚远。还应该说明的是，自意大利"1977 运动"失败之后，意大利的马克思主义理论研究开始在欧洲学术界华丽亮相，出现了我们并没有很好关注的所谓"意大利激进思潮"①。在20世纪60年代曾经达到学术高峰的日本马克思主义哲学研究界，昔日的辉煌不再，青年一代的马克思追随者还在孕育之中；而久被压制的韩国马克思主义哲学研究，才刚刚进入它的成长初期；我们对印度、伊朗等第三世界国家的马克思主义哲学研究还处于关注不够、了解不深的状况之中。这些，都是我们在今后的国外马克思主义哲学研究中需要努力的方向。

本丛书是关于国外马克思主义哲学研究的专题性丛书，算是比较完整地收录了近年来我所领导的南京大学马克思主义哲学研究学术团队和学生们在这个领域中陆续完成的一批重要成果。其中，有少量原先已经出版过的重要论著的修订版，更多的是新近写作完成的前沿性成果。将这一丛书作为南京大学"双一流"建设工程的重要成果之一，献礼于马克思诞辰200周年，我深感荣幸。

张一兵

2018年5月5日于南京大学

---

① 意大利激进理论的提出者主要是20世纪六七十年代意大利新左派运动中涌现出来的以工人自治活动为核心的"工人主义"和"自治主义"的一批左翼思想家。工人运动缘起于南部反抗福特主义流水线生产的工会运动，他们1961年创刊《红色笔记》，1964年出版《工人阶级》，提出"拒绝工作"的战略口号。1969年，他们组织"工人运动"，1975年，新成立的"自治运动"取代前者，成为当时意大利学生、妇女和失业者反抗斗争的大型组织。1977年，因一名自治主义学生在罗马被法西斯分子杀害，引发"1977运动"的爆发。因为受红色旅的暗杀事件牵连，自治运动的主要领导人于1979年4月全部被政府逮捕入狱，运动进入低潮。这一运动的思想领袖，除去奈格里，还有马里奥·特洪迪（Mario Tronti）、伦涅罗·潘兹尔瑞（Raniero Panzieri）、布罗那（Sergio Bologna）以及马西莫·卡西亚里（Massimo Cacciari）、维尔诺（Paolo Virno）、拉扎拉托（Maurizio Lazzarato）等。其中，维尔诺和拉扎拉托在理论研讨上有较多著述，这些应该也属于广义上的意大利激进理论。这一理论近期开始受到欧美学术界的广泛关注。

目　录

导　论　│　新马克思阅读与法兰克福学派的
　　　　　　批判理论范式

　　近年来，有一个问题在国外左翼理论界逐渐成为
关注的焦点，这就是价值形式问题。当代西方激进理
论的旗手齐泽克在他 2006 年出版的《视差之见》中，
借用柄谷行人在《跨越性批判：康德与马克思》之中对
价值形式问题的研究，加深了他对马克思政治经济学
批判的理解。齐泽克对价值形式、商品形式的关注并
不是心血来潮的，其实早在他的成名作《意识形态的
崇高客体》一书中，他就已经借用阿尔弗雷德·索恩-
雷特尔对"真实的抽象"的阐发，别具一格地以一种拉
康式的方式解读了马克思在商品形式问题上对"症候"
的发明。有心人或许会发现，除了对柄谷行人、索
恩-雷特尔的借用外，齐泽克在《视差之见》和《延迟的
否定》这两本书中，都在注释里强调了一本书的重要

性，这就是海尔穆特·莱希尔特的《马克思资本概念的逻辑结构》。^① 无
独有偶，当柄谷行人在对马克思价值形式的问题上实现了康德式的"跨
越性批判"时，也曾强调自 20 世纪 60 年代末，阿多诺的一批学生在这
一问题上展开过深入的研究。此外，如果我们关注英美学界的鲍勃·杰
索普、约翰·郝洛维和普殊同等人的研究的话，还会发现，他们在国家
理论和政治理论上的相关研究，也都指向了 20 世纪 70 年代联邦德国的
"资本逻辑学派"这一理论运动。

　　这样我们会发现，在当代思想史的地图上，多条线索都指向了发生
在 20 世纪 60 年代末、70 年代初的联邦德国的一个理论运动，这就是由
阿多诺的弟子巴克豪斯和莱希尔特等人开拓的新马克思阅读(Die Neue
Marx-Lektüre)运动。这一思想史的藏宝图上的"秘密地点"究竟隐藏了
什么宝藏？为何吸引了那么多人的目光？

一、政治经济学批判：当前法兰克福学派研究中缺失的线索

　　我国对法兰克福学派批判理论的研究始于 20 世纪 70 年代末 80 年
代初。作为西方马克思主义的重要组成部分，探讨法兰克福学派，一定
是将其放在整个西方马克思主义的坐标系之中进行的。正如西方马克思
主义更多被理解为一种以拜物教和物化批判为主的文化批判和哲学批判

①　参见［斯洛文尼亚］斯拉沃热·齐泽克：《视差之见》，季广茂译，87 页，杭州，
浙江大学出版社，2014；［斯洛文尼亚］斯拉沃热·齐泽克：《延迟的否定》，夏莹译，32
页，南京，南京大学出版社，2015。

一样，法兰克福学派的批判理论一直以来的理论形象也正是一种以"大众文化批判""文化工业批判""工具理性批判"乃至更为宽泛的"现代性批判"等关键词为代表的文化批判和哲学批判。回顾以往对法兰克福学派批判理论的研究，人们大多从其对发达资本主义"全面管理的社会"的批判出发，以阿多诺为代表的文化工业批判和大众文化批判，以马尔库塞和弗洛姆为代表的社会心理批判，以霍克海默为代表的工具理性批判等为主要研究对象，当然，如果往后说，还可以将哈贝马斯和霍耐特的交往行为批判范式纳入其中。批判理论在人们以往的理解中，就是一种以人本主义为基础的文化哲学范式上的批判理论。

对法兰克福学派批判理论的这种接受方式，更深刻地反映在我国对西方马克思主义接受的方式上。这集中体现在我国学界看待西方马克思主义和法兰克福学派的三种态度上。

第一，将西方马克思主义视作一种纯粹的文化批判和哲学批判，接受和肯定佩里·安德森在《西方马克思主义探讨》一书中的判断，从而对西方马克思主义采取批判的立场，认为其脱离无产阶级的革命实践，导致了学院化的倾向，最终成为一种唯心主义和保守的理论，甚至成为一种非马克思主义的理论，成为资产阶级的理论工具。在我国改革开放之初看待西方马克思主义时，出于我国特殊社会主义理论和实践的需要，以及既有的辩证唯物主义和历史唯物主义的理论体系，相当一批学者对待西方马克思主义所采取的观点和佩里·安德森的判断有一致之处。我国学者立足于我国的社会主义实践强调马克思主义理论体系的科学性和无产阶级立场，强调其中政治经济学体系和阶级理论的重要性；而佩里·安德森出于对英国马克思主义理论和实践态势的判断，同样强调经济和政治的维度。正因如此，两种观点在一些判断上便出现了重合。

第二，立足于马克思思想的实践哲学立场，从对马克思哲学革命的文化转向阐释角度出发，将西方马克思主义哲学研究发展为一种文化批判理论。这种观点认为西方马克思主义在马克思主义的发展进程中，根据 20 世纪的特殊历史条件，自觉地实现了一种"文化转向"。这种阐释路径立足于对马克思主义文化哲学和文化概念的创造性解读之上，实际上也与我国思想解放的形势，以及对青年马克思特别是《1844 年经济学哲学手稿》《关于费尔巴哈的提纲》中的实践哲学和人道主义思想的阐释密切相关。与西方马克思主义"文化转向"论类似的是对西方马克思主义"存在论"转向的阐释，它同样基于对青年马克思实践观的解读之上，将西方马克思主义总体的逻辑把握为一种存在论的哲学探索。

第三，从对西方马克思主义内在逻辑的深度解读出发，认为西方马克思主义以卢卡奇开创的总体性逻辑贯穿始终，而阿多诺对于总体性辩证法的批判和对于否定性辩证法的主张，恰恰在内在逻辑上标志着西方马克思主义走向了终结。这种"西方马克思主义逻辑上的终结"的观点一方面建立在对西方马克思主义的历史逻辑剖析上，在思想逻辑上为框定西方马克思主义的理论范围，审视和定位国外其他当代马克思主义思潮提供了极具启发性的参考。但另一方面，这一理解方式也因其宏大的逻辑线索，而不得不面对需要对许多具体思想史个案的定性进行解释的困难。

可以说，以上总结的三个方向，恰恰体现了对西方马克思主义传统的不同接受角度。他们或是批判西方马克思主义，抑或试图拯救西方马克思主义，激活其中的理论资源，又抑或试图在总体逻辑构架上定位西方马克思主义，并为晚期马克思主义和后马克思主义乃至当代西方激进思想找到位置。所有这些探索，都大体上基于这样的判断：在整个西方马克思主义的发展过程中，政治经济学研究和政治理论研究是缺席的或者是不足的。这里有必要指出，在我国学界对法兰克福学派及西方马克思主义发展逻辑的接受和理解过程中，英美学界的研究发挥了不可低估的作用。佩里·安德森的判断及马丁·杰伊的研究，是 20 世纪 80 年代我国思想界了解西方马克思主义的最早且最重要的依据，对我国学界理解和接受西方马克思主义和法兰克福学派的发展逻辑，直接或间接地产生了非常重要的影响。①

　　然而，从历史唯物主义的视角来看，这些批判更多的是一种对上层建筑特别是意识形态领域的批判。历史唯物主义理论体系中具有决定性作用的政治经济学批判及与此密切相关的国家理论，在法兰克福学派批判理论中又扮演了什么角色呢？其实霍克海默早在他的《传统理论与批判理论》之中，就已经将批判理论的范式确立为"辩证哲学和政治经济学批判"的结合。对法兰克福学派批判理论中的政治经济学传统，我国一些学者始终有清醒的认识。张一兵教授早在 2000 年就敏锐地指出了《启

---

①　实际上，德国学者沃尔夫冈·弗里茨·豪格（Wolfgang Fritz Haug）早在 1978 年就批评了佩里·安德森对西方马克思主义所做的相关判断（参见 Wolfgang Fritz Haug: Westlicher Marxismus. Kritik eines notwendigen Versuch, die marxistische Theorie zu historisieren, in *Das Argument* 110, 20. Jg., 1978, S. 484-502.）。在这篇文章中，豪格尖锐地批判了安德森对联邦德国马克思主义哲学传统的忽视。其实安德森也已经注意到，在他的《西方马克思主义探讨》中，他提到"已经有越出他们前辈的哲学界限而转向更多地关心经济和政治理论的倾向"。参见［英］佩里·安德森：《西方马克思主义探讨》，高铦、文贯中、魏章玲译，129 页，北京，人民出版社，1981。

蒙辩证法》之中的政治经济学方法问题；① 王凤才教授在对法兰克福学派发展史的回顾中，也强调了政治经济学批判在法兰克福学派批判理论之中具有的重要意义。② 但目前国内就这一问题有过专门论述的，目前仅有张亮教授的文章。③ 但是总体来看，政治经济学批判究竟在法兰克福学派批判理论之中扮演什么样的角色，这种政治经济学批判的具体展开是什么样的，对这些问题我们还并没有做过系统、深入的考察。

在法兰克福学派的年轻一代学人中，恰恰兴起了重新关注马克思主义政治经济学和国家理论的理论运动。这就是产生自德国 20 世纪 60 年代末 70 年代初的新马克思阅读运动。

二、新马克思阅读的兴起及其脉络

(一)新马克思阅读：一场围绕政治经济学批判的理论运动

新马克思阅读这一理论运动自 20 世纪 60 年代中期以来在法兰克福学派的孕育中破茧而出，其主要理论研究对象，就是马克思的政治经济学批判，特别是价值形式理论，并在此基础上发展出了对资产阶级国家研究的国家衍生(Staatsableitung)论争。围绕以上主题，在联邦德国 20

---

① 参见张一兵：《反人类中心主义：工具理性与市场逻辑批判——〈启蒙辩证法〉中的一条逻辑主线》，载《求是学刊》，2000 年第 5 期。

② 王凤才：《再思批判理论与马克思主义的关系》，载《求是学刊》，2015 年第 1 期。

③ 张亮：《法兰克福学派的批判理论与政治经济学》，载《天津社会科学》，2009 年第 4 期。

世纪 60 年代后期及整个 70 年代，一大批年轻学者聚拢起来，形成了法兰克福大学和柏林自由大学两个中心。甚至法兰克福的学生运动领袖汉斯-于尔根·克拉尔①也是这一理论运动的参与者。一大批学者也在这一理论运动中成长起来，这其中，有 20 世纪三四十年代生人鲁道夫·沃尔夫冈·穆勒②、克里斯特尔·诺伊西斯③、艾尔玛·阿尔特法特④、于尔根·李策尔特⑤、约阿希姆·希尔施⑥、普殊同⑦、约翰内斯·阿

---

　　①　汉斯-于尔根·克拉尔(Hans-Jürgen Krahl，1943—1970)，德国学生运动期间最著名的学生运动领袖之一，是法兰克福学生运动的核心，与柏林的鲁迪·杜什克遥相呼应，被公认为学生运动中最具才华的领袖。克拉尔是阿多诺的学生，曾率领革命学生占领社会学研究所并因此遭到阿多诺的控告。代表作《马克思商品分析的本质逻辑》(1966/1967)，逝世后由其好友编辑文集《宪法与阶级斗争：论资产阶级解放与无产阶级革命的历史辩证法》(1971)。

　　②　鲁道夫·沃尔夫冈·穆勒(Rudolf Wolfgang Müller，1934—2017)，生于日本神户，政治学家。1964 年在柏林自由大学获得博士学位，曾任汉诺威大学教授。他与克里斯特尔·诺伊西斯在 1970 年合写的论文《福利国家幻象与劳资矛盾》是开启国家衍生论争的标志性文献。

　　③　克里斯特尔·诺伊西斯(Christel Neusüß，1937—1988)，女，政治经济学家，曾任柏林经济高等学校教授。

　　④　艾尔玛·阿尔特法特(Elmar Altvater，1938—2018)，出生于卡门，1968 年于慕尼黑大学获得博士学位。曾任柏林自由大学奥托·苏尔政治学研究所教授，《阶级斗争问题》杂志主编。

　　⑤　于尔根·李策尔特(Jürgen Ritsert)，1935 年生于法兰克福，社会学家。1966 年在柏林自由大学获得博士学位，曾任法兰克福大学社会学教授。

　　⑥　约阿希姆·希尔施(Joachim Hirsch)，1938 年生于内卡河畔施威宁根，1965 年于法兰克福大学获博士学位，1972 年担任法兰克福大学政治系教授。长期从事葛兰西的霸权理论和普兰查斯的国家理论研究，代表作有《资本主义的新面孔：从福特主义到后福特主义》(1986)。

　　⑦　普殊同(Moishe Postone，1942—2018)，加拿大裔哲学家，芝加哥大学教授。1983 年于法兰克福大学获得博士学位。主要从事哲学和政治经济学研究。代表作为《时间、劳动与社会统治：马克思的批判理论再阐释》(1993)。

格诺力①，等等，他们或直接参与作为新马克思阅读理论分支的国家衍生论争之中，或在这场理论运动中发展出自己的理论框架；此外，还有稍年轻的狄特·沃尔夫、米夏埃尔·海因里希、维尔纳·博内菲尔德等人——这批人恰恰是直接参与新马克思阅读的学者的学生一代，后来也成为对这一理论研究进行体系化的中坚力量。20世纪90年代以来，这一理论运动的思想资源还哺育了德国一批"70后"学者的成长，其中具有代表性的有英格·埃尔贝、斯文·埃尔默斯等人的"红色鲁尔大学"理论小组。而如果我们进一步做文献工作的话，还会发现，20世纪80年代以来以克里斯多夫·亚瑟为代表的"新辩证法学派"等理论思潮和相关论争，以及英国20世纪90年代的"开放马克思主义"（Open Marxism）等，都与新马克思阅读运动有着千丝万缕的关系。甚至，以居伊·德波为核心的法国情境主义国际，也与德国这一理论运动拥有交集。所以我们发现，发生在德国的这一直接面向马克思政治经济学批判研究的新马克思阅读运动，自20世纪70年代以来就已经在欧洲学术界成为一个不可忽视的思想史事件。

21世纪以来，对这一理论运动的研究在德国又有复兴的趋势，近年来以新马克思阅读为主题已经形成了十余部学术专著。目前，这一运动已经在德国之外，特别是在英、美、意、法、日等国学界产生了一定的影响。然而这一看似陌生的思想运动，在思想史上却是一个"熟悉又陌生"的研究对象。如果我们搜集整理新马克思阅读运动的文献资料，

---

① 约翰内斯·阿格诺力（Johannes Agnoli，1925—2003），意大利裔德国政治学家。第二次世界大战后转向马克思主义，1972—1990年担任柏林自由大学奥托·苏尔政治学研究所教授。代表作是《民主的转型》（1967）。

会发现这一看似新兴的思潮背后却有着极为深厚的思想史背景。

（二）新马克思阅读的理论渊源

　　新马克思阅读运动的奠基人汉斯-格奥尔格·巴克豪斯（Hans-George Backhaus，1929—　）与海尔穆特·莱希尔特（Helmut Reichelt，1939—　）在 20 世纪 60 年代均曾师从于法兰克福学派的大师阿多诺。巴克豪斯出身于图宾根州的一个资本家家庭，青少年时期在民主德国度过，因为家庭出身的原因，他一度抵触马克思主义。然而据他讲，在他偶然接触了卢卡奇的著作之后，开始对马克思主义有了全新的认识。巴克豪斯后来去往联邦德国。在 20 世纪 50 年代末，他曾任海德堡大学社会主义大学生联盟的主席，在海德堡大学期间，他听了当时著名的马克思主义思想家列奥·科夫勒（Leo Kofler）的系列讲座，开始更深一步学习了卢卡奇学派的理论，从而得到了理论启蒙。后来他赴法兰克福大学学习，在阿多诺的指导下以《产品的商品和货币形式的社会结构》为题完成硕士学位论文。作为新马克思阅读运动的奠基性文献《价值形式的辩证法》（这篇论文已被翻译为十余种文字）一文，就是巴克豪斯于 1965 年前后在阿多诺社会理论研讨班上的课堂报告，这份报告曾得到阿多诺的高度肯定。1969 年，《价值形式的辩证法》第一次发表在阿尔弗雷德·施密特主编的《马克思的认识理论文集》上。这一文集后来被再版十余次，产生了重大影响。巴克豪斯的亲密战友莱希尔特，是一位出生在瑞典的德国人。他以恩格斯的价值理论为研究对象，在阿多诺的指导下获得硕士学位，随后跟随伊林·费切尔做助教并在其指导下完成博士论文《马克思资本概念的逻辑结构》。这部著作与巴克豪斯的《价值形式的辩

证法》共同构成了新马克思阅读运动的纲领性文献，并作为联邦德国 20
世纪 70 年代黑格尔主义的马克思主义的代表性文献，在学术界产生了
不小的影响。莱希尔特先是在法兰克福大学任教并获得教授席位，后来
赴当时新建的不来梅大学任教。帮助他获得这一教席的，恰恰是阿尔弗
雷德·索恩-雷特尔（Alfred Sohn-Rethel）。这里要插一句，巴克豪斯和
莱希尔特的价值形式理论研究，某种意义上就是在转换了的全新语境中
接续、深化了索恩-雷特尔商品形式的探讨。但更重要的是，巴克豪斯
和莱希尔特以马克思中晚期政治经济学著作为核心的哲学研究，一个很
重要的任务，就是对既往建立在马克思早期著作基础上的西方马克思主
义的人道主义阐释模式加以反思。在巴克豪斯等人主编的《社会：马克
思理论研究》辑刊创刊词中，开宗明义地指出："在经历了多年以来首要
借助于青年马克思的哲学问题来进行关于马克思的讨论之后，如今马克
思的理论第一次被放在这样的层次上，即要求将马克思和他全部的著作
联系在一起来进行考察——也就是说政治经济学批判，对资本主义生产
方式的批判性阐述。这种批判的阐述和它方法论上的提示一起，在今天
资本主义的马克思理论中，日益被放在了核心位置。"[1]对人道主义的马
克思主义阐释模式的批判，是新马克思阅读走向对成熟时期马克思政治
经济学著作研究的主要动因之一，而德国新马克思阅读对马克思政治经
济学的关注，较之同时期的阿尔都塞学派，则更为持久而深入，在研究
的主题和研究方法上始终保持了一致。在这一理论运动中，还在对马克

---

[1] Hans-George Backhaus, F. Eberle usw. (Hrsg): *Gesellschaft*, *Beiträge zur Marxschen Theorie*, Folge 1, Frankfurt a. M. Suhrkamp Verlag, 1974, S. 7.

思价值形式理论基础上发展出了对资本主义国家理论的研究，这以沃尔夫冈·穆勒和克里斯特尔·诺伊西斯 1971 年发表在《阶级斗争问题》杂志上的《福利国家幻象和劳资矛盾》①为标志，在德国掀起了一场名为国家衍生(Staatsableitung)的论争，在研究范围上大大丰富了新马克思阅读运动。

(三)新马克思阅读的当代发展

以巴克豪斯和莱希尔特为理论核心的新马克思阅读运动影响了一大批学者。我们这里举两个例子：德国学者米夏埃尔·海因里希(Michael Heinrich)和德裔英国学者维尔纳·博内菲尔德(Werner Bonefeld)。这两人可以被看作新马克思阅读运动的第二代代表人物。海因里希是德国当代非常有影响力的马克思研究专家，1957 年出生于海德堡，大学求学于柏林自由大学，后在艾尔玛·阿尔特法特的指导下获得博士学位，博士论文以"价值的科学：科学革命与古典传统之间的马克思的政治经济学批判"为题出版。他读大学的 20 世纪 70 年代，恰恰是德国《资本论》阅读的高潮时期，当时德国《资本论》阅读的两个重镇，一个是法兰克福大学，另一个就是柏林自由大学，而这两个中心实际上就是德国学生运动的中心。他对马克思的研究，更多集中在对《资本论》的研究及马克思政治经济学批判的解读之上，而其中他尤其重视的就是对马克思价值形式的解读。博内菲尔德出生于 1954 年，他与巴克豪斯和莱希尔特

---

① Wolfgang Müller, Christel Neusüß：Die Sozialstaatsillusion und der Widerspruch von Lohnarbeit und Kapital. In：*Sozialistische Politik*，Nr. 6/7，1971.

的私人关系更为直接，在思想上受他们二人影响也很大。他接受了巴克豪斯和莱希尔特等人对马克思思想的解读，在英国参与开创了"开放马克思主义"的纲领。2014 年博内菲尔德在他出版的著作《批判理论与政治经济学批判》中，直言不讳是在新马克思阅读的语境下进行探讨的。[①]此外，新马克思阅读这一思想运动，还在德国 20 世纪 70 年代的政治理论方面产生了积极的影响，并直接在理论上为当时的国家衍生论争提供了坚实的思想资源。国家衍生因此被广泛视作新马克思阅读在政治理论上的分支。

尽管新马克思阅读的理论探索是一个延续了几十年的漫长过程，新马克思阅读这个术语的出现却是后来的事情。1997 年，巴克豪斯在其出版的文集《价值形式的辩证法》的序言中，才正式提出了"新马克思阅读的开端"这一宣言。也是在 2000 年之后，一系列直接围绕新马克思阅读运动的著作和论文相继出版，其理论影响也已经扩散到德国之外，成为当代德国马克思研究领域少有的令人瞩目的思潮。

三、新马克思阅读所揭示的法兰克福学派政治经济学传统

在新马克思阅读这一理论标签之下的学者，围绕马克思以价值形式理论为核心的政治经济学批判及当代资本主义国家形式问题进行了大量

---

① Werner Bonefeld: *Critical Theory and the Critique of Political Economy. On Subversion and Negative Reason*, Bloombury, 2014, pp. 3-4.

的研究。新马克思阅读运动的兴起，恰恰使法兰克福学派乃至西方马克思主义的政治经济学传统在逻辑上被揭示出来。它与早期法兰克福学派以波洛克、格罗斯曼、基希海默等专长于马克思政治经济学研究的一批思想家相呼应，显现了贯穿法兰克福学派的发展始终的政治经济学研究传统。所以，我们看到，这里最关键的就是对以霍克海默、阿多诺、马尔库塞等人为代表的法兰克福学派核心代表人物政治经济学研究的考察。这里，我们首先围绕波洛克的《论马克思的货币理论》探讨一下法兰克福学派早期的政治经济学研究的特征。

(一)波洛克的《论马克思的货币理论》

在法兰克福学派早期的代表人物中，弗里德里希·波洛克不论在学派理论奠基还是在研究所的组织工作中都发挥了重要的作用。尽管在学派第一代中，弗兰茨·诺依曼和奥托·基希海默也专长于政治经济学和政治理论研究，但是这二人较之波洛克始终处于学派的外围，因而也最终并未参与到学派的跨学科研究之中。① 马丁·杰伊就判定波洛克和霍克海默之间的关系是"研究所的基石之一"②。而在 1943 年出版的《启蒙辩证法》的扉页上，所标明的正是"献给弗里德里希·波洛克"。巴克豪

①　魏格豪斯和哈贝马斯都确证了这一观点。可参见[德]罗尔夫·魏格豪斯：《法兰克福学派：历史、理论及政治影响》，孟登迎、赵文、刘凯译，293—309 页，上海，上海人民出版社，2010；Jürgen Habermas: Drei Thesen zur Wirkungsgeschichte der Frankfurter Schule, in A. Honneth(Hrsg), *Die Frankfurter Schule und die Folgen*, Berlin, 1986, S. 9.

②　[美]马丁·杰伊：《辩证的想象：法兰克福学派和社会研究所的历史 1923～1950》，12 页，广州，广东人民出版社，1996。

斯在他的《马克思的价值理论重建文集》中，也援引了波洛克在货币理论上对批判理论的重要作用。[①] 我们有理由相信，波洛克在政治经济学领域的理论探索在某种程度上对整个法兰克福学派批判理论的发展具有独特的作用。他早在 1923 年的博士论文，题目就是"论马克思的货币理论"（*Zur Geldtheorie von Karl Marx*）[②]，波洛克在政治经济学上的出发点，就是马克思的货币理论和价值理论。1928 年的《社会主义与工人运动史文库》收录了一篇波洛克的短文，同样名为"论马克思的货币理论"（*Zur Marxschen Geldtheorie*）。这篇短文，可以帮助我们理解波洛克对马克思的货币理论的定位，以及货币理论在波洛克本人后来的理论发展中所具有的作用。

波洛克首先强调了货币理论在马克思全部社会经济著作中所扮演的重要角色。在《资本论》的开篇，以及在这之前的《政治经济学批判》中（这是波洛克当时能够接触到的《资本论》的相关文献），马克思大量的讨论都是围绕着货币问题展开的。波洛克相信，"在马克思那里，货币理论不可分割地和他的整个体系联系在一起，因此对这一问题的研究对于审视体系的其余部分具有重要的作用"[③]。然而在马克思的货币理论领

---

① "波洛克的主张具有代表性意义：'这种描述应承担起决定性的体系性的任务：将货币证明为奠定商品经济本质的必然基础'"：In：Hans-George Backhaus：*Materialien zur Rekonstruktion der Marxschen Werttheorie*，in：Dialektik der Wertform，Freiburg，1997，S. 109.

② 波洛克的博士论文 2018 年在《波洛克文集》第一卷中再次发表，参见 Friedrich Pollock：*Gesammmelte Schriften*，Band 1，Freiburg，2018。

③ Friedrich Pollock：Zur Marxschen Geldtheorie，in *Archiv für die Geschichte des Sozialismus und der Arbeiterbewegung*，Jg. 13，Hrsg. von Carl Grünberg，Leipzig，1928，S. 193.

域，当时的马克思主义者并没有做出专门的系统研究，反而是一些非马克思主义的学者做出了一定的探索，如波洛克在这篇文章里提及并批判的弗里德里希·霍夫曼（Friedrich Hoffman）①和郝伯特·布劳克（Herbert Block）②。

　　马克思的货币理论是如何和他的整个理论体系联系在一起的？正如马克思自己所强调的，科学的任务就是透过表现形式探求事物的本质；而与前资本主义社会中生产者与自己的劳动对象和他人处于直接的关系相比，恰恰是在商品生产社会中，"在生产过程中存在的关系消失在社会形式（Gesellschaftlichen Form）之中"③。所以只有对社会形式的深入分析，才能够揭示出作为本质的真正生产关系。在这里我们已经能够看到波洛克对社会形式问题的强调。波洛克强调了只有在资本主义时期才会发生的独特现象，即生产者和生产过程及生产规律的分离。在生产规律面前，一个企业家并不比他的助理做的更多。资本主义时代的生产，恰恰完成了表现形式和本质的区分（这种区分与波洛克 20 世纪 40 年代的自动化研究有内在的关联）。关于马克思政治经济学中的表现形式和本质，波洛克更为明确地表达为：

　　　　对于马克思来说在政治经济学中什么是本质，什么是表象，可

---

　　①　曾写作 *Kritischen Dogmengeschichte der Geldwerttheorie*（《货币价值理论的批判学说史》，1907）。

　　②　曾写作 *Die Marxsche Geldtheorie*（《马克思的货币理论》，1926）。

　　③　Friedrich Pollock：*Zur Marxschen Geldtheorie*，in：*Archiv für die Geschichte des Sozialismus und der Arbeiterbewegung*，Jg. 13，Hrsg. von Carl Grünberg，Leipzig，1928，S. 194.

以这样表达：作为本质的就是始终现实地、历史地决定的生产过程的社会关系；与之相反，纯粹的表现形式则是法律的和其他的文化形式，这些形式反映了生产过程，特别是清楚地表示物的现实存在的范畴，在这里有商品、价值、货币，这些范畴只有返回到那些现实的关系之中才能被解释清楚。这些范畴中，马克思首先并作为最为基础的范畴进行研究的，就是商品。①

这里我们看到，波洛克对马克思表象与本质的关系的理解，就凝结在这一系列"物的现实存在的范畴"——商品、价值和货币之上。这一系列经济学范畴联结了现实的生产关系和法律和文化的表现形式。波洛克的这一观点非常重要，因为在后面的行文中会发现，这是经由霍克海默与阿多诺一直到新马克思阅读的关键线索。在范畴体系中，首先要加以研究的就是商品，对商品的研究构成了马克思价值学说的基本问题。商品经济的秘密不在于商品的使用功能，不在于价值，而在于交换价值。通过交换价值的衡量，商品生产者知道了他的个体劳动对于社会价值多少。但这一过程是如何实现的，"商品生产者的个体劳动如何可能按照他对社会在生产过程的贡献进行评价，并且按照这种方式——尽管他表面上有生产什么和生产多少的自由——必然被规定，按照那一过程的要求来塑造他的劳动。这就是马克思价值学说的基本问题"②。价值实现

---

① Friedrich Pollock: *Zur Marxschen Geldtheorie*, in: *Archiv für die Geschichte des Sozialismus und der Arbeiterbewegung*, Jg. 13, Hrsg. von Carl Grünberg, Leipzig, 1928, S. 195.

② Ibid., S. 196.

过程导向了货币的问题。"按照马克思的理论，一个发达的商品经济，如果离开了货币的话，是既不可能实际存在也根本不可想象的。……在马克思那里，货币是每一个生产方式的构成要素，在这些生产方式中'社会生活'的再生产被归因于法律上相互独立的生产者的私人劳动。对商品的分析，作为与商品生产社会的特征要素不同的生产性社会要素，导向了作为商品必要补充的货币。货币是一种商品并是一种'感性的超感性的物'。感性的方面是它的自然形式……超感性的方面体现在货币作为一种社会关系的表达，这种表达通过在货币中特定的部分参与到社会必要总劳动中而实现。"[1]波洛克在这里指出了货币问题是马克思价值理论的决定性部分，其感性—超感性的存在形式源于社会关系之中。

因此，波洛克所理解的马克思的货币理论，就是探求经济学范畴（表现形式）背后的社会关系（本质）。这里值得注意的是，波洛克尤其强调了作为表现形式的"法律的和其他的文化形式"，这似乎是他后来在国家资本主义批判中将政治经济学批判与资本主义国家与政治法律结构和文化形式等联系在一起的最初表达。波洛克借助马克思的货币理论，看到的是整个政治经济学和资本主义体系的本质，这正是波洛克在马克思货币理论研究上的独特贡献。可以说，对马克思的货币理论研究构成波洛克理解马克思全部政治经济学批判的一把钥匙。对经济理论背后的社会关系的强调，必然带来了方法上的转变，这其实是同时期的卢卡奇和柯尔施都已经强调过的经济学和哲学方法的统一。和卢卡奇及柯尔施一

[1]　Friedrich Pollock：*Zur Marxschen Geldtheorie*，in：*Archiv für die Geschichte des Sozialismus und der Arbeiterbewegung*，Jg. 13，Hrsg. von Carl Grünberg，Leipzig，1928，S. 200.

样，波洛克同样强调了经济理论和一种社会哲学理论的统一性，这一观点在波洛克那里借助于对货币理论的分析十分清晰地展现出来。他通过批判布劳克阐述了这一观点。布劳克在他的《马克思的货币理论》中区分了马克思的两种研究方式，即"社会哲学的"和"经济理论的"研究方式，第一种方式在货币中看到了社会关系，这一思考过程与经济理论无关；而在经济意义上理解的货币则仅仅是能够执行一般等价物功能的自然特性，布劳克实际上将本质和现象的层面完全区分开作为两个领域。然而在波洛克看来，这两种研究方式是不可分割的。因为首先，马克思对以"商品"为代表的范畴的理解正是在一种哲学的考察方式之中的，并且商品的本质就在于其作为"感性的超感性的"物，这一经济学范畴蕴含社会关系本身，商品和其他所有范畴一样，并非事物而是通过事物所中介的人与人之间的社会关系。①

波洛克还谈及了马克思的商品拜物教理论，按照波洛克对马克思的理解，拜物教理论的本质就是将物在社会生产过程中获得的社会经济特征转换为一种物的自然物质特征。此外，针对布劳克经常强调的一个观点，即在货币理论上必须要实现货币量理论的转向，波洛克强调了马克思货币理论对质的问题的追问，认为正是对货币的质的探究使得马克思的货币理论高于以往的政治经济学家："从物质的方面来看中介了社会生活的再生产的循环过程，如果独立来考察的话，无外乎显示了单一的 W-G-W 过程和商品价值的形式变化过程。扮演着循环手段功能的货币

---

① Friedrich Pollock: *Zur Marxschen Geldtheorie*, in: *Archiv für die Geschichte des Sozialismus und der Arbeiterbewegung*, Jg. 13, Hrsg. von Carl Grünberg, Leipzig, 1928, S. 202-203.

的任务，就在于赋予商品价值以货币形式。"①

可以看到，波洛克的货币理论研究，已经提纲挈领地抓住了马克思货币理论、价值理论研究的要点。波洛克将马克思的价值理论和货币理论作为对商品经济和资本主义社会理解的根基；并将货币理论和价值理论，特别是以经济学范畴作为连接经济学理论和社会理论、哲学理论的中介。我们后文会看到，波洛克的这些观点在新马克思阅读那里得到了怎样的深化和发展。

(二)霍克海默对政治经济学批判的理解

在以波洛克(以及格罗斯曼)为代表的法兰克福学派早期一代的影响下，霍克海默和阿多诺从一开始就将马克思的政治经济学批判作为理论建构的不可或缺的一部分。相对于正统马克思主义将马克思主义理论理解为实证科学，对马克思思想中批判维度的揭示并将其视作决定性构成部分，最早是基于马克思巴黎手稿的出版，由 1932 年马尔库塞提出的；更为深入的则是霍克海默在 1934 年的《论当今哲学中的理性主义争论》。1935 年的《论真理问题》更具体提出了"当代的社会形式在政治经济学批判中被把握"的观点，这一文章在 1937 年的《传统理论与批判理论》中得到了进一步阐述。在《论真理问题》一文中，霍克海默就对政治经济学批判的逻辑结构与批判理论的关系问题展开了论述。他指出，理论所面对的社会形式正是从政治经济学批判中推导出来的：

---

① Friedrich Pollock：*Zur Marxschen Geldtheorie*，in：*Archiv für die Geschichte des Sozialismus und der Arbeiterbewegung*，Jg. 13，Hrsg. von Carl Grünberg，Leipzig，1928，S. 206-207.

当今的社会形式可以在政治经济学批判中把握。从商品这——一般的基础概念，可以在纯粹的思想建构中推导出价值概念。马克思从价值概念发展出了处于密切联系之中的货币和资本范畴。所有这一经济形式的历史趋势，资本的聚集，增殖可能性的下降，失业与危机都由这一概念所设定，并以严格的顺序推导出来。在第一个最一般的概念中，其抽象性随着理论的发展而被克服，历史的过程也要——至少依照理论意图——经历一种整体的思想联系，在其中每一个论点都必然从第一个设定，即商品的自由交换得出。按照这一理论意图——它毋庸置疑是成功的，对所有经济、政治和文化领域的认识都可以通过那一原初的认识而被中介得到。①

通过这段引文我们可以清楚地看到霍克海默对马克思政治经济学批判，特别是价值概念的强调。价值概念不仅在历史过程上，而且在理论发展中推导出资本主义社会的全部现实结构，这些现实结构就包括了政治和文化的领域，而对这些结构的认识，就要基于对价值概念这一原初概念的认识。在1937年的《传统理论与批判理论》一文中，在探讨批判理论的定义时霍克海默明确说道：

社会批判理论同样始于抽象的规定；在研究当代时，它则以对

---

① Marx Horkheimer: Zum Problem der Wahrheit, In *Zeitschrift für Sozialforschung*, Folge. 4, 1935, München, 1980, S. 351.

以交换为基础的经济特征的描述为出发点。当具体的社会关系被判定为交换关系时，马克思所用的那些概念，如商品、价值、货币等就可以起到类的概念（Gattungsbegriffe）的作用。……作为资产阶级经济基础的交换的调节作用出现了。在此已经发挥了影响的社会和自然的相互作用的概念，以及社会的统一时代的观念和社会的自我保存观念（Selbsterhaltung）都受到对未来关注的指引，并从对历史过程的彻底分析中产生出来。……正是由于社会的内在动力，批判理论所概述的交换关系才支配社会现实……①

霍克海默对批判理论的定义从一开始就是以马克思的政治经济学批判为基础的。霍克海默作为批判理论纲领的规划者，其实在思想深层有一个老派的马克思主义者的理论坚守。这种坚守，就是对马克思政治经济学批判的坚守。其实问题很简单，回顾思想史我们就知道，20 世纪二三十年代，马克思在西方知识界的形象更多是一个由《资本论》所代表了的经济学家。而批判理论在某种程度上延续了卢卡奇和柯尔施的理解，正是试图在经济学理论中打开哲学理论和社会理论的可能性。也就是在这个意义上，霍克海默为社会理论研究所设定的"跨学科研究"的研究纲领，本身就植根于他对马克思政治经济学批判的理解之上。某种程度上，就像巴克豪斯指出的，霍克海默将马克思的理论确定为批判理论

---

① 见曹卫东编：《霍克海默集》，196—197 页，上海，上海远东出版社，2004。译文有改动。

的早期形态。①

　　莱希尔特认为，阿多诺对马克思政治经济学批判的吸收受到霍克海默的影响很可能更多。② 但较之于霍克海默，阿多诺对马克思政治经济学批判的接受或许晚一些，我们在后文将会探讨，索恩-雷特尔对阿多诺的这一接受过程产生了积极的影响。

　　接下来，我们围绕批判理论的巅峰之作《启蒙辩证法》，进一步审视霍克海默和阿多诺在其中所运用的政治经济学方法。

（三）支撑起《启蒙辩证法》的政治经济学方法

　　法兰克福学派第二代代表人物之一的阿尔弗雷德·施密特在其1973年发表的《历史和结构》一书中，写下了这样一个判断："在《启蒙辩证法》中，霍克海默和阿多诺试图用一种经济分析的方法去说明这种现象。"③这一判断显然与我们以往更多关注于工具理性批判、文化工业批判的视角有很大不同。假如我们仔细梳理霍克海默和阿多诺的文本，其实就能够发现他们本人就曾明确承认过这条政治经济学的路径。《启蒙辩证法》一书，正是霍克海默与阿多诺"辩证逻辑"研究项目的最终成果，这一研究项目始自霍克海默1937年的《传统理论与批判理论》（这篇

---

① Hans-George Backhaus：*Über den Doppelsinn der Begriffe "Politische Ökonomie" und "Kritik" bei Marx und der Frankfurter Schule*. In Stefan Dornuf und Reinhard Pitsch（Hrsg），*Wolfgang Harich zum Gedächtnis. Eine Gedenkenschrift in zwei Bände*，Band. 2，München，1999，S. 15.

② 援引自笔者2016年2月22日在不来梅对莱希尔特教授的访谈。

③ ［德］阿尔弗雷德·施密特：《历史和结构》，张伟译，3页，重庆，重庆出版社，1993。

文章就是《资本论》发表 70 周年的纪念文章)一文。在霍克海默写给格罗斯曼的信中就坦言"明确提出辩证逻辑作为逻辑结构是政治经济学批判的基础"①。由此我们可以看出,以政治经济学批判为基础的辩证逻辑正是霍克海默批判理论建构中的核心问题。在阿多诺那里,政治经济学的角度也很早就被他纳入理论探索之中,早在他 1931 年的就职演讲中,就已经提及从"商品及其交换价值的历史形象与现实形态"来追问"物自身"的可能性问题。② 这里特别值得注意的是阿尔弗雷德·索恩-雷特尔对阿多诺的影响,索恩-雷特尔在对马克思价值理论的分析中,将交换价值定义为"现实的抽象",从而在价值理论基础上解读西方哲学传统的理论探索,在 20 世纪 30 年代给予阿多诺以很大的启发。这点我们将在后文中详细讨论。

　　《启蒙辩证法》之中的政治经济学方法是什么呢? 就是通过对交换原则和价值形式这些基本的政治经济学范畴的运用,将西方理性的传统拉回到交换原则和等价形式的现实基础之上。西方理性传统的自反,其实恰恰是在交换原则和等价形式成为统治的资本主义特殊社会形式之中,与之相伴的同一性原则的崩溃。经济学的价值形式和等价形式的基本分析方法,首先集中体现在《启蒙辩证法》中哲学层面的"同一性"范畴的经济学现实基础。而同一性问题,即除去"质"之后的"量"的问题(或者说工具理性问题),构成了《启蒙辩证法》中经济学方法的核心。接下来,我们首先具体论证一下《启蒙辩证法》中的等价形式和同一性问题的深层

---

　　① 〔德〕罗尔夫·魏格豪斯:《法兰克福学派:历史、理论及政治影响》,孟登迎、赵文、刘凯译,250 页,上海,上海人民出版社,2010。

　　② 〔德〕阿多诺:《哲学的现实性》,王凤才译,载《国外社会科学》,2013 年第 1 期。

关系。

《启蒙辩证法》开篇便探讨了启蒙概念的渊源，在这一讨论过程中启蒙的历史被追溯到了古希腊那里。在这一源头上，启蒙和神话被画上了等号。这一等式是如何成立的呢？霍克海默和阿多诺指出，启蒙运动承袭了柏拉图和亚里士多德形而上学的古老力量，并对普遍的真理即逻各斯顶礼膜拜。[1] 而这一哲学层面的逻各斯，普遍的真理是什么呢？首先是一种可计算性，而可计算性的根基，首先就在于"A＝A"的同一性前提之上。故而，在这个意义上，形式逻辑构成了科学的主要流派，也成为启蒙思想用以把握世界的公式，"数字成为启蒙精神的准则"[2]。然而这一分析绝非停留在对形式逻辑以及科学精神的观念层面的探讨之上，启蒙与神话的等同也绝非仅仅是一种观念之上的等同，霍克海默和阿多诺迅即将话锋转向了近代以来的经济学领域内："同样的等式也支配着资产阶级的正义和商品交换。"[3]——市民社会就是由等价原则支配的。在这里，经济学领域商品交换的等价原则这一客观社会关系，超出了其客观的结构本身而获得了理念的意义，正因如此霍克海默和阿多诺说，在启蒙运动那里，所有不能还原为数字或者一（Eine）的，都是幻象，这一点到了近代实证主义则更为极端。[4] 商品交换和等价形式这一经济学事实，恰恰构成了理性的现实基础，而神话也同样是启蒙的产物：神话

---

① ［德］马克斯·霍克海默、［德］西奥多·阿道尔诺：《启蒙辩证法》，渠敬东、曹卫东译，3—4 页，上海，上海人民出版社，2006。其中西奥多·阿道尔诺本文中为阿多诺。

② 同上书，4—5 页。

③ 同上书，5 页。

④ 同上书，5 页。

在启蒙的原则中被加工改造，所有的神话都是经过了启蒙中介的神话。经济学上的等价原理，也就是哲学上万物的同一性。在同一性之中，一切不可度量的变幻的事物都被排除了：使用价值这一无法度量的存在让位于交换价值。正义这一范畴也在这一语境内得到了解释，不论是在神话还是启蒙的语境之中，正义都是用等式来连接罪恶与忏悔、幸福与不幸的，也正因如此法律范畴之中开始存在正义的概念。这也是神话与启蒙等同性的另一重注解：宙斯手中恰恰端着一把象征公正性的天平，而这一天平"说到底也是一种自然的现象"。① 交换原则、等价形式本身就是人类生活领域一种"自然的现象"，这种现象横跨了混沌到文明的进程，它并不能够直接展现自身，而就在人的活动中，通过人的意识为中介而发挥作用。然而尽管有人的中介，"……这丝毫也没有使等价原则发生改变。人与其他一切生物一样，为了这一进步而不得不崇拜曾经奴役他们的事物。在此之前，偶像是服从等价原则的，而现在等价物本身变成了偶像"②。神话，就是膜拜者偶像的拜物教，而这一偶像就是等价原则和等价物。神话之中蕴藏着同一性的魔咒，这种魔咒将自然与人都吞噬掉，一切不能被纳入有用性、交换性之中的自然物都是无用的；一切不能进入交换关系之中的人都是阿甘本的生命政治学所讲的"赤裸生命"。故而，在《启蒙辩证法》中，启蒙等同于神话的这种等同首先就落在一种客观的维度之上，这种客观性的维度就是等价形式、等价物、等价原则的存在，即便在商品尚未出现的情况下，礼物也扮演了商品所

---

① ［德］马克斯·霍克海默、［德］西奥多·阿道尔诺：《启蒙辩证法》，渠敬东、曹卫东译，12 页，上海，上海人民出版社，2006。

② 同上书，12 页。

担负的等价物的责任。

《启蒙辩证法》中对文化工业的探讨，最直接体现出等价原则和交换原则的显露和侵伤："文化工业"这一范畴本身不正是意识领域和生产领域的结合么？资本主义中生活的一切都被等价的交易原则和计算理性同一化之后，作为第二次工业革命的成果，一度作为艺术被展现给大众的电影、广播也未能幸免："电影和广播不再需要装扮成艺术了，它们已经变成了公平的交易，为了对他们所精心生产出来的废品进行评价，真理被转化成了意识形态。"①写作《启蒙辩证法》这一部分的阿多诺戳穿了文化工业背后的全部伎俩，不外是公平交易的现实及其意识形态。这种现实及意识形态，也就是一种权力即经济的权力："技术用来获得支配社会的权力的基础，正是那些支配社会的最强大的经济权力。"②在这种强大的经济权力的统治之下，文化工业被同质化为一种不断改进的大规模生产方式而已，成了和"生活资料"一样的供工人再生产自己的劳动能力的一种材料，工人享用了迪士尼和BBC(英国广播公司)等制造的文化产品之后，为的是回到生产流水线上继续做一个生产力。这样，文化就成了这样一个充满悖论的"商品"："它完全遵循交换规律，以至于它不再可以交换；文化被盲目地使用，以至于它再也不能使用了……所有这些动机显然是从经济角度出发的。"③文化工业的批判就是对资本主义的批判，是立足于与马克思所面对的社会历史境况完全不同的社会条件之

---

① ［德］马克斯·霍克海默、［德］西奥多·阿道尔诺：《启蒙辩证法》，渠敬东、曹卫东译，108 页，上海，上海人民出版社，2006。

② 同上书。

③ 同上书，146 页。

下的批判。在马克思的时代里，奴役与控制还最主要表现在工厂车间之中，而到了 20 世纪上半叶，奴役和控制已经渗透到了文化领域，以电影和广播为代表的文化工业就是最典型的表现。对文化工业的批判，恰恰是阿多诺资本主义批判的最典型表现。

(四)作为批判理论政治经济学根基的价值形式理论

在由格尔哈德·施威蓬豪伊泽①为《唯物主义历史批判词典》撰写的"批判理论"(Kritische Theorie)词条中，他为我们提供了这样一个基本定义：

> 社会的批判理论是解放的社会哲学，它试图分析和批判 19 世纪中叶至今的市民的、资本主义的社会实践的形式，以及理性的和理性的类型，这些共同汇聚成了一个思想运动。它们的共同点是从对价值形式的分析中推导出来的，作为商品生产社会基础的马克思的价值规律理论。这一理论同时也是政治经济学批判，也就是指出这种科学对于价值形式的解释及其社会和意识形态后果的能力和局限。②

---

① 格尔哈德·施威蓬豪伊泽(Gerhard Schweppenhäuser)，1960 年出生于美茵河畔法兰克福，是著名批判理论哲学家，霍克海默和阿多诺的第一位学生，海尔曼·施威蓬豪伊泽(Hermann Schweppenhäuser)之子。现于维尔茨堡-施韦因富特应用技术大学任教授，是当今德国批判理论研究的重要代表人物之一，《批判理论杂志》(Zeitschrift für kritische Theorie)主编。其代表作之一《阿多诺导论》已经翻译成中文。

② Gerhard Schweppenhäuser: Kritische Theorie, in: *Historisch-kritisches Wörterbuch des Marxismus*(*HKWM*)，Bd. 8/I，Hamburg，2012，S. 197-198.

　　在这里我们清楚地看到，施威蓬豪伊泽认为批判理论的核心内容，就是"从对价值形式分析中推导出来的，作为商品生产社会基础的马克思的价值规律理论"，也就是政治经济学批判！① 而这一点，施威蓬豪伊泽在他关于阿多诺的专著中也曾具体指出："马克思经济理论的核心部分对于阿多诺的社会批判理论至关重要，阿多诺将价值规律、'资本主义积累的普遍规律'、'利润率下降规律'作为适用于社会理论'结构原则'的'马克思模式'……重要的是，阿多诺以某种独立于马克思价值理论的方式接受了马克思的价值理论。"②

　　那么，我们如何来判断这一理论根基在整个法兰克福学派的体现呢？我们在前文中粗略探究了《启蒙辩证法》之中所运用的以交换原则、等价形式为核心的政治经济学研究方法，这种方法源自哪里？其实在法兰克福学派的发展过程中，政治经济学研究从一开始就作为一个重要的研究内容而存在，这其中有我们耳熟能详的波洛克、格罗斯曼、基希海默等人，他们对资本主义社会的研究，几乎都以马克思所提供的政治经济学批判的方法入手。而这条政治经济学批判的线索，又更为具体地聚焦在商品、货币、交换原则、等价形式这一系列经济学范畴，或者可以统称为"价值形式"分析这一具体理论形式之上。

---

　　① 笔者曾专门就此批判理论的定义求教于施威蓬豪伊泽教授，据他讲，这一定义完全基于自己对阿多诺和霍克海默的批判理论的理解，并未受到新马克思阅读理论资源的影响。这种平行性的理解更加凸显在批判理论的内核的理解上，法兰克福学派的第二代和第三代人物，有着相当高程度的一致性。

　　② ［德］格尔哈特·施威蓬依塞尔：《阿多诺》，鲁路译，89 页，北京，中国人民大学出版社，2008。本文译为格尔哈特·施威蓬豪伊泽。

沿着价值形式理论的线索出发我们还会发现，甚至早在西方马克思主义的开拓者卢卡奇和柯尔施那里，同样也强调了商品和货币理论这些经济范畴所蕴含的哲学内涵，即社会关系维度。① 在卢卡奇《历史与阶级意识》中扮演关键角色，被卢卡奇反复论述的主客体统一辩证法，恰恰首先立足于对经济学范畴的分析上。在卢卡奇看来，"经济学范畴"以"对象性形式（gegenständliche Form）直接地和必然地呈现在人们面前，对象性形式掩盖了它们是人和人之间的关系的范畴这一事实。它们表现为物以及物与物之间的关系"②。而在对物化现象的分析上，也恰恰是从对商品范畴的分析入手的，而我们知道，商品范畴在主体和客体的两个方面的物化这一思想，卢卡奇深受西美尔的《货币哲学》的影响，西美尔在这本重要的著作中创造性地将货币对于社会结构的支配，运用到了对人的心理结构的分析之上。同为西方马克思主义奠基人的柯尔施，在其《马克思主义与哲学》中所提出的意识与现实的统一的方法，恰恰是首先在对政治经济学批判的探讨之上得到的。更值得注意的是，柯尔施在1932 年为《资本论》德文第二版再版写的序言中直截了当地指出，在马克思《资本论》中对价值、价值形式和商品拜物教等问题的探讨中，蕴含了马克思的辩证法思想。这当然是列宁已经着重强调过，而且也是马克思透露过的观点。但是这种哲学方法究竟如何在马克思的政治经济学批判之中展现，却直到柯尔施这里才被更为清楚地描述出来。接续了《马

---

①　关于卢卡奇和阿多诺对于辩证法的不同理解在价值理论上的反映，可参见［美］蒂莫西·霍尔：《物化、唯物主义与实践——阿多诺对卢卡奇的批判》，见衣俊卿主编、周凡执行主编：《新马克思主义评论》第 1 辑，北京，中央编译出版社，2012。

②　［匈］卢卡奇：《历史与阶级意识》，63—64 页，北京，商务印书馆，1992。

克思主义和哲学》中已经奠定的关于意识和现实的同一性的基本观点，柯尔施看到了商品、价值、价值形式，在这些概念之中，整个当代生产方式和社会结构的存在和变化，产生、发展和消亡的全部具体现实都暂时作为未发育最初阶段的萌芽而被包含在其中。[①] 而这些概念中，柯尔施认为最关键的就是价值概念。价值最初是由斯密和李嘉图所发现的，而马克思超越于这两者之处，就在于马克思揭示了价值概念所表达的那种关系的真实的、历史的社会的现实，是毋庸置疑的、明确的事实。[②]

如果我们对 20 世纪 20 年代前后的马克思主义理论进行回顾，会发现其实当时的学者都不约而同地在马克思《资本论》中的价值形式问题上，寻找自己所关心的问题的答案。这其中，苏联学者伊萨克·鲁宾（1886—1937）和叶甫根尼·帕舒卡尼斯（1891—1937）也扮演着重要的角色，他们在马克思价值理论上的专门且深入的研究，更横跨数十年，深刻影响了德国新马克思阅读运动的理论探索，我们将会在后文中专门探讨他们的研究。另外，我们前文已经提到过的阿尔弗雷德·索恩-雷特尔，其通过价值形式的阐释从而试图完成对康德先天综合判断的解构，从而提出"社会综合"的观点，这一理论探索，恰恰也开始于这一时期。如果我们以更为宽广的眼光来审视 20 世纪 20 年代前后西方学术界的研究，就会发现，当时对马克思的货币理论、价值理论的研究，甚至在资产阶级把持的学术界也已经成为一股潮流，一批文献在当时得以出版。如果了解到这个情况，我们也就不惊讶于为何西方马克思主义和法兰克

---

① Karl Korsch: Vorwort, in: Karl Marx, *Das Kapital*, Berlin, 1932, S. 22.

② Ibid. , S. 22.

福学派的奠基人会将目光聚焦在马克思以商品和货币为中心的价值形式问题之上了。当然，这个事情其实也好理解，当时思想界所能接触到的马克思文本，其实就以公开发表的政治性文献和《资本论》为主，青年马克思的一批哲学文献还未问世，作为哲学家的马克思形象还没有被塑造起来。因此对马克思的哲学解读，就首先落在了以《资本论》为核心的文本之上，而革命导师列宁对《资本论》第一篇第一章中的哲学思想所做的著名判断，更推动了人们从《资本论》入手来解读马克思的哲学思想。

　　通过前文的论述，我们现在可以做出如下两点判断：**一是在法兰克福学派的批判理论中，自始至终有一条政治经济学批判的线索；二是这种政治经济学批判就建基于对马克思价值形式理论的阐发之上。**正因如此，新马克思阅读从法兰克福学派脱胎而出，将这一理论范式单独抽离出来作为独立的研究对象，便可以理解了。

四、德国新马克思阅读的研究现状

(一)国外研究情况

　　我们对新马克思阅读国外研究情况的综述，主要围绕如下三个方面展开：第一，埃尔贝《西方的马克思》一书及其带来的反响；第二，新马克思阅读问题域之内展开的研究；第三，新马克思阅读在德国之外的影响。

1. 埃尔贝《西方的马克思》一书对新马克思阅读范式的勾画及其带来的论争

新马克思阅读运动作为一个明确的对象而被加以研究，主要集中在2000年之后。这其中，德国的英格·埃尔贝（Ingo Elbe，1973—）是较早以专题介绍新马克思阅读运动的代表性人物，他的《西方的马克思》（2008年）一书在德国引起了强烈的反响。在这本书中，埃尔贝全景式地勾画了新马克思阅读的理论渊源与理论主张。他将新马克思阅读的先行者追溯到鲁宾和帕舒卡尼斯，也将阿尔都塞和朗西埃等人的研究作为新马克思阅读的触发点。他颇为大胆地将新马克思阅读作为与传统马克思主义、西方马克思主义并列的第三种马克思哲学解读模式，这一研究模式以巴克豪斯、莱希尔特等人为代表，其异于前两种解读模式的最突出的特点，首先在于其立足于马克思的《资本论》德文第一版以及马克思写作《资本论》过程中的手稿，其中尤以《1857—1858年经济学手稿》为重，其理论主张则是立足马克思的价值形式理论，"把握完整的马克思"以及"从马克思晚期的著作出发来把握早期著作"，而它的主要方法就是通过逻辑和体系的描述方式来区分和批判资本主义社会化的形式。① 埃尔贝的研究，最突出的优点在于系统全面，是世界范围内第一篇研究新马克思阅读运动的博士论文。本书一经出版就在德国学界引起了不小的反响，其中既有批评者，又有支持者。

借由对《西方的马克思》进而对新马克思阅读的讨论在德国掀起一个

---

① Ingo Elbe: *Marx im Westen. Die neue Marx-Lektüre in der Bundesrepublik seit 1965*, Berlin，2008，S. 29.

小高潮。埃尔贝的《西方的马克思》一经问世就在德国马克思研究领域引起了众多学者的关注。可想而知，这样一条意图宏大的思想史叙事必然不乏批判的声音。这其中，最具代表性的有克里斯多夫·海宁（Christoph Henning）和约翰-弗里德里希·安德斯（Johann-Friedrich Anders）的批判。埃尔福特大学的海宁在 2008 年的《马克思恩格斯年鉴》中发表题为"形式的膜拜：英格·埃尔贝令人折服的卡片箱"的评论文章，专门批判了埃尔贝的新马克思阅读建构。[①]　海宁认为，新马克思阅读的纲领就类似于这样：全世界的人都误读了马克思的著作，将其本体论化、自然主义化、非历史化或更糟，唯独新马克思阅读的这批人，在抵抗着政治体制的侵蚀，而他们的"魔法药水"，就是价值形式理论。而埃尔贝恰恰将对新马克思阅读的全部研究都归于了"形式"概念："形式的概念及对其相应的认识位于中心。这对于探讨国家和革命理论来说也是有效的。"海宁提出了这个问题："马克思所使用的形式概念究竟为了什么理论目的，而新马克思阅读又为何如此强调这一概念呢？"在马克思那里，形式概念正是一种"形变"的出场方式，正可以用花蕾、花朵和果实的关系来类比，"围绕的是指出劳动、商品、货币和资本的联系。它们都是'价值的承载者'，价值在其之上表现为不同的形式"。而对价值形式的发现，便解决了经济的运动（危机）和社会结果（剥削）。但是新马克思阅读为何强调价值形式理论呢？海宁认为埃尔贝乃至巴克豪斯和莱希尔特都未曾真正将这个问题交代清楚。海宁还指出，埃尔贝并没有说清这一运动的

---

① 　Christoph Henning: Kultus der Form. Ingo Elbes überwältigender Zettelkasten, in *Marx-Engels Jahrbuch* 2008，S. 149.

社会史背景。对于新马克思阅读为何采取价值形式的探讨范式，海宁做出了自己的猜测。他认为，这一运动所兴起时的 20 世纪 60 年代的读《资本论》的过程中，便始终紧咬《资本论》第一篇不放，而处于当时西方各种新马克思主义的理论竞争之中，对价值形式的凸显恰恰构成了自己的特色。而在阿多诺对实证主义的批判之中，也已经体现了对自由主义经济学的怀疑，而这正激发了新马克思阅读第一代人在价值形式理论研究这条道路上走下去。①

相对于海宁的批判，安德斯的批判更为系统、全面。安德斯更多越过了埃尔贝的建构，直指新马克思阅读运动本身。② 他的批判有以下几个方面：首先，宣扬新马克思阅读道统的代表人物无疑抹杀了以往对于马克思思想解读的重要意义；其次，新马克思阅读对马克思主义的理解仅仅局限于马克思，而且仅仅局限于马克思《资本论》及其手稿，甚至仅仅局限于《资本论》的第一篇，这无疑将马克思和恩格斯在思想发生过程中其他无数重要的文本高峰虚无化了；再次，新马克思阅读过多解读马克思的政治经济学批判，而忽视了马克思作为解放学说的政治学说；最后，非常重要的一点，新马克思阅读在某种意义上重新制造了马恩之间的对立，在新马克思阅读看来，传统马克思主义是批判的靶子，而传统马克思主义恰恰是一种恩格斯主义，恩格斯对马克思思想的解读以及对《资本论》的编辑，篡改了马克思思想的辩证性和逻辑性。还有，新马克思阅读将历史的方法和逻辑的方法对立起来，在新马克思阅读看来，历

---

① Christoph Henning: Kultus der Form. Ingo Elbes überwältigender Zettelkasten, in *Marx-Engels Jahrbuch* 2008, S. 153-154.

② http://www.praxisphilosophie.de/anders _ marxlektuere _ slr. pdf, 2016-10-01.

史的方法是无足轻重的，真正重要的是逻辑的方法。总之，安德斯认为新马克思阅读根本的错误就在于，他们的纲领中缺失了寻找超越资本主义的路径这一最为重要的内容。

除以上具有代表意义的批判声音以外，我们也不难找到明确给予埃尔贝所做的新马克思阅读纲领建构以支持的声音。这其中最具代表性的有亨德里克·瓦拉特（Hendrik Wallat）的观点，他在《新马克思阅读的理论史》一文中，在指出了埃尔贝新马克思阅读纲领建构的问题，如对革命理论的放弃和对恩格斯的过低判断之外，总体上是认可新马克思阅读纲领的建构的，[①]但是瓦拉特也认为新马克思阅读的纲领中还可以充实进更多的思想资源。最为有趣的是，瓦拉特为新马克思阅读纲领创作了一篇《关于新马克思阅读的未来的提纲》，展望了新马克思阅读可能性的理论空间。其中最为核心的观点，一方面，是新马克思阅读的理论应当建基于价值—价格形式转换这一核心问题之上，正是在这一问题之上，方才可以将《资本论》几卷作为一个整体，也只有在此基础上才可以完成对历史的研究；另一方面，瓦拉特认为在马克思那里没有被重视的范畴，如虚拟资本和信用范畴，在当代需要被高度重视，这是当代资本主义发展潮流之下的必然，换句话说，新马克思阅读必须面对当代的问题。瓦拉特显然透视到了当前新马克思阅读讨论中缺失的，但是具有巨大理论空间的内容。

----

① http：//www.rote-ruhr-uni.com/cms/IMG/pdf/Theoriegeschichte ＿ der ＿ neuen ＿ Marxlekture.pdf，2015-01-01.

2. 在新马克思阅读运动问题域之内发展、批判新马克思阅读的学者

德国学者米夏埃尔·海因里希（Michael Heinrich，1957— ）于柏林自由大学获得博士学位，其导师是国家衍生论争的重要参与者艾尔玛·阿尔法特，海因里希曾先后执教于柏林自由大学和柏林工业与经济应用技术大学。海因里希被埃尔贝划作了新马克思阅读运动中的一员，尽管海因里希本人对这一判断不置可否，但他显然受到了新马克思阅读运动的颇多影响。海因里希 2004 年出版新作《政治经济学批判导论》引起了学界的关注，此书多次再版。海因里希认为，马克思理论的核心是对资本主义的社会化过程的批判，这种社会化过程就是通过价值的变换而实现的拜物教过程。这具体体现在如下几个方面：第一，在对"政治经济学批判"的对象的理解上，他认为，马克思关心的并非全部历史亦非资本主义的某个特殊历史阶段，而是对资本主义的理论分析。政治经济学批判的对象因而恰恰是资本主义的本质规定性，而政治经济学"批判"实则是政治经济学"范畴""批判"。[①] 第二，范畴的批判首先就在于对政治经济学最抽象的范畴即价值的批判。而价值不是单个商品固有的属性，其实质是个体性的生产性劳动与社会总劳动之间的关系规定性。奠定价值对象性基础的价值实体，是由商品在交换中共同得到的。[②] 第三，他提出价值形式分析与货币具有内在的联系。货币不是实践中的辅助手段，而是一种事实上的必然需要。商品占有者在交换中必然将商品作为

---

① Micheal Heinrich：*Kritik der politischen Ökonomie*，*Eine Einführung*，Stuttgart，2005，S. 28-29.

② Ibid.，51.

一般等价物，并将一般等价物变成真实的"货币"①。在这几点上，海因
里希与巴克豪斯和莱希尔特保持了高度的一致。

　　德语学界中积极参与到新马克思阅读探讨之中的学者，最具代表性
的还有沃尔夫冈·弗里茨·豪格（Wolfgang Fritz Haug，1936—　）、狄
特·沃尔夫（Dieter Wolf，1942—　）、罗伯特·库尔茨（Robert Kurz，
1943—2012）、卡尔·莱特尔（Karl Reitter，1953—　）和延·霍夫（Jann
Hoff，1980—　）。豪格是德国当代著名马克思主义哲学研究专家，出
版人，早在20世纪50年代便主编了左派杂志《观点》（Argument）并创建
了与杂志同名的出版社，后曾长期任教于柏林自由大学，他全程参与了
联邦德国20世纪六七十年代的读《资本论》运动。在其2013年发表的
《〈资本论〉阅读，但是如何阅读？》一书中专门围绕新马克思阅读，整理
了他过去几十年里的相关研究，并对新马克思阅读的理论观点，特别是
海因里希的观点进行了十分细致、深入的批判。他的批判，首先针对的
就是新马克思阅读的新一代代表人物海因里希。在《〈资本论〉阅读，但
是如何阅读？》中，豪格指出，新马克思阅读的理论范式将马克思在《资
本论》中的哲学的思想推回到纯粹的逻辑建构之上，而缺失了历史的维
度，并且将马克思的政治经济学批判简化为了一种货币理论。②

　　狄特·沃尔夫（Dieter Wolf，1942—　）曾求学于弗莱堡、巴黎和柏
林，其博士论文题目为"黑格尔与马克思：论绝对精神与资本的运动结

---

　　①　Micheal Heinrich: *Kritik der politischen Ökonomie*, *Eine Einführung*, Stuttgart, 2005, S. 61.

　　②　W. F. Haug: *Das "Kapital" lesen*, *Aber wie？Materialien*. Hamburg, 2013, S. 125-173.

构"。沃尔夫是一位独立学者，在从政治经济学角度研究马克思和黑格尔的方面做出了不少探索，同时还是一名计算机技术专家。他在马克思的价值理论问题上进行过长期的研究，一直以来都积极参与新马克思阅读运动所带来的争论。他在 2004 年的《价值概念的困惑》一文中，对新马克思阅读代表人物巴克豪斯和莱希尔特的理论探索进行了较为系统的概括，并提出了自己的一些批判性观点。相比于其他学者，沃尔夫更多的是在非常专业的领域内探讨新马克思阅读的经济学范畴，同时也更关注黑格尔的逻辑学和马克思《资本论》的比较研究。他在对巴克豪斯的批判中，就指出巴克豪斯用于分析马克思的价值形式理论的辩证法工具只是外在地使用了黑格尔的逻辑学，并且停留在黑格尔逻辑学之上，而没有真正从马克思的价值形式自身推导出其中的辩证法思想。进一步，在具体的价值形式理论上，沃尔夫认为巴克豪斯实际上没有真正能够在使用价值和交换价值之外，将价值概念真正确立为一个不同的"第三个"范畴，而是将使用价值直接当作了价值，并且始终在使用价值的框架内打转。①

罗伯特·库尔茨是德国著名的马克思主义哲学家和出版人，一生笔耕不辍，其代表作《资本主义黑皮书》影响较为广泛。他同时也是"价值批判"（Wertkritik）这一与新马克思阅读有千丝万缕联系的理论研究小组的领导人。在他 2012 年发表的《没有价值的货币：关于政治经济学批判转型的纲领》（*Geld ohne Wert：Grundrisse zu einer Transformation der*

---

① Dieter Wolf：*Zur Konfusion des Wertbegriffs. Beiträge zur "Kapital"-Diskussion*，Hamburg，2004.

Kritik der politischen Ökonomie)一书中，评述了豪格对以海因里希为代表的新马克思阅读的批判并提出了自己的见解。库尔茨试图超越以豪格为代表的新正统主义和新马克思阅读之间的历史的和逻辑的解释方式的争论，而主张提出第三种立场，即在历史之中又不局限于历史材料来考察价值概念。在此之上，他首先考察了前现代、前资本主义的社群和现代否定意义上的经济社会化的根本区别，探析了前现代资本形成的历史过程，并提出，逻辑和范畴的联系，或者资本的循环就是其自身再生产的过程。最后他认为资本主义动力学的内在自我矛盾和逻辑局限，就是资本拜物教内在历史的结果。

同样属于德语学术界的奥地利学者卡尔·莱特尔，执教于克拉根福特大学，《大纲》(*Grundrisse*)杂志编委，也是一名新马克思阅读运动的关注者和批评者。他在 2015 年主编了一本评述新马克思阅读运动的新书《解放的哲学家抑或资本的理论家？新马克思阅读批判》，此书中汇集了 11 篇对新马克思阅读进行评述的论文。这些批评中，不乏值得重视的观点。例如托比亚斯·布鲁格就认为，埃尔贝和海因里希等人将马克思的激进批判弱化为了以价值形式为首要对象的意识形态分析以及以政治经济学范畴批判为核心的理论批判，将阶级概念理解为了一个衍生出的范畴，也将资本主义的统治抽象化为一种所谓的"无名的统治"和一种拜物教，因而也使革命的行为与革命的主体消解掉了。[1]

延·霍夫在柏林自由大学获得博士学位，是德国的一位新生代马克

---

[1]　Karl Reitter(Hrsg)：*Karl Marx，Philosoph der Befreiung oder Theoretiker des Kapitals? Zur Kritik der "Neuen Marx-Lektüre"*，Wien，2015，S. 179-202.

思研究者，一直以来以独立学者身份从事马克思哲学研究。在他的《全球的马克思》一书中，对 20 世纪 60 年代以来整个世界范围内的马克思研究境况进行了较为全面的梳理和评判。其中，霍夫就将以巴克豪斯和莱希尔特为代表的新马克思阅读作为欧洲 20 世纪 70 年代《资本论》阅读热潮中德语学界颇具原创性的一个重要表现。①

3. 新马克思阅读运动在德语学术界之外的影响

除以上德语学术界对新马克思阅读进行的研究之外，新马克思阅读运动的影响也已经拓展到了德语学术界之外。如我们前文提到过的英国约克大学的维尔纳·博内菲尔德（Werner Bonefeld，1960— ），他深受巴克豪斯和莱希尔特的影响，也是一直以来在英国始终积极介绍新马克思阅读研究成果的代表性学者。在博内菲尔德 1993—1995 年主编的《开放的马克思主义》三卷本中，就分别收录了巴克豪斯的《在科学和哲学之间：作为批判理论的马克思主义社会经济学》一文和莱希尔特的《马克思为何取消了他的辩证方法》一文。2011 年，他与米夏埃尔·海因里希合编了论文集《资本与批判：在"新"马克思阅读之后》，其中汇集了包括克里斯多夫·亚瑟（Christopher J. Arthur）、里卡多·贝洛费奥雷（Riccardo Bellofiore）、约阿希姆·毕施霍夫（Joachim Bischoff）、马塞洛·穆思图（Marcello Musto）等作者在内的 11 篇论文，围绕马克思的政治经济学批判与哲学的关系、《资本论》形成史中的问题以及法兰克福学派中的政治经济学研究等问题进行了探讨。博内菲尔德尤其重视基于对马克思政

---

① Jan Hoff: *Marx Global*, *Zur Entwicklung des internationalen Marx-Diskurses seit* 1965, Berlin, 2009, S. 83-86.

治经济学批判的重新理解之上，阐释批判理论与政治经济学的深层关联，这尤其体现在他 2014 年的新作《批判理论和政治经济学批判》中。在这本书中博内菲尔德借助新马克思阅读的思想探索，阐释了在马克思那里政治经济学批判所具有的主体-客体维度，以及阿多诺对批判理论的主客体双重内涵的强调。①

意大利学者贝洛费奥雷是长期研究和介绍新马克思阅读的学者。在他和里瓦(Tommaso Redolfi Riva)2015 年 1 月发表在《激进哲学》杂志上的《新马克思阅读：复归政治经济学批判于社会批判理论之中》这篇论文中，也深入阐述了新马克思阅读同法兰克福学派的传统，特别是新马克思阅读与阿多诺的社会理论之间的密切联系。二人还评述了新马克思阅读理论的基本特征，即将马克思的政治经济学批判解读为整体地理解马克思全部著作的关键，而这种阐述模式，也必然和黑格尔主义传统关于阿尔都塞的贡献联系在一起。贝洛费奥雷和里瓦在高度肯定新马克思阅读运动的贡献的同时，认为新马克思阅读并没有对马克思的抽象劳动、价值与货币观念的复杂性，以及马克思如何将资本奠基于社会关系予以充分重视。此外，最为重要的，二人认为新马克思阅读对马克思的价值概念理解是错误的，在二人看来，价值在马克思那里是一种同质性的量，其可通约性并非来自于交换，而是来自于这种同质性的量本身。②

除以上提及的学者以外，以巴克豪斯和莱希尔特为代表的新马克思

---

① Werner Bonefeld: *Critical Theory and the Critique of Political Economy*, *On Subversion and Negative Reason*, Bloomsbury, 2014.

② Riccardo Bellofiore and Tommaso Redolfi Riva: The Neue Marx-Lektüre, Putting the critique of political ecnomy into the critique of society, *Redical Philosophy* 189, 2015.

阅读运动的理论影响，也已经辐射到了美国与日本的一些学者那里。加拿大裔美国学者普殊同（Moishe Postone）曾在 20 世纪 60 年代末 70 年代初求学于法兰克福大学，与莱希尔特一样指导教师是伊林·费切尔，与巴克豪斯和莱希尔特交往颇深，因此他在很大程度上受到了巴克豪斯和莱希尔特的价值形式理论研究的影响，在他 1993 年出版的代表作《时间、劳动和社会统治》中就多次肯定地引用了他们的观点。[①] 除普殊同这一与新马克思阅读代表人物有直接关系的学者外，美国学者托尼·史密斯（Tony Smith）也是英美学者中较早注意到新马克思阅读相关研究的学者。他在其《辩证的社会理论及其批判》一书中，在总结对马克思政治经济学中的辩证法的四种模式时，将巴克豪斯的研究视为在黑格尔辩证法和政治经济学上的"不兼容"观点的代表。[②] 显然史密斯此时并未把握住巴克豪斯的核心之处，而将其对传统马克思主义的批判等同于巴克豪斯的观点。而这一误解也被贝洛费奥雷所注意并提及。[③] 英国学者、新辩证法学派的代表克里斯多夫·亚瑟在其 2004 年出版的作品《新辩证法与马克思的资本论》一书中，在回顾价值形式问题的历史时，除鲁宾之外，认为巴克豪斯的相关研究是更接近于当今价值形式问题探讨的，亚瑟指出，巴克豪斯出身于法兰克福学派这一传统学派的原因，更关注的是价值形式的客观理性之上的系统的去神秘化，也就是对价值形式上的

---

① Moische Postone, *Time*, *Labor and Social Domination*, Cambridge University Press 1993, p. 46, 61, 69, 131.

② Tony Smith: *Dialectical Social Theory and Its Critics*, New York, 1993, p. 40.

③ Riccardo Bellofiore: "*Lost in Translation*: *Once Again on the Marx-Hegel Connection*", *Hegel's Logic and Marx' Capital*: *A Reexamination*, edited by Fred Moseley and Tony Smith, Leiden, 2014, p. 186.

异化和拜物教机制的批判。当然，有趣的是，亚瑟不无遗憾地说："不幸的是他的著作还没有多少被翻译成英文。"①

总体来看，英美学界除少数与德国学界有直接交往关系的学者如博内菲尔德和普殊同外，新马克思阅读的相关研究已经进入英美一些目光敏锐的学者视域。但是困于德文文献的译介，英美学界的多数学者对巴克豪斯和莱希尔特的相关研究也大多停留在少数文章的关注之上，对整个新马克思阅读的思想脉络研究还远没有开始。

另外，我们发现，日本学界对于新马克思阅读代表人物的关注出人意料得高，平子友长等人早在 20 世纪 80 年代对马克思物化、物象化问题的研究中，就大量借鉴、引证了巴克豪斯和莱希尔特的研究成果。日本学界在马克思价值形式理论研究上的传统，很大程度上和他们对新马克思阅读运动思想资源的关注有关。应该说，21 世纪以来，世界范围内政治经济学研究的复兴，伴随着辩证法研究的复兴过程，在其中都或多或少有新马克思阅读运动的理论影响。

(二)国内研究情况

必须承认，直接围绕新马克思阅读运动进行的研究目前在我国是空白的。②

---

① Christopher J. Arthur: *The New Dialektic and Marx's Capital*, Leiden&Boston, 2004, p. 12.

② 在这里，值得一提的是鲁绍臣博士在 2015 年发表的题为"《资本论》与抽象统治：当代价值形式学派的贡献与反思"(载《现代哲学》，2015 年第 6 期)的论文。在这篇论文中，作者敏锐地整理了由新马克思阅读所开创的与价值形式理论研究范式相关的西方研究状况，例如对苏联思想家鲁宾的价值理论研究的回溯，以及齐泽克对马克思商品形式的借用和克里斯多夫·亚瑟的价值理论，等等。这篇论文进行了非常有参考意义的文献整理，但缺乏对思想史特别是对新马克思阅读的价值形式理论思想史的把握。

但对新马克思阅读运动所揭示的问题域，即法兰克福学派的政治经济学问题的研究，国内已经有一些学者做出了积极的探索；此外，对新马克思阅读理论分支国家衍生论争（在"资本逻辑学派"的标签下）的相关介绍，国内也已经有若干文献。

张一兵教授在2000年发表的《反人类中心主义：工具理性与市场逻辑批判——〈启蒙辩证法〉中的一条逻辑主线》，就首先提出了《启蒙辩证法》所依循的逻辑，就是《1857—1858年经济学手稿》中所指认的社会历史进程中的资产阶级工业和市场交换也一定会同构地在社会生活中"摧毁神和质"①，这一判断虽然在文献史上有存疑之处（《1857—1858年经济学手稿》最早于1939—1941年由莫斯科马列研究院出版），但应该说这一判断恰恰是对阿尔弗雷德·施密特在《历史与结构》一书中所指出的"霍克海默和阿多诺在《启蒙辩证法》中运用的是经济学的方法"②的更深一步具体化。此后，张一兵教授在对阿尔弗雷德·施密特的研究过程中，敏锐捕捉到了施密特所代表的法兰克福学派新一代的研究特点，即将马克思主义哲学基本问题的研究还原与经济学研究之中的独特意义。③ 此外，张亮教授也在国内学界较早地敏锐捕捉到了对法兰克福学派传统中的政治经济学研究进行把握的重要意义，他对法兰克福学派早期的两位重要代表人物——格罗斯曼和波洛克的政治经济学研究进行了

① 张一兵：《反人类中心主义：工具理性与市场逻辑批判——〈启蒙辩证法〉中的一条逻辑主线》，载《求是学刊》，2000年第5期。

② ［德］阿尔弗雷德·施密特：《历史与结构》，张伟译，3页，重庆，重庆人民出版社，1993。

③ 张一兵：《施密特〈马克思的自然概念〉的文本解读——置马克思主义哲学研究于经济学之中》，载《社会科学研究》，2006年第2期。

探析，分析了政治经济学研究在法兰克福学派整个批判理论传统中所扮演的角色，[①] 可以说，这项研究在我国是具有填补空白意义的。

除此以外，在更为宽泛的西方马克思主义的政治经济学研究方面，我国学界总体的研究并不太多。从既有的研究成果来看，武汉大学顾海良教授是我国学界较早研究西方马克思主义政治经济学的专家，自 20 世纪 90 年代起，顾海良教授就致力于介绍、研究西方马克思主义经济学，始终坚持在对西方经济学的研究中，不忽视西方马克思主义经济学的脉络，而对西方马克思主义经济学的研究对我国当前的理论与现实有着重要意义。这些观点在我国学界产生了较为广泛的影响。[②] 另外，上海财经大学马拥军教授也是在西方马克思主义政治经济学领域有着多年研究经验的专家。和顾海良教授类似，马拥军教授也认为坚持西方马克思主义政治经济学的研究不论对丰富马克思主义哲学还是对把握现实，都有重要的意义。[③] 但也必须看到，坚持这种研究的学者，大体上都是有经济学专业背景，首先从经济学视角切入西方马克思主义研究的。

对政治经济学研究在西方马克思主义历史发展中的境遇，我国学界目前占据主流的观点，就是认为西方马克思主义走出了经典的政治经济学根基之上的社会客观性和历史过程性的本质论，完成了一种向文化研究和哲学研究的哲学范式转换。这其中，最具代表性的就是衣俊卿教授

---

①　张亮：《格罗斯曼的资本主义危机理论：批判的再考察》，载《国外理论动态》，2008 年第 11 期；《法兰克福学派的批判理论与政治经济学》，载《天津社会科学》，2009 年第 4 期。

②　顾海良：《西方马克思主义经济学发展的主要趋势及其基本特点》，载《教学与研究》，1997 年第 12 期。

③　马拥军：《西方马克思主义政治经济学批判的意义》，载《哲学动态》，2012 年第 10 期。

的观点，他认为由卢卡奇开启的西方马克思主义"文化转向"既具有深刻的马克思实践哲学根源，又体现了西方哲学理性和文化精神演进的趋势，即转向一种实践哲学和文化哲学的范式。① 当然，也有学者清醒地认识到西方马克思主义发展过程中政治经济学的失语，并挖掘了这一观点形成的思想史背景，进而呼吁重视西方马克思主义的经济学。其中最具代表性的观点，就是西方马克思主义有一种"去经济学化"的趋势，而这种背离政治经济学基础的趋向是危险的，而恢复西方马克思主义研究中的政治经济学是未来的重要发展方向。② 但总体而言，这一主张并没有得到广泛的响应，也没有在思想史和文本之上得到进一步夯实。

我国学者自 2000 年前后就已经开始通过英美国家理论的研究，了解新马克思阅读的重要理论分支国家衍生论争。这其中，最具代表性的是尹树广教授《20 世纪 70 年代以来西方马克思主义的国家批判理论》③中对德国"资本逻辑学派"的研究。在书中，作者借助英语学界的相关研究对这一论争的基本问题、主要理论主张和特征进行了开拓性的研究。但因缺乏德国新马克思阅读理论运动相关历史和思想总体背景的把握，作者未能将这一论争的来龙去脉梳理清楚并透析这一论争在政治经济学批判和哲学上的深层语境。

总体来看，对西方马克思主义的政治经济学问题的研究，特别

---

① 衣俊卿：《西方马克思主义的哲学范式转换及其启示》，载《江苏社会科学》，2006 年第 3 期。

② 邰丽华：《西方马克思主义"去经济学化"现象反思》，载《当代经济研究》，2013 年第 1 期。

③ 尹树广：《20 世纪 70 年代以来西方马克思主义的国家批判理论》，哈尔滨，黑龙江人民出版社，2003。

是在政治经济学基础之上理解西方马克思主义哲学主题，在国内开展得还很不充分，这也直接导致了我们在西方马克思主义哲学发展逻辑，以及西方马克思主义哲学性质的判断方面产生了一些截然不同的观点。

五、本书的结构、任务与方法

本书在结构上除导论章和结论章外，共划分五章。第一章主要分析20世纪六七十年代德国乃至西方的社会历史背景和思想背景，这对于我们理解新马克思阅读的理论探索具有至关重要的作用。其社会历史原因，包括对德国马克思主义传统特殊性的分析，以及对联邦德国第二次世界大战后社会、经济、政治全面的变革的概述。在此章最重要的内容是对法兰克福学派第二代走向黑格尔主义的思想史背景的介绍，对德法历史主义和结构主义论争进行了讨论，并探讨了经济学领域内对价值问题的论争和苏东后斯大林时期对马克思《资本论》的哲学研究。这些共同构成了新马克思阅读重要的思想背景。

第二章至第五章是本书的主体部分，在结构上采取"一统三分"的逻辑框架。其中，第二章是三、四、五这三章的支点，通过第二章探讨的新马克思阅读的核心理论建构，可以折射出第三章、第四章、第五章分别探讨的三个问题。

具体来看，第二章围绕新马克思阅读代表人物巴克豪斯和莱希尔特的奠基性文本，厘清了新马克思阅读的理论内核，即重建价值形式辩证法的语境、意义，价值形式的辩证法与马克思的方法问题的关系，以及二重化范畴在价值形式辩证法中的作用。在此基础上，比较了索恩-雷特尔、阿多诺和新马克思阅读三者间的思想关联。第三章则集中围绕新马克思阅读的重要理论分支国家衍生论争进行。国家理论与政治经济学批判有极为密切的内在关系，马克思在其政治经济学批判的五篇计划和六册计划中，都将国家形式问题作为政治经济学批判之中的一个有待研究的重要组成部分。此章对国家衍生论争的重要思想资源帕舒卡尼斯的理论进行回顾后，以穆勒和诺伊西斯的奠基性文献为主要对象，考察了国家衍生论争的基本问题域，并对这场论争的几个基本观点进行了回顾和总结。第四章则主要以巴克豪斯和博内菲尔德的相关文本的解读为基础，探讨了新马克思阅读所深化了的法兰克福学派批判理论中的政治经济学批判—社会批判的二义性，这是新马克思阅读运动的一个重要理论目标。在此章还以反犹主义问题为例考察了这一理论具有的社会理论批判张力。第五章，以新马克思阅读为坐标中心，审视了后阿多诺时代法兰克福学派批判理论发展的不同方向和不同路径，这一章特别对以哈贝马斯为代表的"新批判理论"进行了批判性探讨。此外，我们还尝试对当代德国的马克思研究进行一个批判性的审视。这一章的最后，则对新马克思阅读的思想史效应进行探讨。在结论章中，笔者对新马克思阅读的理论贡献以及不足进行判断。

本书的核心任务，就是说清楚新马克思阅读的产生、发展与影响的思想史，以及新马克思阅读的核心理论主张。在此基础上，其他问题则可以迎刃而解。这其中，最重要的问题体现在两方面：一方面，马克思的价值形式理论在马克思思想和马克思主义哲学中的定位是怎样的；另一方面，如何审视法兰克福学派的批判理论和政治经济学批判之间的关系问题，这一问题还可以引申为如何看待西方马克思主义哲学中的政治经济学批判传统问题。

在方法上，本书的写作首先坚持的是哲学和政治经济学的跨学科研究方法。这是由本书研究对象的特点决定的，在新马克思阅读的理论建构中，对马克思辩证法思想的重建，对拜物教和物化问题的探讨自一开始就立足于马克思的价值形式理论和对马克思的商品和货币理论分析之上，所以对这一思潮的研究，哲学的角度和政治经济学的角度二者缺一不可，须臾不可离。其次，在对新马克思阅读这一思想史对象的研究之上，也运用了一定的"口述思想史"的辅助研究方法，对新马克思阅读的代表人物与相关学者就专题问题进行过学术访问。思想体现在文字之中，但文字还产生自原初的思想语境与社会情境。但是身处思想史进程中的个体，却又可能面临"身在此山中"的主观视角的缺失。所以，对学术研究对象的这种借助于文本与当事人亲述的结合的方法，具有重要的思想史构境意义。

第一章 ┃ 新马克思阅读运动兴起的社会史及思想史背景

在导言中我们已经交代过，早在 20 世纪 20 年代前后，西方马克思主义的开创者卢卡奇和柯尔施，以及法兰克福学派的代表人物波洛克，还有苏联思想家鲁宾和帕舒卡尼斯，都已经不同程度地关注了马克思《资本论》中的围绕着商品和货币展开的价值形式问题，并试图在对价值形式的分析上展开哲学的和社会理论的探索。其中原因，主要是现实无产阶级革命实践形势发生了全新的变化，从而在理论上提出了建构一种强调主体性原则的哲学主张。而受制于文本条件的原因，这种哲学主张的建构一开始基本上只能立足于马克思以《资本论》为核心的公开发表文本。而在德国 20 世纪六七十年代进行的新马克思阅读，在主题上更为明确地聚焦在马克思的价值形式理论上，在理

论主题乃至方法上，都对 20 世纪 20 年代的价值形式研究在一定程度
上有所呼应。从 20 世纪 20 年代立足于《资本论》进行马克思的阐释，
到 20 世纪 30 年代至 50 年代立足于以《1844 年经济学哲学手稿》《德意
志意识形态》为代表的青年马克思文献进行马克思解读，再到 20 世纪
六七十年代重新回到马克思的《资本论》和《政治经济学批判大纲》，这
其中走过的思想上的"正—反—合"的过程，恰恰是对 20 世纪人类社
会历史跌宕起伏的现实的反映。那么，新马克思阅读所产生的具体社
会史和思想史是怎样的呢？

　　其实，20 世纪 60 年代，在法国和苏联的理论界，也同时开始了重
新阅读马克思《资本论》中的哲学思想内容的进程，具体到德国的新马克
思阅读这一理论运动上，其产生的背景是怎样的呢？本章我们主要围绕
新马克思阅读的社会史和思想史背景来解答这个问题。

一、联邦德国的社会历史变革与德国马克思主义传统的沉浮

(一)经济奇迹、福利国家与民主制度：德国的全面社会变革

　　新马克思阅读作为在德国①第二次世界大战后重建对马克思理解的
理论运动，有着深刻的现实社会历史背景。这些原因，可以从经济、社
会及政治三个角度来总结。

----

　　①　本书的语境中，除特别强调，1949 年后的德国专指联邦德国。

社会市场经济体制的建立与经济奇迹的发生是至关重要的经济背景。以艾哈德为工程师，第二次世界大战后的联邦德国建立了一套全新的社会市场经济体制。这种经济政策源于 20 世纪 30 年代以瓦尔特·欧根①为代表的德国新自由主义经济学派，这种经济体制的确立所针对的就是传统德国的垄断资本主义，即容克资产阶级掌控的德国经济，正是这种从传统容克地主阶层演变过来的垄断经济体制，使得德国与军国主义和侵略扩张紧密捆绑在一起，将德国人民推向了战争与苦难的深渊。而社会市场经济体制，如艾哈德所说，就是"在绝对自由与极权之间寻找一条健全的中间道路"②，它有意与民主德国的社会主义计划经济体制相抗衡，以私有制为基础，主张市场经济的自由竞争和自由贸易，国家只是制定相关经济政策，规范市场竞争规则，同时采取一系列措施来减缓私有制经济之上的贫富两极化，调节社会财富分配，从而建立福利社会。这一套经济政策行之有效，再加上美国"马歇尔计划"的支持，以及在对外经济政策上积极推动欧洲经济一体化，建立欧洲经济共同体；大力在科学技术和工程工艺上投入，种种因素推动联邦德国在 20 世纪 50 年代实现了举世瞩目的"经济奇迹"，迅速再次跻身世界经济强国之列。

经济上的腾飞有力支持了联邦德国的福利国家政策的实行。公民在保险、住房、教育等方面享受到了高度的保障，大大缩小了贫富差距，

---

① 瓦尔特·欧根(Walter Eucken, 1891—1950)，德国经济学家，弗莱堡学派主要代表人物之一。他的经济学理论试图调和德国历史学派和奥地利学派之间的矛盾，提出了经济学上的"形态学"方法。他主张通过干预维护私有制和市场经济之上的竞争秩序。

② 转引自丁建弘：《德国通史》，414 页，上海，上海社会科学院出版社，2012。

社会矛盾得到了极大的缓和，甚至自 1960 年起，德国基本实现了全面就业。经济的发展使阶级力量发生了变化。德国的主要政党，从基督教民主联盟到社会民主党，都不再强调自身的阶级属性，而重新定位为"全民党"。这些党派之间也不再存在突出的矛盾和对立，而是在大体的方向上在社会政策和外交政策方面进行博弈。

第二次世界大战后联邦德国所面临的最为迫切的任务就是进行全面的民主化改造。这个民主化改造过程，是在美国主导的西方阵营的推动下完成的。联邦德国的民主化改造吸取了历史上的两个重大的教训：魏玛共和国的失败及纳粹主义的上台。一方面，这个民主化决不能重蹈魏玛共和国软弱的民主制度的覆辙；另一方面，则要坚决预防一切破坏民主法制的独裁势力的上台。联邦德国政治体制的现代化，第一步就是制定了《基本法》。《基本法》规定了联邦德国的政治体制，即实行议会民主制和福利社会制的联邦制国家。这个《基本法》尽管具有明显的过渡性质，但却在基本框架上为日后联邦德国的民主制度打下了基础。与英国、法国、美国相比，德国的政治制度其实长期处于落后状态，直到 1918 年威廉二世退位才结束了君主制度；而魏玛共和国则因为不健全的制度和德国国内外复杂的政治经济形势，为希特勒和纳粹主义的上台提供了机会。因此，联邦德国在第二次世界大战后所进行的民主化改革所确立的"民主制、法治、联邦制和福利国家"的四原则，在德国历史上第一次将一套民主制度在根本上被确立下来。这样的政治景观图，其实是德国人在历史上并未遭遇过的。在以上的社会背景下，德国社会民主党也做出了相应的调整。它在 1959 年 11 月放弃了马克思主义和社会主义学说，宣布自身从一个"无产阶级政党"向"人民政党"转型。福利国家自身面对危机体现出了自愈能力，也体现出了其局限。1966 年秋至 1967 年夏，联邦德国遭遇成立以来第一次经济危机。但是，这次危机在国家一系列改革措施下，特别是社会民主党参与执政，从而使政府获得了更多工人阶级的支持，而得以化解。1966 年社会民主党和基督教民主联盟的联合执政，以及 1969 年社会民主党人勃兰特当选总理，似乎更加确证了社会改良主义路线的胜利。但是好景不长，1973 年西方因石油危机引发新一轮经济危机之后，这种社会改良主义也受到了德国学界的质疑。实际上，这次经济危机也构成了整个西方学界将注意力转向国家问题的一个重要诱因。因此，德国思想界实际上第一次亲自面对了这种全新的政治、社会和经济景象。最后，尤其重要的是，德国 1968 年前后的学生运动的失败，标志了现实革命运动在这一全新的现实面前的失败。即便是造反运动内部，也开始向改良主义投降。德国学生运动的领袖人物鲁迪·杜什克都开始转向保守，提出了"通过机构的长征"（Marsch durch die Institutionen）的口号，这标志着德国学生运动从纯粹的学生运动向议会外的抗议运动的转变，主张通过积极介入国家机构的"永久革命"来达到革命目标。所以，约阿希姆·希尔施在回顾国家衍生论争时指出，"不论在政治中还是在社会科学中，一种调控的乐观主义（Steuerungsoptimismus）都占据统治地位。人们相信，借助于国家的改良政策就能够带来社会的解放的变化。人们将国家视作社会政策的工具，并且当时这样的观点散布开来，即人们可以借助国家来最终驯服资本主义，或者正如最近的争论中出现的观点一样，使资本主义'文明化'"①。在这个意义上，我们或许可以说，葛兰西对市民社会的判断，在此时被更为充分地证实了。

面对福利国家的全面建立以及工人阶级倒向全民政党的现实，传统马克思主义国家定义解释现实的力量似乎大打折扣。在福利国家政策取得成功、无产阶级斗争偃旗息鼓的情况下，如何重新理解国家理论，重新建立起一个马克思的国家理论体系，并在这个体系基础上审视德国社会的全新变革、福利国家的胜利和社会民主党改良主义的胜利？在新马克思阅读运动对马克思政治经济学批判的重建基础上，问题便集中指向了资产阶级国家形式问题。是否这一全面繁荣的福利国家已经标志着马克思主义和社会主义路线的失败？资本主义的危机是否已经全面化解，阶级对立已经成为过去时，而国家已经成为代表全体人民福利的博爱的理想国家？这些问题促使当时德国的左翼思想学界对国家问题进行彻底的研究。在国家理论上，新马克思阅读中的国家衍生论争确立了双重的理论任务："形成一个在理论上奠定的，在政治上和极端左翼（'［法西斯主义］国家没有为社会的进步留下任何空间！'）不同的国家概念；同时也和社会民主党的福利国家幻象（'社会民主党领导的国家驯服了资本主义经济的野兽'）不同的国家概念。"②

① Tote Hunde wecken? Interview mit Joachim Hirsch zur Staatstheorie und Staatsableitung, in *arranca*, Nr. 24, Juni, 2002.

② Elmar Altvater and Jürgen Hoffman: The West German State Derivation Debate: The Relation between Economy and Politics as a Problem of Marxist State Theory, in: *Social Text* 8/2, 1990.

因此，联邦德国实际上在经济、社会、政治各个方面都迎来了前所未有的深刻变革。德国已经成为一个以开放的、充分竞争的市场经济为基础，在政治上实行民主法治的制度，公民的社会生活得到全面保障的现代国家。而这些现象所昭示的本质，则是经济的支配力量排除了一切传统的特权力量成为社会的统治性因素。以商品交换为基础，在商品交换原则之上形成的平等、自由、民主的法制和宪政国家，在德国已经全面确立起来。这正是德国年青一代学者在重建对马克思的理解时，所面对的经验对象。正是在这样的社会现实背景上，新马克思阅读运动整合起既有的思想资源，将全部注意力集中在价值形式理论之上，其实有深刻的现实合理性。而德国的社会历史变革也在另一重角度更加证明了马克思历史唯物主义原则的真理性。

(二)德国马克思主义发展史中的"失去"与"重建"

一直以来，对德国的马克思主义传统的研究，我们很少关注这样一个重要的历史事实，就是自 1933 年至 1963 年整整三十年，德国的马克思主义传统是空白的。德国的马克思主义传统大抵上可以分为三支：德国社会民主党、德国共产党及法兰克福学派。在德意志第一共和国魏玛共和国期间，大约是德国整个思想界，同样包括马克思主义哲学领域空前活跃的十余年。正是在这一时期，卢卡奇和柯尔施开始进行他们的理论活动，法兰克福社会研究所也宣告成立。在 1933 年纳粹上台之后，情况急转直下，社会民主党和共产党迅即成为被清洗的对象，两党从此基本上告别了德国的政治和思想文化舞台。而法兰克福学派的主要成员也因其犹太人身份而被迫辗转流亡美国；直到 20 世纪 50 年代，霍克海默、阿多诺和波洛克等仅有的几位主要成员才回到德国，联邦德国的马克思主义研究才再次拥有了一个根据地。

但联邦德国 1949 年成立后，康拉德·阿登纳当政，他坚定地执行了向西方世界靠拢的政策，这是战后德国政治现代化的一个重要特征。阿登纳积极将联邦德国打造成欧洲政治版图中对抗社会主义阵营的桥头堡的角色，从而为联邦德国争取到在西方世界里的地位。东西方两大阵营的"铁幕"矗立起来，美国在 20 世纪 50 年代盛行的麦卡锡主义，这些都直接影响到联邦德国的政治氛围。阿登纳压制共产主义和社会主义人士的政治活动，在他的独裁统治下，德国共产党、德国社会民主党和法兰克福学派这三股德国马克思主义传统都受到了不同程度的打压。在 1956 年 8 月 17 日，联邦德国宪法法庭还一度取缔德国共产党的政治活动。这一时期社会民主党在国会的选举中则不断失利，最终在 1959 年 11 月通过了《戈德斯贝格纲领》①，正式放弃了马克思主义和社会主义的指导思想，这个"修正主义"的政党甚至连修正的前提都不要了。和前两者不同，尽管法兰克福学派的回归将批判理论的传统带回了德国，但在当时的政治氛围中，一向谨慎行事的霍克海默自然不会在研究所的研究纲领中为专门的马克思研究留下太多位置。而为了研究所的生存，研究所不得不向美国财团请求经费，向德国的统治权力阶层和工商界人士寻求支持。在回归之后的 20 世纪 50 年代，社会研究所更是将主要工作放在贯彻美国式的实证社会学研究之上，社会研究所其实已经成为"重建

---

①　1959 年 11 月 15 日，德国社会民主党在巴德戈德斯贝格（今波恩的一个区）以多数票通过了这一纲领，纲领中表达了对市场经济和国防等问题的认可，并明确规定德国社会民主党从社会主义的工人阶级政党向一个全民党的转变。

社会里的批判性装饰"①。所以，据巴克豪斯本人讲，霍克海默和阿多诺两人从不鼓励学生做马克思方面的研究，因为马克思"太难了"。其实，这里或许不仅是研究上的难度问题，而且还有在当时的环境中不要惹太多不必要的麻烦的原因。关于战后联邦德国思想领域的氛围，弗兰尼茨基同样指出："西德战后的局势无论如何都不利于马克思主义思想的发展……即使是战后时期，由于'冷战'和当时领导的明显的反共主义……也未曾为造就一代马克思主义的新人提供什么有利的条件……"②通过这些，我们就可以理解这一特殊的思想形势了。

　　然而，在这"失去的三十年"里，在德国还是有少数几个马克思主义思想的"传灯人"。这其中，最具代表性的有沃尔夫冈·阿本德洛特③（Wolfgang Abendroth），列奥·科夫勒（Leo Kofler）④和恩内斯特·曼德尔（Ernest Mandel）⑤等人。此外，作为马克思的研究者，伊林·费切尔在介绍传播马克思主义理论上也做出了重要的贡献。这些学者，在德国战后，特别是 20 世纪 60 年代为新一代年轻学者了解和学习马克思思想做出了重要的努力。例如，列奥·科夫勒离开民主德国，去往联邦德

---

① ［德］罗尔夫·魏格豪斯：《法兰克福学派：历史、理论及政治影响》（上），孟登迎、赵文、刘凯译，573 页，上海，上海人民出版社，2010。

② ［南斯拉夫］普雷德拉格·弗兰尼茨基：《马克思主义史》（第三卷），衣俊卿译，37 页，哈尔滨，黑龙江大学出版社，2015。

③ 阿本德洛特出生于 1906 年，是一位忠诚的社会民主党人士的儿子，他在青少年时便先后加入共产主义青年团和共产党。1935 年于伯尔尼大学获得博士学位，1948 年担任马堡大学法学系教授。代表作有《欧洲工人运动社会史》（1965）等。

④ 关于科夫勒的生平与思想，我们在后文详细阐述。

⑤ 恩内斯特·曼德尔（Ernest Mandel，1923—1995）是我国学者非常熟悉的马克思主义经济学家。他是托洛茨基主义传统中最重要的理论家之一，提出了资本主义的"长波理论"。他在战后德语学界的马克思主义经济学理论中扮演了重要的角色。

国之后，就在联邦德国多个大学举办过马克思主义理论的讲座；在轰轰烈烈的学生运动期间，他更是在革命学生的积极推举下，在新成立的波鸿鲁尔大学获得了教席，长期教授马克思主义理论，包括新马克思阅读在内的一批青年学者都受到过他的影响。伊林·费切尔长期执教于法兰克福大学，他对于马克思的黑格尔主义阐释，更直接影响年青一代学者走向了黑格尔主义，他在 20 世纪 50 年代主编的《马克思主义研究》(Marxismusstudien)杂志，在当时极大地推动了联邦德国的马克思主义研究。关于这一点，我们将在后文中详细论述。

所以，我们必须明确的一个事实是，当战后成长起来的学生一代在 20 世纪 60 年代迫切需要马克思的理论时，他们面对的其实几乎是一片空白。他们对马克思思想的研究，就在这种意义上更多是一种理论平地之上的"重建"。"重建"，成为 20 世纪六七十年代联邦德国年青一代马克思主义者的一个关键词。理解了这一点，我们就会明白新马克思阅读作为一种"新阅读"和"理论重建"的历史性意义，获得对其理论探索的同情性理解。

二、走向黑格尔主义的法兰克福学派第二代

(一)批判理论发展中的奇特现象：反黑格尔的第一代与黑格尔主义的第二代

在这一节，我们主要关心的问题是这样一个有趣的思想史现象：不论是以巴克豪斯和莱希尔特为核心的新马克思阅读，还是他们的同路人阿尔弗雷德·施密特，乃至他们共同的好友汉斯-于尔根·克拉尔，他

们共同的理论特征，都是走向了黑格尔主义-历史主义的道路。然而这种思想景观使我们不得不感到一丝诧异：作为法兰克福学派批判理论核心人物的霍克海默和阿多诺，显然是对黑格尔采取激烈的批判态度的，他们与以卢卡奇和柯尔施等人开启的带有浓厚黑格尔主义特征的马克思主义传统其实并不相容，《传统理论和批判理论》《启蒙辩证法》等著作，清楚地标识出了这种思想特征。然而有趣的是，在霍克海默和阿多诺回到德国之后，他们的学生一代，恰恰回到了一种黑格尔主义的马克思主义传统之上，这如何理解呢？

这也正是我们在前一节探讨德国马克思主义传统"失去的三十年"，以及联邦德国 20 世纪 50 年代前后的全新社会历史背景的原因。明白了这些，就不难理解上文中的这种现象。在我们以往的思想史理解中，总是单线地停留在思想理论层面上，以为理论传承上的前后相继是自然而然的事情。然而现实中，情况却往往不是这样的：坚决反黑格尔主义的霍克海默和阿多诺，在 20 世纪 60 年代却带出了一批重走黑格尔主义路线的学生。其中原因恰恰在于，在那失去的三十年里，曾经在魏玛共和国晚期处于理论鼎盛阶段的批判理论传统其实早已中断。而在霍克海默和阿多诺等人返回德国之后，长期以来他们的理论传统也并未再像从前一样发挥出作用来。关于这一情况，魏格豪斯为我们提供了一个很具有信服力的理由：

　　　　与霍克海默一样，阿多诺在很长一段时间里也并不很受学生欢迎。……霍克海默和阿多诺联合主持的研讨班，成了魏玛共和国末期、法兰克福大学全盛时期曾给人留下深刻印象的苍白之影……

《启蒙辩证法》《新音乐哲学》和《伦理随想录》等书，在联邦共和国的情境中，已经和他们所处的传统切断了联系，而且也无法有效地融入两位作者当前从事的学术活动之中。①

法兰克福学派曾经的批判理论传统产生了断裂，20世纪60年代汇聚在法兰克福大学社会研究所的德国年青一代学人，必须重建对批判理论和对马克思主义理论的理解。也就是说，在霍克海默和阿多诺回到德国重建社会研究所之后，他们二人，尤其是霍克海默，刻意隐藏、压抑了他们在20世纪30年代进行的批判理论活动的影响。《启蒙辩证法》甚至直到1969年才在学生运动的氛围中和阿尔弗雷德·施密特的主持下在联邦德国再版。因此，尽管以新马克思阅读为代表的一批学生求学于霍克海默和阿多诺，巴克豪斯和莱希尔特也一再强调他们在理论传统上继承了阿多诺的辩证法思想，莱希尔特就明确指出，如果不是因为阿多诺辩证的社会理论的讲座，以及阿多诺一再论述的"现实自身之中的概念性"的观点，他们面对《资本论》德文第一版的"新阅读"也便不可能。②但显然他们所理解的阿多诺辩证法思想，并不直接等同于阿多诺后来"反总体性"、主张"非同一性"的"否定辩证法"，而只是阿多诺在面向学生授课时所讲授的德国古典哲学意义上的辩证法，这更多指的是黑格尔的实体即主体意义上的辩证法。这种辩证法，就是一种强调主客体统一

---

① ［德］罗尔夫·魏格豪斯：《法兰克福学派：历史、理论及政治影响》（上），孟登迎、赵文、刘凯译，594页，上海，上海人民出版社，2010年。

② Helmut Reichelt：*Neue Marx Lektüre - Zur Kritik sozialwissenschaftlicher Logik*. Freiburg, 2013，S. 11.

的辩证法，在阿多诺那里的具体呈现，即认为辩证法"首先是一种思想方法，更是一种事物的特定结构"①，也体现在阿多诺对实证主义社会学批判中所主张的社会主体性和客体性的合一。这其实更多是一个德国辩证法传统的基本原则。因此在新马克思阅读和阿多诺之间，存在辩证法思想上的一重深刻的误会。

正是在这个意义上，我们可以看到，由卢卡奇和柯尔施开启的黑格尔主义的马克思主义传统，实际上在西方马克思主义内部也有非常复杂的显现。这一传统绝非一种单线条的逻辑，并不能像马丁·杰伊那样用一个黑格尔的"总体性"范畴就可以囊括。

(二)黑格尔主义辩证方法的重要中介：列奥·科夫勒与伊林·费切尔

新马克思阅读在研究对象上继承了法兰克福学派批判理论的内核：价值形式理论。但在方法上，作为法兰克福学派第二代的新马克思阅读却与他们的老师之间存在有趣的差异。正如我们在导论中已经叙述过的，巴克豪斯的马克思主义启蒙来自于卢卡奇的《历史与阶级意识》，在去往联邦德国之后，他受到列奥·科夫勒的影响，而科夫勒正是坚持发展青年卢卡奇思想的。正因此，有学者便认为科夫勒的"历史与辩证法"的研究方法，更构成了他辩证法思想的基本构架。②

---

① Theodor W. Adorno：*Einführung in die Dialektik*，Berlin，2015，S. 9.

② 关于巴克豪斯在思想上受科夫勒的影响，可参见 Stefan Dornuf/Reinhard Pitsch (Hrsg.)：*Wolfgang Harich zum Gedächtnis. Eine Gedenkschrift in zwei Bänden*，Bd. 2，München，2000，S. 10-11。

　　科夫勒在我国学界几乎是一个完全陌生的名字，然而他在德国战后马克思主义哲学的发展和传承上起了举足轻重的作用。弗兰尼茨基在他的《马克思主义的主要流派》一书中，将科夫勒视为联邦德国与霍克海默、阿多诺、哈贝马斯、马尔库塞和弗洛姆等人并列的重要思想家。①列奥·科夫勒 1907 年生于奥匈帝国的今乌克兰地区。科夫勒作为横跨不同重大历史阶段，历经东西方阵营不同理论传统的极具特殊性的思想家，有着非常复杂的理论背景。他青年时就读于维也纳商学院，在维也纳的几年(1930—1934)里，他先是在奥地利著名马克思主义理论家马克斯·阿德勒的引导下接受了马克思主义的启蒙，后来投身于卢卡奇门下。第二次世界大战期间科夫勒流亡瑞士，积极投身于反纳粹主义的政治运动。第二次世界大战后，科夫勒于 1947 年在民主德国的哈勒大学凭借在瑞士已经发表的论文《社会的科学——辩证社会学方法论论纲》(1947)申请获得博士学位。科夫勒后来留在哈勒大学任教，他的执教资格论文题为"市民社会史研究，在历史唯物主义视角下对现代意义的理解"(1948)，这本著作后来在德国多次再版，产生了很大的影响。科夫勒在个性上极为独立，抵触一切党派化的做法，崇尚个人的自由；在思想理论上，他也坚持自己的观点而不对当时正在建立的意识形态理论体系屈服。1950 年科夫勒退出德国统一社会党离开民主德国去往联邦德国，一开始在联邦德国进行巡回演讲，传授马克思主义哲学——正是在

---

　　①　弗兰尼茨基这样评价科夫勒："科夫勒属于那样一类马克思主义者，他们持这样的观点，即在社会主义的这个发展阶段，计划经济仍然必须同自由市场和企业内的民主自治结合起来。"[南斯拉夫]普雷德拉格·弗兰尼茨基：《马克思主义史》(第三卷)，衣俊卿译，101 页，哈尔滨，黑龙江大学出版社，2015。

这期间，巴克豪斯以科夫勒为中介进一步学习了卢卡奇的总体性的辩证法思想。之后，科夫勒在波鸿鲁尔大学获得了教席，并一直任教到1991年。他的代表作有《历史与辩证法》(1955)、《人道主义的人类学与辩证唯物主义》(1982)等。

科夫勒的思想传承尽管复杂多元，但有两条主线始终贯穿在他的思想之中，一个是阿德勒和鲍威尔的奥地利马克思主义的传统；而另一个就是青年卢卡奇的总体性辩证法。科夫勒坚持总体性辩证法的原则，与民主德国的官方意识形态哲学家库尔特·哈格尔[①]曾在1948年的统一社会党大学(Parteihochschule)就这个问题发生激烈争论。[②] 由于他与官方哲学体系的冲突，他受到了巨大的压力，其执教资格论文《市民社会史》还受到审查并遭到了批判。然而他以写作《历史与辩证法》这一研究笔记来回应对他的"唯心主义"的批判。这部研究笔记后来在1955年公开出版，它非常典型地代表了他对辩证法问题的认识。在这本书中他梳理了历史上的主观唯心主义与客观唯心主义，认为黑格尔的客观唯心主义为对立的统一提供了可能性，在此之上科夫勒继续强调了他的主客体统一的辩证法；在他看来一切非辩证的哲学的缺陷就在于无法为意识与存在的统一提供前提；他推崇黑格尔的辩证逻辑在克服费尔巴哈直观唯心主义上的作用，这种辩证逻辑，就是方法与现实性、形式与内容、意识与存在作为现实性理论的统一。在这种方法上，他还分析了资本主义社会

---

① 库尔特·哈格尔(Kurt Hager, 1912—1998)，曾担任民主德国统一社会党中央委员会政治局委员，哲学家，理论家。

② Christoph Jünke: *Sozialistisches Strandgut Leo Kofler-Leben und Werk* (1907—1995)，Hamburg，2007，S. 223-224.

的分工和商品生产的异化与物化现象及拜物教问题。——在科夫勒对马克思辩证法的重建上，卢卡奇所开辟的黑格尔主义马克思主义的色彩展现得淋漓尽致。他的传记作者也这样写道："他对马克思辩证法的重建，这种辩证法建立在作为意识的统一的行动与总体性上，建立在意识形态批判与对唯心主义传统，首先是黑格尔的批判性回溯上，科夫勒在《历史与辩证法》中显然继续推进了在《社会的科学》中的西方马克思主义色彩。"[①]而也正是以科夫勒为中介，这种黑格尔主义的辩证法思想被重新介绍到了正在重建对马克思理解的联邦德国，成为年青一代理解马克思的重要参照。

除科夫勒以外，伊林·费切尔在法兰克福学派第二代的黑格尔主义转向上同样具有至关重要的、更为直接的影响。[②] 费切尔曾长期执教于法兰克福大学，在社会学研究所的地位和影响与霍克海默和阿多诺比肩，他指导了法兰克福学派第二代的多位学生。[③] 阿尔弗雷德·施密特

---

① Christoph Jünke：*Sozialistisches Strandgut Leo Kofler-Leben und Werk*（1907—1995），Hamburg，2007，S. 257.

② 关于这一点，当笔者 2016 年 6 月 27 日在沃尔夫冈·弗里茨·豪格教授的研讨小组介绍自己博士论文的研究计划时，豪格教授明确强调了费切尔对马克思的黑格尔式的阐释方式对新马克思阅读中黑格尔主义方法的影响。

③ 我国学界传统上将伊林·费切尔定义为"西方马克思学"的代表人物。关于这一点有必要做出一些说明。这里的关键就在于历史地理解"西方马克思学"的定义。在 20 世纪六七十年代苏东展开的"西方马克思学"批判中，"西方马克思学"的涵盖范围包括了西方所有对正统马克思主义理论体系持批判态度的马克思研究者，因此如法兰克福学派也被明确算作"西方马克思学"的行列之中。从今天的视角来看，"西方马克思学"的标签更多是一种论战的产物，它并不能够涵盖西方马克思研究学者的特殊性和理论观点上的差异性。这一点具体在费切尔身上则反映为，费切尔在马克思和马克思主义史方面的研究于客观效果上为联邦德国的马克思研究和传播发挥了极为重要的作用。在今天，我们在对西方马克思研究保持警惕的同时，也应以一种更为开放和包容的态度审视他们。

受他的影响很深，而新马克思阅读的开拓者之一莱希尔特更是在他的指导下完成了博士论文，同样在价值形式理论问题上做出探索的普殊同也是他的学生。美国学者凯文·安德森在一篇访谈中这样评价费切尔在回归德国之后的法兰克福学派中所扮演的角色：

> 伊林·费切尔，战后德国最重要的马克思解释者之一，对战后德国的知识分子大众来说，他的名字就像阿多诺、哈贝马斯等其他著名的左翼思想家一样，如雷贯耳，几乎无人不晓。费切尔任法兰克福大学教授三十载，他的著作向我们显示了法兰克福马克思主义的另一面，即不是迂回从事文化批判而是更直接地从事马克思著作的重新解释。与此同时，费切尔的著作吸收并回应阿多诺的作品以及他的同时代批判理论家的作品，并且发展了 20 世纪 20 年代卢卡奇和卡尔·柯尔施的黑格尔的马克思主义。①

费切尔在第二次世界大战期间就开始阅读马克思的著作，战后又曾在法国专门从事黑格尔研究。他 1960 年发表的《马克思与黑格尔的关系》的文章，充分显示了他在这一问题上的水平。相较于科夫勒深受青年卢卡奇的影响，费切尔对马克思的黑格尔式解读更多是在自己的学术探索上独立完成的。在这里我们主要围绕费切尔的《马克思与黑格尔的关系》这篇文章来看一下他的基本观点。对马克思与黑格尔关系的不同

---

① ［美］K. B. 安德森：《论战后德国的黑格尔、马克思和批判理论》，金寿铁译，载《世界哲学》，2012 年第 3 期。

认识，就能够反映出不同的马克思主义观点，费切尔自己强调了这一判断。而他对马克思与黑格尔关系的研究，得以建立的一个思想史基础就是青年马克思与青年黑格尔的发现。这一过程是自 20 世纪 30 年代以来进行的，青年马克思的《1844 年经济学哲学手稿》中的哲学内容，与青年黑格尔"耶拿实在哲学"中的政治经济学和政治学内容，为寻找这两位思想巨人的共同点提供了非常有价值的文献支持。必须指出的是，其实这条研究路径，也正是青年卢卡奇就已经明确规划并在《青年黑格尔》中进行研究的。

　　费切尔对马克思与黑格尔关系的探讨，集中在历史哲学和人类学这两个主题上，因为在费切尔看来，"马克思主要在历史哲学与人类学这两个对其全部理论具有核心意义的领域中是黑格尔的学生，当然也是黑格尔的批判继承者"[①]。而在历史哲学上，马克思与黑格尔在一些基本的信念上是一致的："这二人都把历史进程看作是**客观的理性**。"[②]两人都将否定性的因素视作历史进步的动力。然而费切尔认为他们的重要区别在于：在黑格尔那里，对历史的理解与对历史的阐释只有在事后才有可能进行，而在马克思那里，人类理性可以把握过去与未来，并且恰恰可以通过革命性的活动实现历史理性，"就此而言，马克思并没有**在哲学上**背离黑格尔，他只是赋予了黑格尔的思想以现实的、革命的转

---

　　① ［美］K. B. 安德森：《论战后德国的黑格尔、马克思和批判理论》，金寿铁译，载《世界哲学》，2012 年第 3 期。
　　② ［德］伊林·费彻尔：《马克思与马克思主义：从经济学批判到世界观》，赵玉兰译，64 页，北京，北京师范大学出版社，2009。本文费彻尔译为费切尔。

向"①。而黑格尔与马克思在历史哲学上的共同性，恰恰源于两人面对共同的思想资源，即法国大革命和英国的现代资本主义生产方式。这一点已经由卢卡奇指出。

在人类学上，"黑格尔和马克思都把人理解为一种本质，这种本质**必须首先把自己塑造**成它之所在"②。然而在黑格尔那里，人通过人而进行的"人化"过程是在神学的框架中完成的，因此动物性的存在实现为绝对精神。在这一意义上，人的劳动成为精神借助其返回到自身的中介。在人的本质的实现上，黑格尔和马克思都借助于劳动：劳动是人自我确证的本质，而区别于黑格尔，马克思坚持劳动的物质性方面，并且"只有当人以所有者的身份来对待某一片自然，或者当这一片自然的所有者将这一片出让给他时，劳动才会成为可能"③。——所有者的身份之上，方才有"劳动"，这就是马克思坚持的劳动的社会属性。

我们在这里着重强调了法兰克福学派第二代中黑格尔主义的复归，在思想传承上的原因：科夫勒和费切尔在这其中发挥的作用远大于霍克海默和阿多诺的作用。在他们的影响下，法兰克福学派的第二代人物中重新出现了黑格尔主义的马克思解读方案，这种解读方案与西方马克思主义的开拓者卢卡奇和柯尔施相连。除了这种以人物为承载的思想传承，战后的联邦德国出于在思想文化上为重建自己经典思想传统、恢复民族思想精神自信的原因，也在相当程度上促使当时的德国人回到自己

---

① [德]伊林·费彻尔：《马克思与马克思主义：从经济学批判到世界观》，赵玉兰译，67页，北京，北京师范大学出版社，2009。

② 同上书，71页。

③ 同上书，76页。

的经典中寻找资源，这是战后德国思想界的大氛围。这其中，黑格尔更是绕不过去的集大成者，以狄特·海因里希为代表的黑格尔研究大家就是在这一时代背景下成长起来的。也正因如此，在 20 世纪 60 年代的德法马克思研究领域，出现了以法兰克福为核心的黑格尔主义-历史主义解读，和法国阿尔都塞学派的结构主义解读并立的有趣局面，而德国的这种黑格尔主义解读模式，对法国的结构主义还进行过尖锐的批评，这也是 20 世纪 60 年代末德法在马克思研究上的独特背景。

(三)法兰克福学派的历史主义与阿尔都塞学派的结构主义

为更加全面地描述出新马克思阅读诞生的整个思想史背景，特别是在方法论传承上的特点，在这里有必要简单概括一下 20 世纪 60 年代德国的历史主义方法和法国阿尔都塞学派的结构主义之间的关系。这两个传统之间看似没有太多交集的线索，其实有着极为深刻的交锋。我们通过一个小故事开始我们的理论叙述。

1967 年，时值《资本论》第一卷出版 100 周年，在法兰克福大学召开了一次围绕《资本论》的国际研讨会。这次会议上，年仅 31 岁的普兰查斯作为法国结构主义的代表"只身闯曹营"，与以恩内斯特·曼德尔、阿尔弗雷德·施密特、伊林·费切尔为代表的学者发生了非常有趣也极为重要的论争。这次论争，可以视作德国的历史主义和法国的结构主义在思想史上少有的直接对话。在普兰查斯所作的题为"理论与历史：关于《资本论》对象的简短评述"的报告中，普兰查斯批判了两种对《资本论》的解释方式：经济学的和历史的解释方式，这两种方式，一个将《资本论》视作一种"抽象的"经济理论，一个将其视作"具体"历史的研究方法。

而这两种解释，在普兰查斯看来都是立足于一种主体之上的历史主义问题式。这种以一个居于核心位置的，具有能动性的主体为出发点的历史主义问题式，导致了一种循环的"总体性"（Totalität）。经济主义其实只是历史主义的一个变种，这一点，在第二国际那里非常鲜明地体现了出来。① 在做出这一判断之后，此时刚刚获得博士学位不久，初出茅庐的普兰查斯将他的老师阿尔都塞的结构主义解读方式阐释得像模像样，指出历史主义和人道主义一样，都是青年马克思认识论断裂之前的意识形态阶段，也就是反对一种能动性的、具有主导性的主体的存在的，在马克思的《资本论》中，恰恰贯彻的是他在《德意志意识形态》中完成的断裂，在认识论上恰恰是无主体的和多元决定的。人在此时马克思的解读中，仅仅是结构的承担者而已了。

此时还几乎是第一次直接遭遇阿尔都塞结构主义解读方式的德语学界显然受到了震动，并迅即向普兰查斯发难。曼德尔就连提五点评论，归结起来就是反对结构主义将历史的维度排除出马克思的资本主义分析，强调马克思那里所清晰而明确具有的历史的观念，而且一切理论观点也只是历史和社会决定的产物。而对认识论断裂说曼德尔也持反对意见，以异化问题为例，青年马克思的人类学意义上的异化到《政治经济学批判大纲》和《资本论》，恰恰完成了一种历史决定的和具有限定性的转变。在曼德尔之后，费切尔则质疑了普兰查斯的"历史主义"的内涵，并强调"历史主义"（Historismus）在思想史中其实只是在黑格尔之后出

---

① Walter Euchner, Alfred Schmidt(Hrsg)：*Kritik der politischen Ökonomie heute 100 Jahre Kapital*，Frankfurt am Main，1968，S. 58-60.

现的、在狄尔泰等人那里被使用的概念。普兰查斯则指出，他所说的历史主义特指以一种居于叙述核心位置的主体为前提的方式，并指出阿尔弗雷德·施密特的观点，即个体与自然的关系构成了社会的根基，就是一种历史主义的叙述方式。施密特当然不能同意这一批判，认为普兰查斯没能区分清楚唯心主义的主体性、主体概念和历史过程最终建立在个体活动之上的区别，从而也将物化的过程和一种形而上学的东西混淆在了一起。而普兰查斯则进一步强调了意识形态和科学理论的区别，以及马克思主义的反人道主义和反历史主义特征，还和盘托出了结构主义在方法论上对拉康的主体的"去中心化"（Dezentration）的继承。而施密特则反戈一击以列维·施特劳斯结构主义人类学研究中恰恰预设了一种无历史的前资本主义状态为例，认为结构主义的反历史主义带有重大的问题，也与成熟时期马克思思想，特别是马克思从法国复辟时期史学获得的影响相悖，同样，也与马克思的社会形态理论相悖。

受主题所限，这里不再赘述这场论争的细节。显然，我们看到德法两方没有取得任何一点一致。这种不一致，也并非一种"鸡同鸭讲"，错开了各自的问题点，而恰恰因为德法两方基于不同社会历史需要、不同思想传承而对马克思所做的不同解读。

其实在这场论争发生的两年前的 1965 年，在阿尔都塞及其弟子发表的《读〈资本论〉》中，阿尔都塞就已经明确批判了历史主义的理解模式了，他明确提出了"马克思主义不是历史主义"的主张。阿尔都塞对历史主义的批判延续了他在《保卫马克思》中的基本立场，是与对人道主义的批判同时进行的——而他的批判对象，首先是意大利和法国的马克思主义阐释中的历史主义倾向，尤其是葛兰西和萨特，在他看来，人道主义和历史主义都是建立在马克思认识论断裂之前的"意识形态问题式"(Ideological Problematic)之上的。与意识形态的问题式相对立的则是科学的问题式——它们之间的断裂产生在《德意志意识形态》，科学的问题式的特点，就是"多元决定论"。

阿尔都塞以葛兰西为首要批判对象，指出历史主义的马克思主义的根本规定就是理论在现实历史中的实践作用。① 这种模式批判一切"书本"马克思主义者，强调理论与实践之间的关系，然而历史主义的模式却有三种局限：(1)单单强调了历史，忽略了唯物主义并将唯物主义打上了形而上学的标记而放弃掉；(2)只强调了历史唯物主义而忽略了辩证唯物主义；(3)将历史唯物主义等于全部马克思主义哲学。② 阿尔都塞对历史主义的批判，实际上在根本立场上就是要建立起"科学的"马克思主义"哲学"理解，也就是对辩证唯物主义传统的强调，只有在辩证唯物主义上一种主体性的意识形态性的内容才能够被排除，也就是说阿尔都塞坚持的，恰恰是正统马克思主义的辩证唯物主义—历史唯物主义体系框架的划分。所以在阿尔都塞看来，以葛兰西为代表的历史主义没有看到马克思思想进程中的"意识形态断裂"，他们"用同一个术语将历史科学理论(历史唯物主义)同马克思主义哲学(辩证唯物主义)统一起来"③，从而也延续了和旧的宗教无区别的意识形态模式。将哲学历史化，也就将哲学降低为历史方法论。阿尔都塞更进一步指出对马克思主

---

① ［法］路易·阿尔都塞、［法］巴里巴尔：《读〈资本论〉》，李其庆、冯文光译，145页，北京，中央编译出版社，2008。
② 同上书，147—148 页。
③ 同上书，149 页。

义的历史主义阐释所带来的后果：马克思主义理论被降低为"经济实践和政治实践的统一，降低为'历史实践'的中心，**降低为'现实'历史**。……把马克思主义整体变成了黑格尔整体的变种"①。在这个意义上，**阿尔都塞也否定黑格尔的逻辑对于马克思经济学建构的作用，这是**非常重要的批判。除了在理论上，阿尔都塞在批判历史主义的同时也认可了历史主义的合理性及其进步意义，但是"意识形态和政治的好处是以它们所带来的某些逻辑的后果为代价的"②。在实践上，历史主义（人道主义）在经济上和政治实践中，就容易表现出唯意志论和唯心主义的倾向。

以上就是阿尔都塞对历史主义批判的基本观点。接下来，我们再回过头来看德国历史主义的重要代表阿尔弗雷德·施密特对结构主义的批判。

阿尔弗雷德·施密特始终是新马克思阅读运动重要的同路人。在我国学界目前所知的法兰克福学派第二代代表人物中，他是唯一从事经典唯物主义理论研究的思想家。③新马克思阅读在德国之外的重要介绍者、意大利学者贝洛费奥雷和里瓦就将施密特明确列入新马克思阅读的

①　［法］路易·阿尔都塞、［法］巴里巴尔：《读〈资本论〉》，李其庆、冯文光译，156页，北京，中央编译出版社，2008。

②　同上书，162页。

③　哈贝马斯在回顾法兰克福学派的发展时，也指出了这一点。参见 Jürgen Habermas: Drei Thesen zur Wirkungsgeschichte der Frankfurter Schule, in A. Honneth(Hrsg), *Die Frankfurter Schule und die Folgen*, Berlin, 1986, S. 9.

队列之中，甚至排名第一。① 对新马克思阅读内涵的确定涉及其能够涵盖的范围的问题，笔者认为，施密特尽管在辩证法问题上秉持了黑格尔主义的方法，并且也注重对马克思政治经济学批判的研究，这一点，与巴克豪斯、莱希尔特、克拉尔等人有共同的立场。但是在标识新马克思阅读的核心特征——价值形式分析上，施密特涉足并不多，因此在本文中将施密特排除在新马克思阅读的线索之外。我国学界对施密特的研究并不算多，他仅有两部著作被翻译为中文——《马克思的自然概念》与《历史和结构》。对前者，我们已经有多篇相关的高质量研究论文，已经不再陌生；而对《历史和结构》一书，则鲜有研究，但是这部著作可以被视作20世纪六七十年代德国黑格尔主义—历史主义思潮对法国结构主义思潮的一个典型回应，对于我们了解当时德国黑格尔主义思潮有着非常重要的帮助。

《历史和结构》一书的副标题，就是"马克思主义历史学问题"（Fragen einer marxistischen Historik）②，而在这部由数篇短文组成的文集中，贯穿其中的主题，就是对结构主义的批判与对黑格尔主义-历史主义方法的阐述。

施密特开宗明义，在他看来，由于"社会科学数学化"的趋势，对历史的忽视，历史意识的缺失已经成为现代的一个关键现象，而这种现象，在阿多诺的解释中，恰恰是普遍从属于交换规律的资产阶级社

---

① ［意］R. 贝洛菲尔、［意］T. R. 瑞瓦：《新马克思阅读——复归政治经济学批判于社会批判之中》，孙海洋译，载《马克思主义与现实》，2015年第6期。
② 中译名则根据其内容更为直接地翻译为"论黑格尔马克思主义和结构主义的历史学说"。

会的必然现象，因为交换本身就是"无时间限制的现象"。分析哲学就是这种现象的产物，同样，源自科学方法论的结构主义，在施密特看来，也是缺失历史意识的。在提出了这一判断之后，施密特用了大量的笔墨来叙述历史主义模式的基本特征。这些特征，总结起来就是在对资本主义生产关系认识之上的逻辑的方法与历史的方法的统一。这种统一体现在认识过程对于客体的相对自主性，认识绝非简单的再现历史过程，就是在这个意义上，"认识的进展同事件的发生过程的顺序相平行"①。逻辑的东西具有对历史的东西的优先性，否则这种认识就将成为历史编纂学。马克思在《资本论》中的分析首先始于商品，将其作为科学的出发点，就是在一种逻辑顺序上对历史过程的揭示。在这个过程中，还涉及从抽象上升到具体的研究方法和思辨辩证法中的研究与叙述的关系问题。

在对历史主义特征的阐述中施密特强调了马克思对黑格尔的继承批判关系，这种关系展现在其方法特征的多个方面。而这其中值得我们注意的，是这样一句判断："马克思以不同于黑格尔但又受惠于黑格尔的方式，把历史过程的主观-客观的'双重特性'（Subjek-tiv-objektiven Doppelcharakter）置于自己思考的中心。"②这里的"双重特性"，与巴克豪斯和莱希尔特所强调的借用于黑格尔、运用于分析价值形式内在逻辑结构的"二重化"（Verdoppelung）范畴有着深刻的内在一致性。

----

① ［德］阿尔弗雷德·施密特：《历史和结构》，张伟、徐学温译，66 页，重庆，重庆出版社，1993。

② 同上书，6 页。

正是在对逻辑的和历史的方法的阐述上，结构主义认为《资本论》之中并非一种不顾前后的历史主义，这一点施密特是完全赞同的。然而在施密特看来，阿尔都塞等人对黑格尔辩证法在马克思经济学中建构作用的否定，则完全没有文本上的证据。因为文本事实是，马克思从《政治经济学批判大纲》一直到《资本论》，多次强调了他对黑格尔辩证法（逻辑学）的运用。① 故而历史主义与结构主义最大的争论点就在对马克思政治经济学批判之中历史与体系的关系的厘清上：

> 谁认清了《资本论》中历史与"体系"之间的客观矛盾关系，谁就不会混合、同一或者分离历史的与逻辑的东西，反而将按照认识过程在那时所达到的水平，寻求确定这些要素的分量和位置。这肯定是一个困难的任务，它是一个结构主义马克思学的学者几乎不能提出的，更谈不上解决的一个任务。②

我们看到施密特的基本观点，就是在历史主义的方法之中蕴含了辩证唯物主义。而这集中体现在对资产阶级社会的分析之上，因为"从方

---

① 德国学者安德里亚斯·阿恩特在一篇访谈中直言："阿尔都塞在试图颠覆既有的马克思形象时，并没有对马克思非常精深的研究。《读〈资本论〉》是一份研究记录，而非一份全面研究的文献。其中无疑有很多成果。但是黑格尔对马克思的意义，阿尔都塞是不知道的。他将黑格尔替换为斯宾诺莎，这一点是荒谬的。值得注意的是很多人追随他的思想至今，人们一般会想到内格里等人。脱离了黑格尔是无法理解马克思的，这一点在今天也没有变。"Andreas Arndt：Lukács und der Hegelmarxismus, in：Rüdiger Dannemann(Hrsg)，*Lukács und 1968*，Bielefeld，2009，S. 246.

② [德]阿尔弗雷德·施密特：《历史和结构》，张伟、徐学温译，72—73 页，重庆，重庆出版社，1993。

法论上说，资产阶级社会对辩证唯物主义而言极为重要"。在对资产阶级社会的历史-逻辑分析之上，就包含着历史唯物主义和辩证唯物主义。

正是在这种德法话语的争锋之中，同样是在 1965 年——和阿尔都塞的《保卫马克思》和《读〈资本论〉》发表的同一年，新马克思阅读开始了其在价值形式问题上的研究。阿尔都塞学派对人道主义和历史主义的批判，或许促成了新马克思阅读直接立足于成熟时期马克思的政治经济学著作，与对马克思的人道主义阐释划清界限的原因——而德国历史主义的方法，则在新马克思阅读对价值形式的研究中，在更深的层次上转化利用了。也正是在价值"形式"及其意识形态结构（法律形式、国家形式）的研究之上，新马克思阅读与阿尔都塞学派的结构主义（意识形态与意识形态国家机器，再生产），又构成了某种程度的契合甚至超越了阿尔都塞学派。这些，我们将会在后文中详细论述。

面对结构主义的挑战，在对历史主义的捍卫之中，德国一批学者走向了对成熟时期马克思政治经济学著作的深入研究，而这也正是新马克思阅读的重要思想史背景之一。在这个意义上，结构主义推动了法兰克福学派年青一代走向政治经济学批判，走向《资本论》。

三、经济学论争中哲学追问以及《资本论》手稿的发现与研究

剩余价值学说作为马克思的两大历史发现之一，揭露了资本主义社会的全部秘密。而剩余价值学说的理论前提和基础，无疑就是源自于古典政治经济学的劳动价值论。自 19 世纪末以来，对马克思剩余价值学

说的批判，对马克思主义政治经济学的批判的核心，就是对劳动价值论的否定。西方主流经济学力图通过消解劳动"价值"以达到对剩余价值学说的釜底抽薪。这一过程，在 20 世纪 50 年代至 70 年代又达到一个高潮。因此，对劳动价值论的捍卫，对"价值"概念的研究，成为马克思主义理论界的一个迫切任务，也成了新马克思阅读运动兴起的一个最直接动因之一。对劳动价值论的消解，目的是消解剩余价值学说。对剩余价值学说的否定，一个非常重要的背景，就是 19 世纪末西方发达资本主义国家已经开始了自身的更新与修复的过程，无产阶级的生活状况大大改善，阶级矛盾不再尖锐。特别是在第二次世界大战后，西方资本主义国家经济、社会的长足发展，以及经济全球化的布展，西方发达国家的阶级结构、社会结构发生了根本变化，以至于"剥削"这一现象并不再像 19 世纪那样赤裸裸了。

（一）对劳动价值论的责难及转形问题

在马克思去世后的 1895 年，以意大利学者洛里亚对马克思价值理论的批判为标志，西方学界对马克思劳动价值理论的围攻就拉开了序幕。这其中，最主要的攻击来自奥地利学派的奠基人之一庞巴维克。在庞巴维克的《卡尔·马克思及其体系的终结》中，他提出这样的判断，即马克思《资本论》第一卷和第三卷之间出现的矛盾：以劳动为基础，在交换中推演出的价值，与在现实交换中商品之间必然依照不同于其中蕴含的劳动量的比例进行交换之间的矛盾，也就是马克思价值论和平均利润率以及生产价格之间的矛盾。[1] 这便是庞巴维克所提出的著名的劳动价值到生产价格之间的"转形"问题。与马克思的劳动价值论相对，庞巴维克坚持的是边际效用理论，即认为价值产生于人与物质财富之间的矛盾，而价值恰恰是人无限的需要与有限的物质财富之间寻找到一个契合点的结果。庞巴维克的这一批评直接引发了 19 世纪末 20 世纪初的论争，也就是马克思劳动价值论和边际效用理论之间的论争。

到了 20 世纪四五十年代，美国学者保罗·斯威齐于 1942 年发表的《资本主义发展论》一书重新燃起了对马克思劳动价值论的讨论。斯威齐认为，价值与价格之间总量上的差异，恰恰是因为是货币而非劳动量作为了衡量尺度。以劳动为衡量尺度的价值计算可以"透过货币与商品之间的表面现象而看到隐藏其后的人与人之间的关系和阶级之间的关系，而价格计算则会使这种隐藏的资本主义生产关系神秘化"[2]。围绕这一问题，英国学者温特尼茨[3]、多布[4]、米克[5]及塞顿[6]都参与了讨论。而到了 20 世纪六七十年代，以斯拉法[7]为代表的新李嘉图主义和以萨缪尔

---

[1]　Sweezy, P.：*Karl Marx and the Close of His System*，*by Eugeta von Bohm—Bawerk's Criticism of Marx by Hilferding*，A. M. Kelley，New York，1949，pp. 30-31.

[2]　[美]保罗·斯威齐：《资本主义发展论》，陈观烈、秦亚男译，141 页，北京，商务印书馆，1997。

[3]　代表作品有《价值和价格：所谓"转形"问题的解决》(1948)。

[4]　代表作品有《关于价值问题的探讨》(1955)。

[5]　代表作品有《劳动价值学说史的研究》(1956)和《关于"转形"的若干问题的探讨》(1956)。

[6]　代表作品有《关于"转形"问题》(1957)。

[7]　代表作品有《用商品生产商品》(1960)。

森①为代表的新古典综合派，更进一步推进了对劳动价值论的探讨，从之前的价值理论的建构的技术性探讨，走向了对劳动价值论存在必要性的探讨。这些讨论，显然都集中在经济学领域。正是囿于经济学的数量化计算与经验式思维，对马克思劳动价值理论的理论基础，对价值的内容与形式的问题的讨论，其实始终裹足不前。这一问题由塞顿明确指出："马克思的'转形'过程概念的内在连续性和确定性，以及他由此引出的推论……已完全证明是正确的。但是，构建其学说的理论基础却未经推敲，如果没有这些基本理论，整个'转形'理论将失去其本质的意义和存在的价值。……最重要的是，整个剩余价值学说的理论基石……实质上是一种断言而不是一种真正的认识。对于未来马克思经济学研究的重点，应该放在考察这些有基础性意义的先入之见上……"②这里我们可以清楚地看到，在对马克思劳动价值学说的经济学味道十足的转形问题讨论过程中，人们已经意识到，从一个基始的意义上探究劳动价值学说基本理论的必要性，这个问题其实已经超越了单纯的"经济学"领域，走向了社会理论和哲学方法的探讨。恰恰是这种理论要求，构成了新马克思阅读代表人物巴克豪斯和莱希尔特从价值形式问题入手重建马克思辩证法的重要动机。

其实对马克思的价值理论的攻击，归结起来最重要的一点，就是对价值的实体(社会必要劳动时间)和价值的形式(价格)之间必然的关系的

---

① 代表作品有《理解马克思的剥削概念：马克思的价值与竞争价格间所谓转化问题概述》(1971)。

② 转引自顾海良：《"转形"问题论争与 20 世纪马克思经济学在西方的命运》，载《中国高校社会科学》，2014 年第 6 期。

质疑。以货币形式为首要"表现形式"的价值形式，如何可以还原到社会必要劳动时间的这一"内容"之上？对价值的形式和内容的割裂，是一切对马克思劳动价值论抨击的核心要点。一旦割裂了两者之间的必然关系，那么以货币形式、价格为主要表现形式的，最直接体现在人们日常生活之中现象层面的存在，就是价值的全部；这一价值的决定因素，便被追溯到人的心理需要之上，追溯到一种纯粹偶然的、个体化的、经验式的事实之上。因而，对马克思劳动价值论的捍卫，首先就需要对马克思的价值形式理论进行分析，为这种形式寻找"内容"，而我们已经看到，实际上对马克思劳动价值论的抨击与捍卫，恰恰表征了两种研究方法、思想传统之间的分野。这正是价值论的争论中最根本的对立点。

(二)如何认识价值？经济学论争中产生的哲学诉求

如果从哲学的视角对经济学领域的价值问题进行回应的话，生产价格与价值之间，价值的形式和内容之间的关系问题，就是认识论中的现象和本质的关系问题。关于这一问题，伊恩·斯蒂德曼、保罗·斯威齐等准确地指出："现实是由现象和本质构成的。生产价格属于现象范畴，而价值属于本质范畴。除非我们能沟通二者，否则的话我们充其量不过对资本主义有一点肤浅的表面认识。"① 如何来理解价值这个神秘的对象，涉及政治经济学的对象的问题。对价值的批判的西方经济学，一个不曾明说的哲学上的方法论，就是实证主义和分析主义(心理学)的基

① [英]伊恩·斯蒂德曼、[美]保罗·斯威齐等：《价值问题的论战》，陈东威译，19 页，北京，商务印书馆，2016。

础。而捍卫价值，在哲学上所要捍卫的恰恰是辩证法。所以在价值问题上发生的争论，其实深层上是 20 世纪以来两种哲学传统的对抗。对价值的认识问题，在根子上正是一个哲学认识论的问题。如何看待、认识价值这个"真实的抽象"，关键在于采取什么样的认识论方法和立场。如果将资本主义的发展视作一个历史的过程，将其不同阶段的繁荣和危机的具体原因和表现考虑进对价值的分析；如果要从本质上把握资本主义生产方式的特征，就必须采用将形式与内容、现象与本质、历史与理论融通起来的辩证法的方法。否则，这将导致一种"拜物教式"的思维方式。这种拜物教式的思维方式正体现在资产阶级学院经济学之中，也具体展现在他们的理论分析中，如他们不讨论剩余价值率，而只关注利润率，然而"和剩余价值率相比，利润率不仅是个第二位的概念，而且其本身极易引起拜物教式的思维方式"①。

张一兵教授关于马克思政治经济学批判中运用了一种"历史现象学"批判的思想，正可以解释生产价格和价值之间的转形问题上的哲学认识论维度。这种历史现象学批判奠定在《政治经济学批判大纲》之上，是狭义历史唯物主义的具体呈现，它要透视的就是资本主义商品生产社会的"颠倒的假象……揭穿一层层现象和假象，达到那个真实存在的本质和规律"，因为资本主义经济现实的似自然性所表现出的颠倒，"需要非直观和非现成的批判性现象学，即去除意识形态，发掘经济现实本质关系

---

① ［英］伊恩·斯蒂德曼、［美］保罗·斯威齐等：《价值问题的论战》，陈东威译，21—22 页，北京，商务印书馆，2016。

的本真性"①。这一解读和价值问题论战中坚持马克思主义观点的经济学家所意识到的哲学方法问题不谋而合。在经济学讨论中，更具体地表现在经济学范畴之上，对范畴的批判和对现实的批判其实是同一过程的两重体现。戳破经济学范畴上的拜物教特征和意识形态性，是马克思对古典政治经济学的批判，更是马克思主义经济学家在价值问题上对资产阶级学院经济学家进行批判的关键。而这也正是新马克思阅读的一个重要语境。

在价值问题上所呈现出的哲学方法的冲突，也正以另一种方式表现在阿多诺对实证主义社会学的批判之上，这一点，在这里暂时不做展开。在后文的探讨中，我们还将遭遇。

(三)《资本论》手稿的发现与苏东学界的研究：不可忽视的文献史背景

斯大林去世后，特别是在苏共二十大之后，苏联思想界迎来了一个"解冻"的过程，仅在 1956 年至 1960 年的短短四五年，苏联就出版了上千部哲学书籍与小册子，这几乎是从前四十年的总和。② 在这一思想解放的潮流之中，苏联哲学界开始重新深入研究辩证唯物主义问题。而在此项研究任务之中，列宁的《哲学笔记》成了备受关注的焦点，围绕它的系统性研究得以展开。这样，《哲学笔记》中列宁对黑格尔《逻辑学》和马

---

① 张一兵：《回到马克思：经济学语境中的哲学话语》(第三版)，573 页，南京，江苏人民出版社，2014。

② ［苏联］B. E. 叶夫格拉弗夫主编：《苏联哲学史》，143 页，北京，商务印书馆，1998。

克思《资本论》之间关系的强调，则构成了重新理解马克思唯物辩证法问题的关键入口。列宁和马克思一样，尽管没有留下唯物辩证法的专著，却在《哲学笔记》中留下了大量相关的笔记，其中最为著名的判断就是："不钻研和不理解黑格尔的全部《逻辑学》，就不能完全理解马克思的《资本论》，特别是它的第一章。因此，半个世纪以来，没有一个马克思主义者是理解马克思主义的!!"[①]；以及"虽说马克思没有留下'逻辑'（大写字母的），但他留下《资本论》的逻辑，应当充分利用这种逻辑来解决当前的问题。在《资本论》中，逻辑、辩证法和唯物主义的认识论（不必要用三个词：它们是同一个东西）都用于同一门科学，而唯物主义则从黑格尔那里吸取了全部有价值的东西，并且向前推进了这些有价值的东西"[②]。这里有必要插一句的是，列宁对于马克思辩证法中黑格尔因素的强调非常关键，因为卢卡奇、柯尔施及葛兰西这些西方马克思主义的开拓者恰恰开创了一种黑格尔主义的马克思主义，在这个意义上，甚至有学者如凯文·安德森就认为列宁是西方马克思主义的真正创始人。[③]

《政治经济学批判大纲》（下文简称《大纲》）等一系列马克思《资本论》手稿的发现和发表，也为苏联以及东欧学者展开《资本论》的辩证法思想提供了坚实有力的文献基础。以《大纲》为例，尽管梁赞诺夫1923年就发现了这份重要的手稿，但是直到1939年和1941年，在帕

---

① ［苏联］列宁：《哲学笔记》，北京，人民出版社，151页，1993。

② 同上书，290页。

③ 参见［美］凯文·安德森：《列宁、黑格尔与西方马克思主义》，南京，南京大学出版社，2012年。

维尔·维勒的努力下，才得以以单行本的形式出版，并未收入《马克思恩格斯合集》历史考证版第一版（*MEGA*1），也没有收入《马克思恩格斯全集》俄文第一版。直到1953年，《大纲》才在东柏林的狄茨出版社以德文重印出版。① 也就是从此时起，《大纲》才真正进入东西方学界的视野之中。

正是借助于列宁在辩证唯物主义、唯物辩证法思想的研究，苏联和东欧学者走向了对《资本论》及其手稿中的认识论和辩证逻辑思想的研究。在这个过程中，陆续涌现出一批值得关注的思想家。如以罗森塔尔和伊林柯夫为代表的苏联哲学家围绕《资本论》做出的研究成果尤其值得我们注意。罗森塔尔1955年出版的《马克思"资本论"中的辩证法问题》，是苏联学界最早对《资本论》中的辩证法思想展开研究的著作。在这本著作中，罗森塔尔除了在前四章中仍用一种唯物辩证法原理反注式的方式剖析《资本论》之外，在后面谈到的关于经济概念和范畴的唯物主义分析、认识论中的本质和现象及科学抽象的方法以及历史与逻辑在认识中的作用问题时，已经勇敢地迈开了开创性步伐。在其基础上，伊林柯夫1960年出版的《马克思〈资本论〉中抽象和具体的辩证法》，则已经具有极高的原创性，大胆突破了传统教条。在这本书中，伊林柯夫紧扣抽象和具体的辩证法这一主题，深入研究了马克思《资本论》中的方法和黑格尔及古典政治经济学方法上的根本区别，非常透彻地说明了马克思《资本论》中逻辑展开的方式与具体历史主义的方法问题，而这种方式方法

---

① 《大纲》的全译本出版更晚，俄文版直到1968年左右才出版。1983年，《大纲》才被德文版《马克思恩格斯全集》作为附录收入。

是在对商品、价值、货币、资本这一系列范畴体系的展开中运用的。除
以上两者外，维戈茨基的《卡尔·马克思一个伟大发现的历史》（1965
年）以及《〈资本论〉创作史》（1970 年）也是《资本论》及其手稿的重要研究
资料。另外，不容忽视的是，同一时期东欧学界在这一问题上也做出了
卓有成效的探索，这其中，例如有捷克学者泽勒尼（Jindřich Zelený）[1]
和民主德国学者图赫舍雷尔[2]。

　　苏东学界在 20 世纪 50 年代至 70 年代对《资本论》及其手稿，特别
是《大纲》的研究上，有如下两个鲜明的特点。一方面，苏东学界十分全
面地占有了《资本论》及其手稿的文献资料。较之西方学界，占有大量马
克思文献复印件及原件，拥有一大批专业文献编撰工作队伍的苏联和东
欧学术研究部门，显然具有决定性的优势。因此我们一点也不惊讶地看
到，从伊林柯夫到维戈茨基，再到泽勒尼和图赫舍雷尔，他们的研究
中，几乎都自觉地着眼于马克思的《政治经济学批判大纲》《1861—1863
经济学手稿》《1863—1865 经济学手稿》等手稿，从总体的视域把握《资
本论》的形成和发展的过程。另一方面，苏东学界在《资本论》及其手稿

---

① 金德里希·泽勒尼（Jindřich Zelený, 1922—1997），出生于捷克毕托瓦尼，1948
年于布拉格大学获得博士学位，先后执教于布拉格大学、经济大学等学校。1981 年进入
捷克斯洛伐克国家科学院。代表作有《马克思的科学逻辑与〈资本论〉，对其哲学的批判性
研究》（1962 年。1968 年德文版，1980 年由特瑞尔·卡弗翻译为英文出版）、《理性的辩
证法：论唯物主义辩证法的理性形式的发展》（1986 年德文版）。

② 瓦尔特·图赫舍雷尔（Walter Tuchscheerer），1929 年生于厄尔斯尼茨的一个工
人家庭，他的父亲是德国共产党的活跃分子。1957 年图赫舍雷尔毕业于莫斯科大学，其
学位论文题目为马克思在《大纲》中制定了剩余价值理论"，1963 年图赫舍雷尔在民主德
国科学院以"马克思价值理论的形成和发展（1843—1858）"为题获得博士学位，这是当时
民主德国学术界在马克思《大纲》研究上的唯一著作。1967 年，图赫舍雷尔因病早逝。

中的辩证法思想方面做出了重要的探索。这其中，以伊林柯夫和泽勒尼
为最杰出的代表。伊林柯夫对马克思在《资本论》中运用的唯物辩证法的
方法论特征进行了透彻的解析，并深刻阐释了这种方法与黑格尔哲学和
古典政治经济学的根本异质性，同时也指出黑格尔辩证法的唯心主义和
古典政治经济学研究方法的形而上学殊途同归。[①] 与此同时，伊林柯夫
还强调了以《资本论》为起点而非其他经济学手稿研究马克思辩证法思想
在逻辑上和方法上的决定性意义。[②] 泽勒尼则将马克思的科学逻辑学方
法放在更为宏大的欧洲近代哲学传统之中，探析马克思在《资本论》中所
运用的方法，作为结构的本质的分析与哲学史上的分析方法的区别与根
本差异。值得一提的是，苏东学界在对马克思《资本论》及其手稿的研究
过程中，都已经开始通过结合劳动价值论来探究马克思辩证法思想。

　　除以上提及的思想家及其著作以外，联邦德国学术界的《资本论》研
究的苏东思想资源上，还有一个人物是决不能忽视的，这就是乌克兰裔
学者罗尔曼·罗斯多尔斯基[③]。他曾在莫斯科的马列研究院工作，早年
就接触到了马克思《资本论》手稿特别是《大纲》，流亡美国后，也成为西

[①]　［苏联］艾·瓦·伊林柯夫：《马克思〈资本论〉中抽象和具体的辩证法》，孙开焕、
鲍世明等译，120 页，济南，山东人民出版社，1993。

[②]　同上书，114 页。

[③]　罗尔曼·罗斯多尔斯基（Roman Rosdolsky），1898 年生于奥匈帝国的加利西亚
（今属乌克兰），1967 年去世于美国底特律。罗斯多尔斯基青年时期就参加了乌克兰社会
主义者组织德拉霍曼诺夫小组，参与创立了国际革命社会民主党（IRSD），曾在布拉格学
习法律。第一次世界大战期间参与乌克兰的反战运动，战后成为东加利西亚共产党中央
委员会成员。1925 年，因拒绝谴责托洛茨基及其路线，而被开除出党。1926—1931 年曾
担任莫斯科马恩研究院在维也纳的联络员。1942 年被纳粹逮捕，辗转关押于多个集中
营，侥幸生存下来。1947 年流亡美国。自 1948 年至 1967 年，他把全部精力都放在马克
思《政治经济学批判大纲》的研究上，后形成著作《马克思〈资本论〉的形成》。

方学术界最早研究和介绍《大纲》的学者。他的代表作《马克思〈资本论〉的形成》1968 年首先在德国以德文正式发表，对德国学界产生了非常重要的影响。[①] 这本著作一发表，他对《资本论》手稿的研究就大大推进了德国乃至西方学界对《资本论》的认识，其中就包括对马克思"政治经济学批判"和"资本论"写作计划的调整过程、一般资本到个别资本的关系问题和马克思政治经济学批判中运用的辩证方法问题。

后斯大林时期苏东学界对马克思《资本论》中的辩证法问题的研究，也及时地为联邦德国的学者所掌握，特别是新马克思阅读之中的学者。巴克豪斯在 20 世纪 70 年代的研究中，就已经开始引用图赫舍雷尔、维戈茨基等学者的文献；后来的米夏埃尔·海因里希，在早年的研究中，也利用了民主德国哈勒大学编辑出版的《马克思恩格斯研究辑刊》（*Arbeitsblaätter zur Marx-Engels-Forschung*）提供的资料。有趣的是，联邦德国的这场研究马克思《资本论》的理论运动，也比较及时地被苏东学界所了解，巴克豪斯的《马克思价值理论重建材料》在 20 世纪 70 年代中期甚至成为莫斯科大学研讨班上的读物。[②] 20 世纪 80 年代，联邦德国的相关研究还被介绍到民主德国，民主德国学者曼弗雷德·缪勒在他的《通往〈资本论〉的道路》一书中，还专门对法兰克福学派的观点进行了

---

① 而这里不得不提的是，阿尔弗雷德·施密特的《马克思的自然概念》可以视作是直接立足于马克思《大纲》等文献的基础上完成的，他也是西方学术界最早基于马克思《大纲》进行理论研究的学者。

② 参见罗尔夫·黑克为巴克豪斯《价值形式的辩证法》所写的书评：http://www.ca-ira. net/verlag/rezensionen/pdf/backhaus-dialektik. wertform _ rez-hecker. uk. pdf，2017-01-03。在这一述评中黑克提及，在 20 世纪 70 年代中期，巴克豪斯的《马克思价值理论重建材料》是 W. P. Schkredow 教授研讨课上的必读读物。

批判。① 可见，苏东和联邦德国在《资本论》及其手稿的相关研究方面，相互之间是有交流的。

本章小结

　　新马克思阅读这个听起来并不那么声势浩大的思想运动，有非常深厚的时代背景和思想史背景。一切理论和思想都是一个时代的镜子。德国战后成长起来的，在法兰克福学派的思想土壤中孕育的年青一代马克思主义者开始重建他们对马克思的理解，开始重新"阅读"马克思，并非一个偶然的事件。第一，这源自第二次世界大战后联邦德国的社会、政治与经济的全方位变革。这一现实的历史背景，一方面使得经济的原则渗透到整个社会的每一个角落；另一方面，也使得社会矛盾得到了极大的缓和，阶级与阶级斗争似乎都已经成为遥远的故事。德国人在历史上头一回感受到了真正意义上的社会、经济和政治全方面现代化的国家带来的生活变化。思考这种发达资本主义社会中的意识形态问题与国家和阶级问题，促使德国战后年青一代重新开始阅读马克思的《资本论》，从中寻找这些问题的答案。第二，德国 1933 年之后特殊的马克思主义发展史，产生了这样的思想史效应：从一个角度来说，德国马克思主义传

---

　　①　参见 Winfried Schwarz：*Zu neueren Diskussionen um die Wertformanalyse im "Kapital" von Marx in der BRD*，in：Beiträge zur Marx-Engels-Forschung，Heft 21，1987. 以及[民主德国]曼弗雷德·缪勒：《通往〈资本论〉的道路》，钱学敏、靳易生、陈征天译，5—6 页，济南，山东人民出版社，1992。

统因历史原因出现了整整三十年的几乎空白的状况，因此战后一代的年轻学者亟待"重建"他们对马克思的理解；而从另一个角度来看，以列奥·科夫勒和伊林·费切尔等人为代表的卢卡奇的西方马克思主义传统和要求重树德国思想经典的学院研究传统，又推动战后一代重新走向了一条以黑格尔主义来解读马克思思想的路径。第三，德法之间在20世纪60年代后半期历史主义和结构主义的解读模式上的论争，也构成了充满革命氛围的欧陆学生运动的理论氛围，二者互为影响、互为借鉴，深刻影响了德国年青一代对马克思《资本论》中的辩证方法问题理解上的转变。第四，西方经济学界在20世纪五六十年代围绕马克思的价值理论所进行的论争，在理论上已经提出了超越经济学的领域，在思辨的角度为其提供理论根基的要求。这是新马克思阅读得以兴起的非常重要的理论背景之一，我们后文就会看到，新马克思阅读的奠基者之一巴克豪斯，在他的理论工作中付诸笔墨最多的就是对资产阶级学院经济学进行的批判。第五，苏东学界于20世纪中叶的后斯大林时代开始进行的对马克思《资本论》中辩证方法的研究，也构成了新马克思阅读展开价值形式的辩证法问题研究的关键理论资源。

以上这五点，就是新马克思阅读得以兴起的社会历史和思想史背景。理论是时代的回声，通过对背景的介绍和把握，将会为我们更为贴近理解新马克思阅读的理论探索提供有力的帮助。接下来，我们就进入新马克思阅读的核心理论建构——价值形式的辩证法问题。

第二章 ｜ 价值形式的辩证法：新马克思
阅读理论的核心理论建构

　　通过前文漫长的铺垫，我们终于开始进入对这本
书的核心问题的探讨。这一核心问题就是新马克思阅
读的核心理论建构，即对价值形式的辩证法的重建。

　　立足于马克思《资本论》《大纲》等文献对马克思价
值形式中的辩证法问题的重建，发现那个被遮蔽了的
方法。这一探索本身，一方面标志着法兰克福学派的
理论传承中，开始直接面对马克思本人的文本，忠实
地从马克思的文本之中进行理论建构的尝试；另一方
面标志着对那个列宁、卢卡奇、柯尔施等探索者已经
指出的马克思的"方法"，即辩证法问题的全新尝试。
而价值形式的辩证法的建构，正构成了整个新马克思
阅读运动的理论先声和全部理论基础。在这之后，对
马克思政治经济学批判的回归，立足于政治经济学批

判之上探索批判理论的内涵，探索福利国家的本质，就拥有了坚实的根基。在本章第一节，我们首先围绕重建马克思价值形式的辩证法的必要性及问题指向，以及价值形式辩证法的理论内涵进行探讨。这一部分我们主要围绕巴克豪斯的《价值形式的辩证法》(1969)和《新马克思阅读的开端》(1997)，以及《马克思价值理论重建材料》(1971—1978)这几个文本进行解读。第二节所探讨的主要问题，是价值形式这一范畴的重要性及其内涵，这关系到两个要点，一方面即形式问题的重要性；另一方面则涉及作为客观的思维形式的价值形式范畴的具体内涵。第三节，我们将着力探讨价值形式辩证法重建的具体理论过程。这一部分我们将围绕莱希尔特《论马克思资本概念的逻辑结构》(1973)一书，主要围绕"二重化"概念之上建立起来的马克思和黑格尔的关联，探讨莱希尔特区分的观念的二重化与现实的二重化，以及货币的三个规定性之间的辩证发展关系，借此说明价值形式的辩证法的具体展开过程。在本章的补论中，我们还试图探讨自阿尔弗雷德·索恩-雷特尔到阿多诺，再到新马克思阅读之间在价值形式问题上的内在联系这一重要问题。

一、马克思"通俗化"的改写与被"稀释"的方法：新马克思阅读的靶子

(一)马克思对《资本论》商品章的"通俗化"改写及其后果

当联邦德国战后的年青一代重新阅读和理解马克思时，伴随着我们

在第一章中已经揭示了的多重隐性理论结构，他们需要重建自己这一代对马克思的理解。正因如此问题也就出现了。在巴克豪斯眼里，既往对马克思的解释以及对马克思的批判，都建立在一种成问题的马克思之上，巴克豪斯在《价值形式的辩证法》一文中将矛头直指正统马克思主义（包括第二国际）、学院经济学在马克思劳动价值论上做的"曲解"。他开宗明义地指出："如果我们以批判的眼光来审视一下关于《资本论》的研究著作的话，那我们就会发现，劳动价值理论只是被以一种粗糙的、化简了的和常常是以完全走样的形式而被引用或批判的。因此对马克思思想的实证的阐释来说，定义独特的、经典的和马克思主义的价值理论就是必要的。"①正是这种对马克思劳动价值论的曲解，导致了后世经济学家将马克思的劳动价值论降低到了李嘉图的层次之上。问题的关键就在价值形式理论上，正是价值形式理论的重要性在后世的经济学乃至哲学领域里，"被庞巴维克称作'辩证的戏法'，或者被熊彼特指认为'哲学地'丧失信誉的观点，首先存在于价值形式的学说之中"②。但是，巴克豪斯强调，在马克思那里，对价值形式问题重要性的强调是清晰无比的。其实在价值形式的分析上所关系到的马克思的辩证方法的问题，也是恩格斯及列宁都承认并加以强调的。巴克豪斯援引恩格斯在评述马克思 1859 年《政治经济学批判》时讲过的话："从黑格尔逻辑学中把包含着黑格尔在这方面的真正发现的内核剥出来，使辩证方法摆脱它的唯心主义的外壳并把辩证方法在使它成为唯一正确的思想发展方式的简单形式

---

① Hans-George Backhaus：*Zur Dialektik der Wertform*，in：*Dialektik der Wertform*，Freiburg：Ça ira-Verlag，1997，S. 41.

② Ibid. ，S. 41.

上建立起来。马克思对于政治经济学的批判就是以这个方法作基础的，这个方法的制定，在我们看来是一个其意义不亚于唯物主义基本观点的成果。"①同样是这一在马克思政治经济学批判中所运用的与黑格尔联系密切的辩证方法，也是列宁在《哲学笔记》中所强调的。这里我们可以联想到列宁那句广为人知的判断："不钻研和不理解黑格尔的全部逻辑学，就不能完全理解马克思的《资本论》，特别是它的第一章。"②但是黑格尔的逻辑学和马克思《资本论》的第一章的内在一致性究竟是什么呢？

对价值形式问题的强调，特别是马克思在价值形式理论分析中所运用的方法的强调，巴克豪斯同样在马克思的文本之中找到了证据。在《资本论》的序言中马克思有力地指出了对价值形式研究的重要性："对资产阶级社会来说，劳动产品的商品形式，或者商品的价值形式，就是经济的细胞形式。在浅薄的人看来，分析这种形式好像是斤斤于一些琐事。这的确是琐事，但这是显微解剖学所要做的那种琐事。"③但是，包括李嘉图学派在内，"两千多年来人类智慧对这种形式进行探讨的努力，并未得到什么结果"。巴克豪斯强调，这两句引文显示出的是马克思在研究史上第一次要求认清价值形式这种"神秘的形式"。而也正是在《资本论》的前言中，马克思明确地说道："我公开承认我是这位大思想家的学生，并且在关于价值理论的一章中，有些地方我甚至卖弄起黑格尔特

---

① 《马克思恩格斯选集》第 2 卷，13 页，人民出版社，2012。
② 《列宁全集》第 55 卷，151 页，北京，人民出版社，1990。
③ 《马克思恩格斯文集》第 5 卷，8 页，北京，人民出版社，2009。

有的表达方式。"①这样我们便清楚了巴克豪斯提出的问题：那个被马克思高度强调的价值形式之上所蕴含的辩证方法，为何被后人低估和忽视了呢？问题首先就出在马克思自己对《资本论》第一卷所进行的"通俗化"改写之上。

巴克豪斯在提到他和他同代人的理论起点时，讲到这样一个事件触发了他们去研究马克思价值形式的辩证法问题。这就是 1965 年，还在法兰克福大学读书的巴克豪斯在一个图书馆中，对马克思 1867 年《资本论》第一卷德文第一版的"发现"："最一开始读这本书，在概念的构成和价值理论的问题上的范畴差别就展现了出来，这些在第二版中最多也只是隐含着的。在关于马克思价值理论的一百年的讨论中，这份重要文献完全是消失的；只有通俗化了的，减少了很多趣味的附录'价值形式'在民主德国重新被发表过……"②正是从对《资本论》德文第一卷第一版和第二版的对比中，巴克豪斯敏锐地察觉到了那个被遮蔽了的辩证法思想。为什么呢？因为在这两个版本之间，发生了那个被巴克豪斯称作马克思的"通俗化"的改写。

那么马克思对《资本论》所进行的"通俗化的"改写指的是什么呢？

马克思《资本论》德文第一卷第一版在付梓之前，在他和库格曼及恩格斯的通信中，库格曼和恩格斯认为他关于价值形式分析的部分"太过难解"，马克思接受了他们的建议，写作了一份简化的独立的"价值形式"章作为附录，从而使更多的读者能够读懂。而关于第一章关于商品

---

①　《马克思恩格斯文集》第 5 卷，22 页，北京，人民出版社，2009。

②　Hans-George Backhaus: *Die Anfänge der neuen Marx-Lektüre*, in: *Dialektik der Wertform*, Freiburg: Ça ira-Verlag, 1997, S. 29-30.

部分叙述的难度及恩格斯的建议，马克思本人在第一版的序言中是这么讲的：

> ……本书的第一章，特别是分析商品的部分，是最难理解的。其中对价值实体和价值量的分析，我已经尽可能做到通俗易懂。对价值形式的分析则不一样。……它是很难理解的，因为辩证法比在最初的叙述中强烈得多。因此，我劝不完全习惯于辩证思维的读者，跳过第 15 页（第 19 行）起至第 34 页末行止的这一部分去读附在书后的附录：《价值形式》。在那里我将力求像科学说明所允许的那样简单地，甚至讲义式地叙述问题。①

可见，即便是马克思自己也清楚地意识到这部分内容对于普通读者来说可能有困难。所以，在后来出版的《资本论》第一卷第二版中，马克思对这一部分进行了更大程度的改写。通过比较这两个版本的文本差异，我们可以看清楚马克思所做的具体改写。第一版原"第一章"之下原本完整的"（1）商品"节，在第二版中，被划分为了四个小节："1. 商品的两个因素：使用价值和价值（价值实体，价值量）"；"2. 体现在商品中的劳动二重性"；"3. 价值形式或交换价值"；"4. 商品的拜物教性质及其秘密"。这其中，改写最大的，就是第三小节"价值形式或交换价值"这一部分。在第一版中和价值实体、价值量、劳动二重性等问题融洽地衔接起来的价值形式部分的探讨部分，在第二版中，被全部改写，

---

① 《马克思恩格斯全集》第二版第 42 卷，13—14 页，北京，人民出版社，2016。

并和第一版中作为第一章第一节附录的"以讲义的形式叙述问题"的"价值形式"部分进行了合并。

那么，这种为了服务于广大读者所进行的大众化和通俗化改写有什么样的后果呢？

巴克豪斯首先指出，第一版原"商品"节中价值实体向价值形式的辩证过渡被严重破坏了。因为"马克思对他商品篇的头两章所进行的通俗化走得太远，以至于对价值的'演绎'已根本不再能被理解为辩证的运动了"[①]。其实这一部分马克思自己也一再强调了其重要性，也是马克思自己承认在其中运用了黑格尔辩证法的部分，马克思在《资本论》第二版跋中说，"我公开承认我是这位大思想家的学生，并且在关于价值理论的这一章中，有些地方我甚至卖弄起黑格尔的特有的表达方式"[②]。而对这一辩证法思想的缩水，牵扯到一个至关重要的问题，就是价值的实体和价值的形式之间的过渡断裂了。巴克豪斯指出："我认为，《资本论》中的叙述方式并不能够使马克思价值形式分析的认识论的主旨得到清晰的彰显，也就是这个问题，'为何这一内容采用了那种形式'。在价值的实体和形式之间中介的欠缺，已经在价值运动中的断裂中显现出来：第一章第一节到第二节的过渡作为必然的过渡不再那么容易被认清了。"[③]在马克思对《资本论》的通俗化改写中，使得价值的实体向价值的

<hr/>

① Hans-George Backhaus: *Zur Dialektik der Wertform*, in: *Dialektik der Wertform*, Freiburg: Ça ira-Verlag, 1997, S. 43.

② 《马克思恩格斯文集》第5卷，22页，北京，人民出版社，2009。

③ Hans-George Backhaus: *Zur Dialektik der Wertform*, in: *Dialektik der Wertform*, Freiburg: Ça ira-Verlag, 1997, S. 43.

形式过渡的中间理论环节大大弱化甚至消失了，这种过渡表现得如此突兀，以至于价值（的实体）如何转变为交换价值和价格（价值形式）这个问题变得难以理解了。但是这一过渡在《资本论》第一卷第一版中是清晰可见的，却在第二版的改写中消失了："但是决定性的重要之点是要发现价值形式、价值实体和价值量之间的内在必然联系[!!]，也就是从观念上[!!]说，要证明[!]价值形式产生于价值概念。"①所以，巴克豪斯认为，甚至在传统的理解中，价值形式仅仅是对之前已经阐述的价值实体（社会必要劳动时间）和劳动二重性理论的"辩证的修辞"而已。正是在这个意义上，巴克豪斯强调了马克思的问题："为何这一内容采用了那种形式？"②而对这一问题的回答，必须要通过对《资本论》德文第一版和《大纲》等手稿的解读来重建在马克思通俗化的改写中"消失掉的"辩证法思想。在这里需要强调的是，这一问题构成了整个新马克思阅读运动对马克思理解的起点。

其次，这种改写为人们理解商品拜物教造成了很多困难。一个值得注意的事实是，第二版中作为独立章节的"商品的拜物教性质及其秘密"，其实和第一版附录"价值形式章"中"等价形式"的四个特征中最后一个特征"商品的拜物教特征在等价形式中比在相对形式中更明显"有对应的关系。因此，巴克豪斯进一步分析了马克思对《资本论》第二版商品

---

① 《马克思恩格斯全集》第二版第 42 卷，55 页，北京，人民出版社，2016。引文中保留了巴克豪斯所标记的感叹号。

② 马克思在《资本论》德文第一卷第一版附录"价值形式"章中提出的问题是："一个商品的价值究竟是怎样表现的呢？换句话说，它是怎样取得自己的表现形式（Erscheinungsform）的呢？"这一问题，马克思在"商品与货币"这一篇章中多次强调和提及。

章第三节部分的简化所带来的对第四节，即"商品的拜物教性质及其秘密"理解上的困难。巴克豪斯认为，第四节的内容只有在完整的第三节基础上才可以得到破译。缺失了第三节，导致了如下的错误观点："一、众多的研究者都忽视了劳动价值学说将货币作为货币来研究，并在此基础上创立一个专门的货币理论的要求。二、马克思所创造的劳动价值学说和物化（Verdinglichung）现象之间的关系还依然处于不清晰的状况之中。"①那么，在分析了《资本论》编辑及所带来的理解上的问题后，巴克豪斯提出了对拜物教性质的真正的解释方式。对商品拜物教乃至货币拜物教和资本拜物教理解的起点，就是对价值形式辩证法的理解，也就是在把握了价值的实体（社会必要劳动时间）如何必然发展成价值形式的表现形式（Erscheinungsform）的问题。从这一角度来说，商品拜物教正是价值形式这一表现形式之上的问题。② 因此，为理解拜物教问题，就需要理解价值形式问题。而价值形式问题的理解就建立在对资本主义特殊社会结构的理解之上。所以巴克豪斯明确提出了这样一个问题："对于马克思来说'物的社会关系'是如何构成的？"③也就是说，马克思是如

---

① Hans-Georgs Backhaus: *Zur Dialektik der Wertform*, in: *Dialektik der Wertform*, Freiburg: Ça ira-Verlag, 1997, S. 46.

② 米夏埃尔·海因里希强调了德文中"表现"（Erscheinung）和"表象"（Schein）的区别。Erscheinung 作为表现，指一定内容和本质所直接呈现的外部现象，这一现象就是其内容和本质的结果，因此是真实的、实在的；而 Schein 则是一种掩盖了内容和本质的虚假现象，是一种假象。所以，在马克思关于价值形式和商品拜物教的叙述中，他一再使用的都是"Erscheinungsform"，也就是说，商品拜物教并非虚假的现象，而是客观的社会实在所展现出的样态，与其社会内容和本质密不可分，就是这一内容和本质的一部分。

③ Hans-George Backhaus: *Zur Dialektik der Wertform*, in: *Dialektik der Wertform*, Freiburg: Ça ira-Verlag, 1997, S. 47.

何描述那种他称作"物的社会关系"的结构的？所以，重新建构因为马克思的通俗化改写而遮蔽了的价值形式的辩证法就具有重要的意义。

最后，巴克豪斯认为，马克思的通俗化改写，使恩格斯将"简单流通"(Einfache Zirkulation)过程错误理解为"简单商品生产"(Einfache Warenproduktion)过程。正是这一"误解"，影响了后来全部马列主义政治经济学的书写方式，即将马克思《资本论》中的"商品与货币"章当作了一种前资本主义的简单商品生产阶段，而将"货币转化为资本"视作真正进入对资本主义社会的"扩大的商品生产"探讨。换句话说，这种解读方式将《资本论》特别是《资本论》第一卷的叙说过程视作一种历史的过程——而这也恰恰关系到对《资本论》的历史方法和逻辑方法的讨论，以及马克思关于"人体解剖是猴体解剖的一把钥匙"这一著名判断的理解。在恩格斯为马克思 1859 年《政治经济学批判》(第一分册)写的评注中所提出的著名观点，即马克思的政治经济学批判在方法上是"历史的与逻辑的方法相统一"的观点，以及关于原始物物交换的商品和充分发展起来的商品生产的论述。[①] 特别是恩格斯在《资本论》第三卷序言中指出的"马克思在第一册的开头从被他当做历史前提的简单商品生产出发，然后从这个基础进到资本"[②]，深刻影响了后世解读者对马克思《资本论》

---

① 《马克思恩格斯全集》第一版第 13 卷，532—534 页，北京，人民出版社，1962。
② 《马克思恩格斯文集》第 7 卷，17 页，北京，人民出版社，2009。

的理解。① 然而在巴克豪斯看来，这一部分恰恰是对资本主义商品生产的逻辑上第一个环节的探讨，正是在资本主义商品生产过程之中的，不论是《大纲》还是后来的《直接生产过程的结果》手稿，都清晰无疑地证明了这一点。关于"简单商品生产"还是"简单流通"的问题，② 巴克豪斯后来在《马克思价值理论重建材料》中对这一问题进行了专门的论述，并在其中明确提出了对"前货币的价值理论（Prämonetäre Werttheorie）"的批判。这种"前货币的价值理论"，就是指认为马克思《资本论》商品章所研究的是前资本主义的"简单商品生产"的过程，从而认为单个的具体劳动就已经创造了价值。巴克豪斯认为，马克思的价值理论恰恰是作为对前货币的价值理论的批判而构想的，在简单流通的展现层面上马克思的价值理论本质上是一种货币理论（Geldtheorie）。③ 这里非常值得补充一句的是，齐泽克在他 2006 年出版的自视为"代表作"的《视差之见》中，更

---

① 关于《资本论》第一章中的"简单商品生产"的研究，在我国进行的讨论并不多，但是值得注意的是，20 世纪 80 年代早期，我国经济学家王惟中先生和洪大璘先生就对《资本论》第一章的研究对象是"简单商品生产"提出了质疑，并认为其实这一章研究的恰恰是资本主义的商品生产方式。参见王惟中、洪大璘：《〈资本论〉第一章研究的对象是否是简单商品生产?》，载《上海经济研究》，1982 年第 4 期。

② "简单流通"这一表达方式在马克思那里最早出现在《大纲》中，在此之后马克思并未继续使用。参见：《马克思恩格斯全集》第二版第 30 卷，216 页，北京，人民出版社，1995。

③ Hans-George Backhaus：Materialien zur Rekonstruktion der Marxschen Werttheorie，in：Dialektik der Wertform，Freiburg：Ça ira-Verlag 1997，S. 93-94.

以"视差"的视角深入阐释了"生产"和"流通"的关系。① 而他对这一问题的认识，受到了柄谷行人对交换和生产关系认识的启发。

而在这一"通俗化"的改写所带来的三点误读的背后，映衬出的是对全部马克思方法上的"稀释"。

(二)"被稀释"的马克思的方法

在 1997 年巴克豪斯为他文集撰写的序言《新马克思阅读的开端》一文中，更进一步使用了"被稀释的"（Verwassert）马克思的方法这一说法。巴克豪斯在这里所指的，已经不仅仅是在价值形式理论上因为马克思的"通俗化改写"而丧失了辩证法的内涵，而是更进一步指整个马克思的思想发展过程中所存在的这种方法上的丧失。

当然，这种"稀释"，首先就在于马克思政治经济学批判之上的方法的稀释：所有的马列主义政治经济学教科书都是稀释的形形色色的例子。稀释的是什么？就是马克思的辩证方法。除了《资本论》第一卷第一版在巴克豪斯看来是最有力的证据以外，还有一系列马克思和恩格斯的

①　"马克思曾经在《政治经济学批判》中处理过下列两者间的对立：一是以李嘉图及其劳动价值论为代表的古典经济学，它是哲学理性主义的对应物；一是以贝利为代表的新古典经济学，他们把价值化约为没有实体形态的纯粹关系性的实存物（purely relaitonal entity），它是哲学经验主义的对应物。马克思通过重复康德在'视差'观方面的初步突破，解决了这一对立。他把这两者看成是康德式的二律背反。也就是说，价值必定既起源于流通之外和生产之中，又起源于流通之中。马克思之后的'马克思主义'，无论是社会民主党版的马克思主义，还是共产主义版的马克思主义，全都丧失了这个'视差'视角，退化到了这样的境地：一味提高生产的地位，把生产视为真理藏身的场所，把交换领域和消费领域视为'幻影'而加以排斥。"[斯洛文尼亚]斯拉沃热·齐泽克：《视差之见》，季广茂译，86 页，杭州，浙江大学出版社，2014。也是在此书中，齐泽克重点提及了莱希尔特的《论马克思资本概念的逻辑结构》一书。参同上书，87 页。

通信中所提供的证据。例如巴克豪斯列举马克思 1858 年 4 月 2 日写的信中所提及的六册计划中"资本""资本一般"这一"主要研究对象"的计划，以及 1861 年 12 月 9 日写给恩格斯的信中所提及的"我的著作有进展，但很慢……不过这东西正在变得通俗多了，而方法则不象在第一部分里那样明显。"①通过马克思的自述，巴克豪斯认为，马克思将 1857—1858 年创作的经济学手稿，也就是《大纲》束之高阁，而在 1859 年《政治经济学批判》中，马克思进行的恰恰是第一次通俗化的过程。在这里我们看到了，巴克豪斯将《大纲》置于一个非常关键的位置，认为这一手稿同样也是马克思辩证方法运用得最充分的地方。我们有必要指出的是，除了我们前文中已经着重探讨过的《资本论》第一卷德文第一版和《大纲》以外，在巴克豪斯后来撰写的《马克思价值理论重建材料》中，则更将《政治经济学批判初稿片段》《直接生产过程的结果》《剩余价值学说史》等一系列马克思的政治经济学研究手稿视作解读马克思辩证方法的最重要的文本。

需要特别指出的是，巴克豪斯这里强调的辩证方法，尤其是指马克思继承于黑格尔的辩证方法："即便对《资本论》的阐释也'完全处于混乱之中'，我们还需要'敞开'对马克思代表著作的理解，因为它只有在黑格尔矛盾逻辑的基础上，即本质逻辑上才能被敞开；这是一个古老的，自列宁以来就被认识到的，却在多数情况下一开始被遵循，只有极少作者记在心头的论题。"②与我们第一章中所做的分析相联系，这里所显示

---

① 《马克思恩格斯全集》第一版第 30 卷，209—210 页，人民出版社，1975。

② Hans-George Backhaus: *Die Anfänge der neuen Marx-Lektüre*, in: *Dialektik der Wertform*, Freiburg: Ça ira-Verlag, 1997, S. 11.

出的，恰恰是新马克思阅读最重要的奠基人巴克豪斯在对马克思的解读
中，同样继承了自卢卡奇以来的黑格尔主义马克思主义的经典解读模
式。我们已经知道，这一解读模式更多是经由科夫勒和费切尔这一代思
想家所中介的。到了巴克豪斯和他的战友莱希尔特这里，才第一次完全
站在对马克思文本的解读之上来研究这一问题。对马克思辩证方法的这
种稀释，巴克豪斯提醒我们，其实早在霍克海默那里就已经被认识到
了。[①] 而巴克豪斯要做的，就是将这一被众多前人指出，却从未深入研
究的隐秘路径在马克思文本的地图上描画出来。在巴克豪斯看来，这条
路径贯穿马克思自 1841 年的博士论文到 1879 年的《评瓦格纳〈政治经济
学教科书〉》：

> 如果马克思的"辩证的阐述方法"在根本上还是对黑格尔的批判
> 与复归，那么马克思在他 1841 年的博士论文《论德谟克利特的自然
> 哲学和伊壁鸠鲁的自然哲学的差别》中就已预先设定了它的基础就
> 并不意外了：这首先取决于，不是从一个"抽象的原则"——即在一
> 个自明的演绎的方法的意义上——出发，"这一原则在高级形式中
> 被扬弃"，并且"一切的规定在它的直接异在中，即在扬弃中获得它
> 的具体定在"，因为"即遭扬弃的现象就是这种根据"。"开端"的"本
> 质发展"成为一种"对他来说不可避免的这一认识的原则的进一步规
> 定"。在这里一种核心思想形成了，它在后来的《原稿》（Rohent-

---

① 据巴克豪斯讲述，马克斯·霍克海默准确地察觉到，马克思的主要著作"只是以
一种通俗化的稀释来使大众马马虎虎可以理解"。参见 M. Horkheimer：Gesammelte
Schriften，Bd. 14，S. 439。

wurf)的"辩证法阐述方法"中再次被发现，也就是在《资本论》中被隐藏的方法，如果可以说"商品"直到资本中才作为它的"原因"而实现和扬弃的话。①

在对马克思的辩证的价值理论和对黑格尔辩证方法的强调之上，巴克豪斯清楚地陈述了他的理论意图："我们已经将之依照一个新的、辩证的价值理论的核心思想描述，和一个'真实的'(realen)对立或者矛盾联系在一起了，这一矛盾将商品'真实的'的发展作为基础，正和将其理论的发展作为基础一样。"②也就是说，对于巴克豪斯来说，也只存在"一个"马克思，这个真正的马克思是要排除掉、烘干那些通俗化的水分，而解释出来的始终在对"真实的、现实的"价值形式问题分析中吸收和消化黑格尔的辩证方法的马克思。其实这就是新马克思阅读这一思想运动作为一个独立的解读模式所具有的特征。新马克思阅读第三代代表埃尔贝在《西方的马克思》一书中，就将新马克思阅读的定义凝练为"把握完整的马克思"；"立足晚期著作来理解早期著作的意义"；"借助于逻辑的体系的叙述方式(Darstellungsweise)来破解与批判资本主义社会化的形式"③。这三个简短的描述完全适用于新马克思阅读的开路人巴克豪斯的理论探索之上。在巴克豪斯看来，同样只有一个真正的马克思，

---

① Hans-George Backhaus: *Die Anfänge der neuen Marx-Lektüre*, in: *Dialektik der Wertform*, Freiburg: Ça ira-Verlag, 1997, S. 15.

② Ibid., S. 15.

③ Ingo Elbe: *Marx im Westen. Die neue Marx-Lektüre in der Bundesrepublik seit 1965*, Berlin: Akademie Verlag, 2008, S. 29.

这个马克思就是成熟时期的，立足于政治经济学批判之上的马克思；而这个马克思的思想内核则是那个辩证的方法。

在价值形式问题上，马克思完成了对全部古典政治经济学的超越，这集中表现在方法的超越上，这一观点是德国新马克思阅读的传统中所始终坚持的。米夏埃尔·海因里希在他 1991 年出版的《价值的科学》（*Die Wissenschaft vom Wert*）一书中，同样接受了这一基本判断。只是在对马克思方法的理解上，海因里希不像巴克豪斯那样采纳了一种黑格尔意义上的辩证法方法，而是具体归纳了马克思对四种旧的政治经济学话语体系的决裂，在决裂之中蕴含着方法论上的"科学革命"。第一，和"人类主义"的决裂。和人类主义的决裂，就是和一种本质哲学的决裂。海因里希将之首先确定为对亚当·斯密的人类主义的决裂，斯密将商品生产者和所有者视作社会的自然的形式，将交换视作人类的本质。对人类主义的决裂，更体现在马克思和费尔巴哈的决裂之上。第二，与"个人主义"的决裂。将个人置于优先于社会的位置，是斯密和李嘉图乃至新古典主义政治经济学所坚持的方法论，这是资产阶级理论的重要特征，对个人主义的批判，马克思是借助于对施蒂纳的批判完成的。第一点和第二点决裂，发生在 1845 年的《德意志意识形态》中。第三，与"经验主义"的决裂。这发生在 1857 年的《〈政治经济学批判〉序言》中。经验主义的方法论就在于，将经验材料直接等同于社会本质，否定社会表象之外还存在本质的东西。几重决裂并非个别推进，而是相互影响的。第四，与"非历史主义"的决裂，就建立在对本质哲学和个人主义的批判之上。马克思科学革命上的四重断裂，构成了他政治经济学批判的基本方法论。[1]

对于人类主义、本质哲学的批判，实际上就是对人道主义的马克思主义解释的批判，是对青年马克思定位的思考。海因里希对马克思科学革命的诠释，受到了阿尔都塞"认识论断裂"主张的影响，更是新马克思阅读立足于马克思政治经济学批判反观青年马克思思想转变的重要探索。

二、价值形式问题的重要性及其理论内涵

马克思对《资本论》的通俗化改写，使得价值形式所内含的辩证方法大大稀释了，发现这一问题，是巴克豪斯全部理论的开端。然而到目前为止，我们似乎还没有完全清楚马克思价值形式问题在理论上的重要性，在巴克豪斯之前的理论家那里，好像没有人专门将价值形式作为独立的问题提出来。那么，"价值形式"理论为何重要？现在我们就探讨一下对巴克豪斯以及整个新马克思阅读来说至关重要的价值形式理论的内涵。

(一)矛盾的社会结构及其必然表现形式：价值形式的辩证法的核心问题

对价值形式这一"神秘形式"的揭秘，具有一箭双雕的作用。它一方

---

[1]　Michael Heinrich：*Die Wissenschaft vom Wert. Die Marxsche Kritik der politischen Ökonomie zwischen wissenschaftlicher Revolution und klassischer Tradition*，Münster 2006(1999)，S. 121-152.

面可以驳斥来自学院经济学界对马克思价值理论的攻击；另一方面在哲学和社会理论内，确立一种对西方马克思主义最为核心的议题即物化以及拜物教问题的基于现实逻辑的解释。

巴克豪斯在《价值形式的辩证法》一文中是这样总结价值形式分析的关键作用的：第一，对价值形式理论的强调，凸显了劳动价值学说将货币作为货币来研究并在此基础上创立一个专门的货币理论的要求。① 第二，可以彻底说清楚劳动价值学说和物化以及拜物教理论之间的关系。② 第一点看似是一个经济学领域的问题，巴克豪斯尽管在《辩证法》一文中也并未着力阐发，但是在后文中我们会看到这一观点的重要作用；他首先将重点放在了第二点之上。有必要指出的是，巴克豪斯的研究以及批评对象多为学院经济学家，然而他最终借由价值理论的讨论所真正着眼的，从未脱离批判理论的论域。他在后来的《新马克思阅读的开端》一文中这样明确表态："我研究的主题在根本上始终只是一个拜物教问题。它可以从三个方面来说：一是作为经济学研究对象的对象性的问题；二是作为其矛盾结构的问题，也就是作为统一和差异的问题；三是作为在非经验理论基础上所进行的分析。"③同样，在《价值形式的辩证法》一文中，巴克豪斯批判既往对于拜物教理论脱离了价值理论的简单化的、"德意志意识形态式"的解读："研究者们从《资本论》的拜物教

---

① Hans-George Backhaus： *Zur Dialektik der Wertform*，in：*Dialektik der Wert-form*，Freiburg：Ça ira-Verlag，1997，S. 45.

② Ibid.，S. 46.

③ Hans-George Backhaus： *Die Anfänge der neuen Marx-Lektüre*，in：*Dialektik der Wertform*，Freiburg：Ça ira-Verlag，1997，S. 34.

章摘录一些句子，然后进行概念的、很多时候还是术语式的解释，而这正是'德意志意识形态'的方式。"①在《德意志意识形态》中的马克思还没有认清劳动价值论，但那时的马克思就已经认识到人与人的关系（私人劳动的社会关系）表现为物之间的社会关系，可是此时的马克思将这种社会关系独立化了，而这正是青年马克思"异化"和"非人化"的主题。在这个意义上，巴克豪斯明确向基于青年马克思的这种问题式的人本主义马克思主义提出了挑战。他认为，人本主义对马克思的解读模式只是一种空洞的套话，而不是分析异化、物化形成的过程："辩证的方法不能满足于仅仅将表现形式回溯到本质上去：他们还应该指出，本质为何恰恰采纳了这种或者那种表现形式。"②**而不在于戳破现象道出本质，本质是为何采取了这样的形式；同理，问题的关键不在于将拜物教的现象还原为资本主义商品生产方式的本质，而在于资本主义的商品生产方式为何一定表现出拜物教的形式。**多么关键的提问方式！本质向现象的展现过程，不正是一些大哲学家投注心血最多来加以解释的吗？柏拉图对理念向事物派生的论争，洛克关于经验向观念发展的论争，黑格尔的精神现象学，所要做的都是讲清楚他们所指认的世界本质是如何表现为现象的，认识的本质是如何发生的，这才是对哲学家来说最为艰巨的任务。**同样，在马克思这里，巴克豪斯提醒我们，关键的问题也并非将价值还原为社会必要劳动时间，而是价值为何一定要以价格、以货币形式存在。**我们后文会看到，同样是这一问题方式，在新马克思阅读关于国家

---

① Hans-George Backhaus：*Zur Dialektik der Wertform*，in：*Dialektik der Wertform*，Freiburg：Ça ira-Verlag，1997，S. 46.

② Ibid.，S. 44.

和法律形式等问题的探讨中，再一次以转换的方式提了出来。

在上述提问之上，巴克豪斯又进一步提出了两个问题："一、对于马克思来说'物的社会关系'是如何构成的？二、为何、在何种程度上'物的关系'只是作为'隐藏在物后面的人的关系的表现形式'？"①在此之上，巴克豪斯论述了马克思那里对价值形式问题的定位。不同使用价值之间的等同是在一个第三者，即货币之上的等同，但是这种等同依据的是价值内容的等同；在表现形式上，产品变成一个商品（货币），就并不是等同的。所以问题就在于，究竟如何将一个商品描述为等价物？在马克思那里，形式的分析就是价格成为价格的过程，而马克思根本区别于古典政治经济学的地方，也就在于他将价值向交换价值和价格的过渡这一问题提了出来。李嘉图之所以被贝利所批判，其问题也就在于他没有看到价值实体和价值形式之间逻辑过渡的重要性。在这里，巴克豪斯通过对马克思《关于费尔巴哈的提纲》第四条的著名改写，极为精彩地阐述了马克思和李嘉图之间在价值理论上的关系：

> 李嘉图是从经济上的自我异化，从商品被二重化为价值物（假想物）和现实物的这一事实出发的。他致力于把劳动作为价值的基础。他没注意到，在做完这一工作之后，主要的事情还没有做呢。因为，商品使自己和自己本身分离，并使自己转入一个独立的经济范畴王国，而固定为意识，这一事实，只能用社会劳动的自我分裂

---

① Hans-George Backhaus：*Zur Dialektik der Wertform*，in：*Dialektik der Wertform*，Freiburg：Ça ira-Verlag，1997，S. 47.

和自我矛盾来说明。因此，对于社会劳动本身首先应当从它的矛盾中去理解，然后用排除这种矛盾的方法在实践中使之革命化。因此，例如，自从在劳动中发现了价值的秘密之后，劳动本身就应当在理论上受到批判，并在实践中受到革命改造。①

这是一段令人由衷赞叹的理论宣言。正如早期的熊彼特将马克思批评为一个糟糕的李嘉图主义者，恰恰是因为他并不理解马克思价值形式理论的关键作用一样；如果不理解马克思的价值形式理论，就很容易将马克思降低到李嘉图主义的层次之上。然而问题的关键不在于将价值还原为社会必要劳动时间，问题的关键是价值为何一定要以特定的表现形式展现出来，**对这一表现形式的分析，导向了对社会劳动本身，社会历史结构的内在矛盾的分析**。"对价值形式的逻辑结构的分析不能与对其历史社会内容的分析相分离。古典劳动价值理论却没有对那种作为'形成价值的'劳动的历史社会构造进行追问。"②所以我们看到了，对价值形式问题的追问，对价值的实体向表现形式过渡过程的追问，在巴克豪斯那里成了一把利剑，试图同时刺穿李嘉图主义劳动价值论与人本主义马克思主义的理论外壳。

更进一步看，对价值形式的研究，还具有更为深刻的哲学内涵。这就在于：它从一个全新的角度建立起了社会存在与社会意识关系的中介，搭成了建立一种基于政治经济学批判的哲学认识论的桥梁。这集中

---

① Hans-George Backhaus: *Zur Dialektik der Wertform*, in: *Dialektik der Wertform*, Freiburg: Ça ira-Verlag, 1997, S. 52.

② Ibid., S. 50.

体现在对"客观的思维形式"的认识之上。

(二)客观的思维形式：构建起社会存在与社会意识关系的中介

巴克豪斯对价值形式的强调，不仅为了恢复使用被遮蔽的马克思的辩证方法，而且为了在此基础上对马克思的社会存在与社会意识这一经典论题进行重新解释。这一解释可以凝练在对资产阶级政治经济学"范畴"的批判上——在这里需要插一句，由巴克豪斯提出并被后来的新马克思阅读所接受并贯彻的一个观点就是：马克思的政治经济学批判，是对政治经济学"范畴"的批判，对政治经济学范畴体系的叙述形式(Darstellungsform)的批判。范畴的建构可以归纳在价值形式上，而政治经济学范畴批判的起点就是对价值形式的分析。

马克思在《资本论》中向我们揭示了商品、价值、货币和资本这一系列概念成为"主体"的过程，如阿多诺指出的，范畴的构建作为一种哲学反映，总是要抛开它的社会起源。价值实体向价值形式过渡之后，就一定要停留在形式之上，似乎具有了生命力。问题就在于回忆起这些形式、这些范畴的起源。价值形式作为抽象力塑造出来的范畴，其展示出的一系列叙述形式(Darstellungsform)，正是一种"客观的思想形式"(Objektive Gedankenformen)。我们可以来看马克思《资本论》中论述商品拜物教时所做的论述："这种种形式恰好形成资产阶级经济学的各种范畴。对于这个历史上一定的社会生产方式即商品生产的生产关系来说，这些范畴是有社会效力的，因而是客观的思维形式。"①巴克豪斯十

---

① 《马克思恩格斯文集》第 5 卷，93 页，北京，人民出版社，2009。

分确信地指出："众所周知，《资本论》涉及的是'客观的思维形式'。"①
然而他又颇为遗憾地说，马克思没有在任何地方解释过这一基本概念。
仅仅在《大纲》中，马克思给出了近似的表达方式，即作为"定在形式
（Daseinsformen）、存在规定（Existenzbestimmungen）"的"经济范畴"，
而这些范畴"常常只是表达了这个一定社会……这一主体的……个别的
侧面"②的表述。那么如何来理解"客观的思想形式"以及它的"定在形
式"和"存在规定"的特征呢？在这里，巴克豪斯认为，这就是马克思在
《大纲》中一再提及的"主体-客体"的统一。在《大纲》中，马克思既指出
过商品不仅仅在单个人的头脑中，又在社会的观念中同时"观念地"转变
为货币③，也指出过资本作为社会劳动的存在，是劳动既作为主体又作
为客体的结合④。客观的思维形式，因此指的就是经由人的活动建构出
的范畴，它是主观的，因为它来源于人的活动；然而它又获得了一种客
观的定在。马克思的"政治经济学批判"因此首先是一种对范畴的现实体
系（Realsystem）的批判，对作为"现实的（！）颠倒借以表现的歪曲形式"⑤
的批判。在这里，我们不得不联想到马克思在描述价值时所使用的概
念："幽灵般的对象性"（die gespenstige Gegenständlichkeit）。将劳动产
品的使用价值等一切可感的属性抽出去之后，还剩下来的那个对象是什

---

① Hans-George Backhaus: *Die Anfänge der neuen Marx-Lektüre*, in: *Dialektik der Wertform*, Freiburg: Ça ira-Verlag, 1997, S. 18.

② 《马克思恩格斯全集》第二版第 30 卷，47—48 页，北京，人民出版社，1995。译文有改动。

③ 同上书，138 页。

④ 同上书，464 页。

⑤ 《马克思恩格斯全集》第一版第 26 卷第三册，499 页，北京，人民出版社，1974。

么？就是人类劳动的凝结，是社会实体的结晶。然而它却是不可感不可见的，只有以一定的表现形式展现自身："研究的进程会使我们再把交换价值当作价值的必然表现方式或表现形式来考察。"正因如此，巴克豪斯引用了马克思在《1844 年经济学哲学手稿》中的一些论述，说明了这种客观的思维形式的关键地位，也从这一角度令人诧异地完成了从成熟时期马克思向青年马克思的深层思想链接：

> 所有这些对于传统马克思主义来说是陌生的判断，最终在一系列看似完全是唯心主义的论纲中达到顶峰："思维和存在虽有区别，但同时彼此又处于统一中"；"主观主义和客观主义，唯灵主义和唯物主义，活动和受动，只是在社会状态中才失去它们彼此间的对立，从而失去它们作为这样的对立面的存在"。①

如果不理解马克思"客观的思维形式"的内涵，不理解价值形式理论所具有的主客二重性内涵，也就不会理解青年马克思的这些乍一看完全是唯心主义的论断。巴克豪斯是否高估了青年马克思的思想深度这个问题我们暂且不管，他的这一解读方式的确令人眼前一亮。作为政治经济学"范畴"批判的马克思的政治经济学批判，在它的研究对象的批判之中完成了主客体的统一。巴克豪斯是这样说的，"政治经济学范畴作为'客观的思维形式'和社会的'定在形式，存在规定'的概念化——这贯彻于

---

① Hans-George Backhaus: *Die Anfänge der neuen Marx-Lektüre*, in: *Dialektik der Wertform*, Freiburg: Ça ira-Verlag, S. 20.

'真实的抽象'（reelle Abstraktionen）之中——似乎将其规定暗示为主观-客观的统一，作为一种超个体的主客统一，一种社会经济的'思想存在统一'的超越个体的有效表现形式"①。——这里我们又看到了关于价值形式的另一个非常重要的表述方式："真实的抽象"。这一概念最早由西美尔在《货币哲学》中提及，后又被阿尔弗雷德·索恩-雷特尔加以运用和发挥。"客观的思维形式""幽灵般的对象性""真实的抽象"这三个重要概念，从不同角度对马克思的价值和价值形式概念做出了精到的描述。之所以精到，就在于这几个概念准确地衔接了"感性的—超感性的""现实的—观念的"、"主观的—客观的"的二重性维度。这一系列概念对（Begriffspaare），连接起社会存在与社会意识，构成对拜物教和意识形态理解的新的方面。也正是在这一意义上，巴克豪斯认为马克思关于"物的人格化与人格的物化"的叙述才能够得到透彻的理解。

此外，对价值形式的"客观的思维形式"的解读，也为重新审视康德与黑格尔的哲学提供了新的角度。其实立足于价值问题审视康德哲学，苏联早期法学家帕舒卡尼斯早在 20 世纪 20 年代就有尝试，而索恩-雷特尔则在 20 世纪 30 年代开始这一问题的研究，并最终在 1970 年发表了他的《体力劳动与脑力劳动》第一版。② 巴克豪斯对这个问题其实并没有专门的深入研究，而是提及了从价值形式的角度探讨康德问题及黑格

---

① Hans-George Backhaus：*Die Anfänge der neuen Marx-Lektüre*，in：*Dialektik der Wertform*，Freiburg：Ça ira-Verlag，S. 20.

② 关于新马克思阅读与阿尔弗雷德·索恩-雷特尔之间的特殊关系，我们会在本章补论中进行专题探讨。

尔对康德的超越的重要性。他借用了德国哲学家弗里德里希·考尔巴赫①与布鲁诺·里布鲁克斯②的研究，探讨了使用价值、价值乃至货币在康德哲学体系中扮演的角色，并肯定了里布鲁克斯的判断，即康德因为对价值和货币等问题的无知，致使他无法发现对象的感性-超感性的二重性存在。这正是马克思的主题，而马克思的主题，也恰恰"只有在一个在'转变了的'哲学概念和提问方式的基础上的范畴体系之中才可能，确切讲就是在黑格尔哲学的框架内"③。因此，马克思关于价值形式问题和拜物教问题的研究，正为经济学研究的对象问题打开了一个社会理论和哲学的大门。

马克思的价值理论本身，就是对于现实社会、劳动过程、生产过程中人与人的关系的理论把握。价值理论因此绝不仅仅是一种经济学理论，而有其哲学的内涵，更是理解马克思社会理论的一把钥匙。以商品、货币、资本这些经济范畴为代表的价值"形式"，本身不再停留于经验现象和主观心理层面上，而是深入到社会关系的层面上。正是在这个意义上，巴克豪斯说："对于马克思来讲，货币并不是一个'单纯的符

<hr/>

① 弗里德里希·考尔巴赫(Friedrich Kaulbach，1912—1992)，德国哲学家，康德研究专家。曾任教于明斯特大学。
② 布鲁诺·里布鲁克斯(Bruno Liebrucks，1911—1986)，德国哲学家。曾在哥尼斯堡和慕尼黑学习哲学、宗教学、历史和地理，1933年以《论主客体关系问题》在哥尼斯堡大学获得博士学位。1959年后在法兰克福大学哲学系任教授并担任系主任。多年从事德国古典哲学研究，尤重康德哲学。代表作有七卷本《历史与意识》。
③ Hans-George Backhaus：*Die Anfänge der neuen Marx-Lektüre*，in：*Dialektik der Wertform*，Freiburg：Ça ira-Verlag，S. 25.

号'，而是表象和真实的复合体：独立个体对象化了的社会联系。"①进一步讲，"马克思对于经济学范畴的批判超越了专业经济学（Fachökonomie）的领域，以哲学范畴而进行的价值形式分析在其功能上可以理解为扬弃了专业经济学的二律背反"②。巴克豪斯继而深入在马克思政治经济学文本中挖掘了这种"价值形式"的辩证法。商品—货币—资本这些价值的形式，背后所存在的仅是一个"物"（Ding），物在生产交换活动中获得了价值的形式，而这些形式似乎也便具有了一种谜一样的外壳，巴克豪斯引用了马克思的话："在商品生产的基础上笼罩着劳动产品的一切魔法妖术。"③而这种魔法妖术，"在自相矛盾的关系中表现了出来，商品是其自身，同时也是与它不同的东西：货币。商品因而是同一性与非同一性的同一。商品本质上等同于货币，然而同时又与它不同。这种'差异性中的同一'，众所周知被黑格尔的术语'二重化'（Verdopplung）来加以指认"④。但是，对于商品和货币的二重化本身的研究，即对于价值的研究，却不应该抽象到形而上学的概念上，而应该在价值的自身差异运动中进行。价值在这个意义上绝非僵死的、无运动的"实体"，而是通过中介的运动不断展现自身的"主体"。面对价值形式的辩证发展，经济学范畴所建造起来的意识形态大厦，必须要找到其基本的结构，剖析其发展的过程。而这就是"二重化"，这种神秘的二重化也只

---

① Hans-George Backhaus：*Zur Dialektik der Wertform*，in：*Dialektik der Wertform*，Freiburg：Ça ira-Verlag，1997，S. 56.

② Ibid.，S. 52.

③ 《马克思恩格斯文集》第 5 卷，93 页，北京，人民出版社，2009。

④ Hans-George Backhaus：*Zur Dialektik der Wertform*，in：*Dialektik der Wertform*，Freiburg：Ça ira-Verlag，1997，S. 53.

有在"人的联系"之中才能够得到破译。在后文中，我们会专门探讨一下"二重化"这一概念如何构成了对马克思价值形式辩证法重建的关键逻辑环节。

(三)价值形式与商品拜物教

在本章第一节第二部分我们已经提到了对价值形式的辩证法的"稀释"，带来了对商品拜物教理解上的简单化的问题。商品拜物教批判和物化批判构成了《资本论》提供给我们的重要"哲学"批判维度，也是我们探讨《资本论》的哲学思想时津津乐道的一点。

巴克豪斯同样关注拜物教问题，他曾明确强调，"我研究的主题在根本上始终只是一个：拜物教问题"①。但是，与以往对于拜物教的研究不同，巴克豪斯向我们揭示了在《资本论》德文第一卷第一版中，对商品拜物教的理解只有建立在对价值形式的理解之上方才可能。马克思对价值形式这一部分的论述，绝非我们以往理解的仅仅是简单枯燥的逻辑推论，巴克豪斯指出，在《资本论》德文第一卷第一版的"价值形式"附录中，商品拜物教实际上只是等价形式的四重特征的第四重规定性而已，然而马克思的通俗化改写，使得价值形式这一逻辑展开的过程被掩盖掉了。等价形式的四重特征是什么呢？ 在马克思《资本论》德文第一卷第一版附录"价值形式"中，简单价值形式就蕴含了全部资本主义生产方式的秘密，而简单价值形式本身就是"等价形式"。马克思在这里论述了等价

---

① Hans-George Backhaus: *Die Anfänge der neuen Marx-Lektüre*, in: *Dialektik der Wertform*, Freiburg: Ça ira-Verlag, S. 34.

形式所具有的四种特征，这四种特征分别是：（1）使用价值成为它的对立面即价值的表现形式；（2）具体劳动成为它的对立面即抽象人类劳动的表现形式；（3）私人劳动成为它的对立面的形式，成为直接社会形式的劳动；（4）商品形式的拜物教在等价形式中比在相对价值形式中更为明显。①

价值形式的完成形式，即货币形式。货币形式在价值形式的辩证法之中具有关键的作用。巴克豪斯说，"人们没有认识到价值理论的基本概念只有在把握了货币理论的基本概念之后才可以理解"②。对货币问题的洞穿，构成了马克思超越古典政治经济学劳动价值论的关键。不是劳动价值论，而是货币才构成了马克思理解资本主义生产方式的起点。只有当商品通过内在矛盾的展现过程，达到货币的完成形式时；当内在于商品的交换价值表现出了它是"哪一个"，从而二重化为货币的时候，劳动价值论才能被真正理解。也正是在此基础上，物化才能够得到认识。

商品拜物教和货币拜物教本身就是不可分割的整体。在巴克豪斯看来，**拜物教仅仅是价值形式辩证法的一个延伸，或者一个天然的结果，不理解价值形式本身的辩证法，就无法理解拜物教**；拜物教并不是马克思学说中最关键的东西，或者说最深刻的东西，最深刻的是价值形式辩证法。

---

① 《马克思恩格斯全集》第二版第 42 卷，811—813、816 页，人民出版社，2016。

② Hans-Georg Backhaus: Zur Dialektik der Wertform, in: *Dialektik der Wertform*, Freiburg: Ça ira-Verlag, 1997, S. 45.

三、"二重化"：重建价值形式辩证法的逻辑环节

说起"二重化"(Verdopplung)概念，我们一定会首先联想到再熟悉不过的马克思《资本论》中使用的"二重性"(Doppelcharakter)概念和"商品的劳动二重性"问题。劳动二重性的发现在马克思政治经济学批判中的重要地位不言而喻，马克思本人曾直言："商品中包含的这种劳动的二重性，是首先由我批判地证明的。这一点是理解政治经济学的枢纽……"①一直以来，对于劳动二重性的讨论几乎都是在政治经济学领域内进行的。这里最具代表性的有苏联学者阿凡纳西耶夫 1980 年出版的围绕马克思劳动二重性概念所写的专著。②

然而"二重化"概念则似乎是一个不同的概念了。这一概念作为马克思价值形式理论的关键逻辑环节，成为政治经济学批判和社会批判理论进行对接的核心范畴，也构成了价值形式讨论与新马克思阅读的政治理论国家衍生争论的重要衔接点。二重化概念也构成了新马克思阅读在辩证方法上向黑格尔的回归的重要中介，正如新马克思阅读的代表人物巴克豪斯所说的，二重化的概念来自于黑格尔。在黑格尔那里，二重化概念也扮演了一个非常重要的逻辑环节。那么，如何审视从黑格尔到马克思，特别是到新马克思阅读那里二重化概念扮演的角色，它是如何将这三个时代的思想对象贯穿起来的，以及如何哲学地审视二重化这个长期以来作为经典的政治经济学的范畴，就是一需要说清楚的问题。在本节

---

① 《马克思恩格斯文集》第 5 卷，54—55 页，北京，人民出版社，2009。
② 参见[苏联]弗·阿凡纳西耶夫：《马克思的伟大发现——劳动二重性学说的方法论作用》，李元亨译，济南，山东人民出版社，1992。

中，我们就尝试对黑格尔的二重化概念进行一个回顾，在此基础上回到新马克思阅读通过二重化而重建的马克思价值形式的辩证法上。

（一）黑格尔的二重化概念

我们将以《精神现象学》和《法哲学原理》两部著作为基础探讨黑格尔的二重化概念，在探讨中还会援引《耶拿实在哲学》的一些内容。通过探讨我们将会发现，黑格尔的二重化概念在探讨主观精神运动的精神现象学中和探讨客观精神运动的法哲学中，具有惊人的同构性。在这里我们将多花些笔墨，因为对黑格尔二重化问题的讨论，将会极大地帮助我们对新马克思阅读的价值形式辩证法的重建以及对国家问题的讨论。

1. 自我意识的二重化特征

黑格尔在《精神现象学》序言中论述他"实体即主体"的哲学方法时，便明确给予了二重化概念在其思想史诗剧中的角色："实体作为主体是纯粹的简单的否定性，唯其如此，它是单一的东西分裂为二的过程或者树立对立面的二重化（Verdopplung）过程，而这种过程又是这种莫不相干的及其对立的否定。"①我们可以发现，这个所谓的"二重化"过程，就是我们以往阐述黑格尔辩证法的核心特征：否定性的发展，矛盾展开的一个结果。或者我们还可以用一个并不十分妥帖的说法：一分为二。这里并非是物理意义上机械地将一个东西分割为两个，而是同一个东西上树立起的对立面，是一种对立统一。黑格尔对二重化概念的这一表述非

---

① ［德］黑格尔：《精神现象学》（上），11 页，北京，商务印书馆，1979。译文有改动。

常重要。因为我们接下来就会发现，在他的《精神现象学》中，他将会无数次地运用这一概念来展开他的辩证方法。

黑格尔无法容忍精神的力量在物自身问题上的无能，他要将物纳入知识之中。[①] 在面对现实的感性确定性时，黑格尔指出了"随处可见的主要差别"，即在感性确定性里，纯有立即分裂为"作为自我的这一个和作为对象的这一个"。[②] 这里我们可以像以往最通行的解释一样说这是纯有的自我矛盾。但是，纯有的两个"这一个"（Diesen）也恰恰已经是二重化的过程了，"这一个"的自我和"作为对象的这一个"的"事物"相互确证。这就是辩证法的展现。换句话说，这里二重化恰恰是一种否定性和间接性逻辑环节的结果，恰恰需要这种否定性和间接性来确立自身，因此二重化的原则也便贯穿下去。感性确定性的辩证发展，也可以被称作一种二重化的发展过程，因为"感性确定性的发展不外是它的运动或者它的经验的简单历史，而感性确定性只不外是这个历史"[③]。所以我们可以说，二重化构成了黑格尔辩证法的重要环节，是否定环节的结果。我们会看到，这一逻辑环节会在全部《精神现象学》中贯穿始终，在其中，最具代表性的就是自我意识的二重化。

当意识认识到了自身也是意识的对象时，意识也就进入自我意识的环节。而自我意识这一真理王国的大门，恰恰是意识二重化的结果——

---

① 其实通过对黑格尔《耶拿实在哲学》的考察我们可以发现，黑格尔在对物的克服、对"物"的探讨中，本身就处于对占有、所有权和人格等概念的探讨之中，所以可以说，对物的探讨这一"精神现象学"工作，从一开始就潜藏了一种社会维度。

② ［德］黑格尔：《精神现象学》（上），64 页，北京，商务印书馆，1979。

③ 同上书，71 页。

某种意义上这也是真正的二重化的结果。①"意识，作为自我意识，在这里就拥有双重的对象：一个是直接的感觉和直觉对象……另一个就是意识自身。"②而自我意识本身的完成，借助于欲望以及欲望的满足这一中介，使得自我意识确信自身变成了客观真理，但是在这里，黑格尔指出，自我意识的这种确信的真理性实际上是二重的反映或者自我意识的二重化。③"一个自我意识是对象，所以它既是一个自我，也是一个对象。"④自我意识的这种矛盾统一，恰恰是一种二重化的展现，是"二重性中同一性的概念"⑤。也正是其精神生命力的展现，所以在这里黑格尔不止一次强调，到了这里精神的世界便展现在我们面前。

对自我意识的二重化的阐述，导向了黑格尔对主奴辩证法的考察。在主奴辩证法之中，黑格尔大量运用了二重性概念。"自我意识是自在的和自为的……它在这种二重性中的统一性概念，亦即在自我意识中实现着自身的无限性概念是多方面的……"⑥自我意识二重性结构中的精神统一性，正是理解承认问题的前提。而承认的问题，就具体展现为主奴辩证法的问题。主奴辩证法的内在逻辑就是，一方面自我意识因认识到另一个自我意识，认识到自我是另一个东西而丧失了自身；另一方面

---

① 之所以说自我意识环节方才有真正的、唯一的二重化，是指自我意识的现实的、法权意义上的另一个同构概念：人格。只有在拥有财产、进行商品生产和交换的人格时，方才是现实的历史的法权意义上的二重化。

② ［德］黑格尔：《精神现象学》（上），117 页，北京，商务印书馆，1979。

③ 同上书，121 页。

④ 同上书，122 页。

⑤ 同上书，122 页。

⑥ 同上书，122 页。

它又因为在这另一个东西上并没有发现真实的存在，进而回复到了自身。这仅仅是第一个二重性过程，主奴辩证法的第二个二重性过程就是，自我意识意识到要回复到自身之后，就必须扬弃另外一个独立存在；然而扬弃另外一个独立存在的同时，自我也被扬弃了，最终在对方身上确证了自身。这是一个否定之否定的结构，这种结构恰恰来自于自我意识的二重性本质：自在和自为。因此自我意识的这种扬弃运动同时是"它自己的活动也是对方的活动"，所以扬弃的行动本身也是具有二重性意义的。"承认"在自我意识的二重性结构上得到完成，因为它就是自我意识二重性的统一结构的这一纯粹概念。这就是主奴辩证法的逻辑结构前提。在《精神现象学》中，除了我们已经探讨过的，二重化伴随着黑格尔辩证法的展开一再发挥出自己的作用。在黑格尔这里，二重化恰恰是矛盾和否定的结果，这种矛盾和否定，首先就体现为"自在"和"自为"的二重性结构。理解黑格尔二重化概念的关键还在于，事物内部矛盾的斗争在黑格尔这里从不是某一方取代另一方，而往往是二重化出第三者，从而构成了黑格尔辩证法的动力学。因此，二重化是黑格尔辩证法至关重要的逻辑环节。而与此同时，二重化所揭示的黑格尔辩证法的另一重重要维度就是，它某种意义上也恰恰是矛盾不可调和的环节。

2. 市民社会与国家的二重化

在黑格尔的二重化问题上，最为人熟知的是在《法哲学原理》中关于市民社会和国家的二重化。但是这一讨论实际上早在黑格尔的 1805—1806 年的《耶拿实在哲学》中就已经明确提出，在其中黑格尔论述到"同样的这些人为他们自己和他们的家庭劳动、缔结契约等，同时又为公共而劳动，将公共作为目的。在前一方面他被称作布尔乔亚（bougeois），在后一方面他被称作公民（citoyn）"①。在 1821 年出版《法哲学原理》中，二重化具体展开在法权问题上。这种展开从《精神现象学》中那样抽象和微观的主观精神，走向了更多展现为总体性结构性的客观精神。我们可以进行一个大胆的推断，在《精神现象学》中自我意识的二重化，恰恰是社会分工以及法权社会之中人的二重化的抽象表达。在这一著作中，黑格尔贯穿始终所关注的是普遍性（Allgemeinheit）和特殊性（Besonderheit）的矛盾问题。这一矛盾最终在市民社会和国家的关系问题上得到了最集中的体现。也正是在这一部分，黑格尔法哲学之中的二重化问题得到了展开。

黑格尔伦理部分的第一个伦理实体，即作为直接的、自然的伦理精神的家庭。在家庭形式之中人扬弃了作为法权面具的人格而处于一种伴有爱与感性的整体。然而家庭的解体导致所有的个人都不得不以独立自主的人格，② 在需要的体系之中来达成相互之间的联系，这样市民社会就形成了。市民社会的特征，就是"各个成员作为独立的单个人的联合，这种联合是通过成员的需要，通过保障人身和财产的法律制度，和通过维护他们的特殊利益和公共利益的外部秩序而建立起来的"，而这些法律制度和外部秩序，恰恰是市民社会二重化出来的"外部国家，即需要

---

① Georg Wilhelm Friedrich Hegel：*Frühe politische Systeme*，Ullstein Verlag，1974，S. 266.

② 这里值得一提的是黑格尔对家庭解体原因的解读。在黑格尔看来，家庭解体的原因是子女的成长并获得了法律的人格，可以获得自己的自有财产。这一判断中更为深刻的原因其实是独立的法律的"人格"中所包含的社会规定性，也就是说，家庭解体的真正原因恰恰是市民社会的形成，而非家庭解体之后方才形成市民社会。然而黑格尔为服务于其体系的建构，并未采取这一逻辑顺序。

和理智的国家"①。作为在家庭和国家之间的差别阶段，市民社会本身就以国家为前提，② 它是家庭和社会之间的逻辑环节，但这里重要的是它与国家恰恰构成了二重化的结构。与此同时，市民社会的第一个环节："需要的体系"(Das System der Bedürfnisse)，恰恰揭示的是近代资本主义社会分工和交换的体系，也正是在这里，黑格尔交代了他的政治经济学知识背景，这里便包括斯密、萨伊和李嘉图。③ 在需要的体系中，为了满足自己的主观特殊性，自己的需要必须通过满足他人的需要，在普遍性之中得到满足。这里，使用价值和交换价值的二重性结构其实已经呼之欲出了。④

但是，黑格尔在《法哲学原理》导言中道出了一个关键的判断："人们往往会把这一阶段即市民社会看作国家，其实国家是第三阶段、即个体独立性和普遍实体性在其中完成巨大统一的那种伦理和精神。"⑤这里就涉及了市民社会的二重化的问题，人们为何往往把市民社会看作国家？这其实恰恰是现实。需要体系之中，即以分工为基本结构的商品生产社会之中，为保障商品生产及交换的一系列治理手段，例如警察(Polizei)等，就已经是现实之中人们以为的现实的国家了，这里，其实就已经出现了黑格尔法哲学之中的二重化问题，即市民社会的二重化：

---

① ［德］黑格尔：《法哲学原理》，198 页，北京，商务印书馆，1961。

② 同上书，197 页。

③ 同上书，204 页。

④ 实际上黑格尔在《法哲学原理》中也已经在亚当·斯密的影响下对使用价值和交换价值的区分进行了探讨。参见［德］黑格尔：《法哲学原理》，70—71 页，北京，商务印书馆，1961。

⑤ ［德］黑格尔：《法哲学原理》，43 页，北京，商务印书馆，1961。

国家。然而黑格尔却说这还不是真正的国家，真正的国家其实是要超越这一结构，建立起真正能够弥合市民社会内部矛盾的作为伦理和精神的国家。也正是通过这个手段，来完成对特殊与普遍之矛盾张力的化解。在这里，恰恰体现出二重化的逻辑结构。市民社会二重化出了国家，但这个现实的国家与市民社会的内在结构相统一，是市民社会的一体两面。因此这一国家根本无法消弭市民社会中出现的矛盾和对立。这里，就有对"贫困"和"贱民"问题的分析。市民社会的内在问题制造出了贱民，贱民恰恰是其普遍与特殊结构冲突、市民社会内在矛盾的结果，如何解决这一问题？黑格尔一开始含糊其词地将原因归结为"偶然的、自然的和外部关系中的各种情况"[①]。而贫困到达一定水平，就会"自然而然地"形成贱民。[②] 黑格尔还指出了各种社会慈善福利对贫困与贱民问题的治理的不可能性："尽管财富过剩，市民社会总是不富足的，这就是说，它所占有而属于它所有的财产，如果用来防止过分贫困和贱民的产生，总是不够的。"[③]这里，贫困和贱民的问题显示出市民社会和国家的无力，所以黑格尔的论述到此就结束了，因为对这一无力境况，黑格尔实际上是无从解决的。[④] 最终黑格尔掏出的是精神的、真理王国的针线来缝补这一漏洞。而在这里，恰恰体现出了黑格尔二重化概念的问

---

① ［德］黑格尔：《法哲学原理》，243 页，北京，商务印书馆，1961。

② 同上书，244 页。

③ 同上书，245 页。

④ 然而有趣的是，黑格尔随后就开始了对殖民的探讨。结合对殖民主义的既有认识我们知道，这种殖民恰恰是解决先发资本主义国家内在矛盾的方法。然而黑格尔在此时还无法自觉地将这两个问题联系起来。

题：二重化是内在矛盾的产物，这种内在矛盾是否可以永远被调和？①

正是在这个问题上，马克思向前走了一步。

(二)马克思的劳动"二重性"

相对于"二重化"概念，我们更为熟悉的是马克思的劳动的二重性理论，在这一部分我们先讨论一下"二重性"(Doppelcharakter)的问题。马克思的最重要的贡献就在于发现了生产过程中的二重性，而非商品中所蕴含的使用价值和交换价值的二重性。商品中的这种二重性，其实在亚当·斯密那里就已经得到了揭示，而且也已经被黑格尔所注意。正如我们上文所言，黑格尔对市民社会中的需要的体系的论述，说的就是社会分工之中人格与人格之间需要相互满足的辩证法。只是在黑格尔这里到了对普遍和特殊的讨论，发现了这其中的矛盾和冲突，以及产生的贫困和贱民的问题之后，就戛然而止了。受黑格尔影响，青年马克思在《黑格尔法哲学批判》和《论犹太人问题》中，自然也涉及了市民社会和国家的二重化(分离)问题。当时马克思敏锐地把握到，市民社会和国家的二重化问题，只有通过"人类解放"，即完成抽象的公民和独立自主的个人在"类存在"之上的统一，将人自身的社会力量复归于人自身之上方才能够完成。② 然而这样的主张更多是一种价值层面的主张与宣言，它还没有进入科学的领域，也就是进入具体的政治经济学批判。

---

① 关于黑格尔论"贱民"与"贫困"问题，德国青年学者弗兰克·鲁达(Frank Ruda)的《黑格尔的贱民》(2009年)做出了深入的研究，此书在德国学界产生了较大的影响。

② 《马克思恩格斯全集》第二版第 2 卷，189 页，北京，人民出版社，2005。

在《资本论》第一卷第一篇中马克思说："商品中所包含的这种劳动的二重性，是首先由我批判地证明了的。这一点是理解政治经济学的枢纽。"①马克思的劳动二重性理论为何重要？因为只有对商品之中所蕴含的劳动二重性的揭示，方才可以走向对资本主义生产过程的分析，从而完成对剩余价值生产的剖析。而对剩余价值生产的剖析，正是对黑格尔市民社会讨论中所无法克服的贫困和贱民问题的解决，或者说是解释。而反过来需要说的是，马克思在对商品的分析之中，已经带着对商品的资本主义生产方式，以及对剩余价值的完整理解来写作了，这正是马克思从抽象到具体的方法展现的一个方面。

关于劳动的二重性，马克思是这样说的："一切劳动，从一方面看，是人类劳动力在生理学意义上的耗费；就相同的或抽象的人类劳动这个属性来说，它形成商品价值。一切劳动，从另一方面看，是人类劳动力在特殊的有一定目的的形式上的耗费，就具体的有用的劳动这个属性来说，它生产使用价值。"②这一段将我们以往对商品的劳动二重性和商品之中包含的二重性问题清楚地指出来。一切劳动，同时都是抽象劳动和具体劳动的总和，或者说一切劳动都可以二重化为抽象劳动和具体劳动，而抽象劳动是商品价值（交换价值）的源泉；具体劳动是使用价值的源泉。马克思进一步论述了商品这一二重物的二重的形式（Doppelform）：既是使用物品又是价值承担者，因此同时具有自然形式（Naturalform）和价值形式（Wertform）。这里的困难之处就在于，商品的价值

---

① 《马克思恩格斯文集》第5卷，54—55页，北京，人民出版社，2009。

② 同上书，60页。

形式、价值物（Wertding）的方面是人在感性中无法把握、无法触及的。而价值物、价值形式的理解，对价值对象性的理解，只有在商品和商品的社会关系中才能完成。这种社会关系，就具体表现为相对价值形式和等价形式之间的辩证关系。因此马克思继续走向了对相对价值形式和等价形式的考察，并最终通过这一对概念的分析得到了作为第三者的一般等价物，这个一般等价物最终向货币进行了过渡。

在阐明了商品之中所包含的劳动的二重性这一前提之后，对剩余价值生产的讨论便得以展开。商品之中的劳动二重性，以及它们所带来的商品流通和货币流通，是剩余价值生产的必要而不充分条件，是它的逻辑前提；然而只有在一定历史条件下资本主义生产过程才会出现，这一历史条件就是："只有当生产资料和生活资料的占有者在市场上找到出卖自己劳动力的自由工人的时候，资本才会产生；而单是这一历史条件就包含着一部世界史。"[1]这一条件，就是劳动力这一特殊商品的产生。劳动力兼具交换价值和使用价值，它的交换价值，"也是由生产从而再生产这种独特物品所必要的劳动时间决定的"[2]。而劳动力的使用就是劳动本身，劳动就是劳动力的使用价值。在生产过程中，劳动过程和价值生产过程相同一，这一点，马克思在《政治经济学批判大纲》中以哲学的方式，定义为活劳动（Lebendige Arbeit）和对象化劳动（Vergegenständliche Arbeit）。正因为劳动力蕴含的这种二重性特征，其也可以作为商品而出售。"具有决定意义的，是这个商品独特的使用价值，即它是价值的源

---

[1] 《马克思恩格斯文集》第5卷，141页，北京，人民出版社，2009。

[2] 同上书，198页。

泉，并且是大于它自身的价值的源泉。"①在这里，劳动力商品的二重性，恰恰跟马克思在《资本论》开篇中解释清楚的"商品中的劳动的二重性"没有任何差别，正是在这个意义上，马克思说，资本家是"按照商品交换的各个永恒规律行事的。事实上，劳动力的卖者，和任何别的商品的卖者一样，实现劳动力的交换价值而让渡劳动力的使用价值"②。故而，资本家购买工人的劳动力所付出的工资在形式上是绝对平等的，他所购买的，就是工人的劳动力能够创造价值这一使用价值。马克思在《资本论》中讲了漫长的故事之后，终于对我们说："把较少的货币变成了较多的货币，把自己的商品转化为资本。"③这个戏法中，遵循的就是马克思已经彻底分析过了的商品中的劳动的二重性及其产物：商品中的使用价值和交换价值的原则在交换中的各个规律。所以马克思说："商品交换的各个规律也丝毫没有违反。"④故而，马克思说，"作为劳动过程和价值形成过程的统一，生产过程是商品生产过程；作为劳动过程和价值增殖过程的统一，生产过程是资本主义生产过程，是商品生产的资本主义形式"⑤。

所以我们可以说，马克思对商品之中所蕴含的劳动二重性即商品的二重形式的探讨，放置于《资本论》的总体逻辑之中，实际上恰恰是为了探求资本主义生产过程，商品生产的资本主义形式的秘密这一目的。

---

① 《马克思恩格斯文集》第 5 卷，225—226 页，人民出版社，2009。
② 同上书，226 页。
③ 同上书，189 页。
④ 同上书，227 页。
⑤ 同上书，229 页。

(三)观念的二重化与现实的二重化：价值形式的内在逻辑结构

新马克思阅读的另一位重要开拓者，巴克豪斯的合作伙伴莱希尔特在他 1973 年出版的博士论文《论马克思资本概念的逻辑结构》(Zur logischen Struktur des Kapitalbegriffs bei Karl Marx)中，以二重化概念为核心，研究了商品、货币以及资本这些价值形式的内在辩证发展关系。莱希尔特在对马克思的价值形式理论及其辩证方法问题上与巴克豪斯保持了高度的一致。他同样认为马克思在对《资本论》的改写中将价值形式的辩证法、价值实体向价值形式的过渡问题遮蔽了；他也同样认为马克思《资本论》第一篇所进行的方法并非"逻辑和历史相统一"，并不存在一种对简单商品生产进行描述的"历史的方法"，而是在对商品"简单流通"分析之中所运用的辩证的方法。与巴克豪斯更多的是在提出问题不同，莱希尔特沿着巴克豪斯提出的问题将马克思的辩证方法解释了出来，这就是对价值形式内在辩证运动问题的具体细化研究。在这里，就体现在对"二重化"的研究上。

如果说"二重性"概念是一个静态的特征性描述概念的话，那么"二重化"概念则是一个具有动力学意义的发展性概念，是一个具备了主体性的概念。这个主体性的概念，正是马克思在《资本论》中所讲的"价值不断地从一种形式转化为另一种形式，在这个运动中永不消失，这样就转化为一个自动的主体"[①]这一意义上的主体。新马克思阅读强调的是马克思的二重化概念，而非二重性概念，正是从将价值作为主体的角度加以强调的。在马克思那里运用的"二重化"概念是怎样的呢？我们先来

① 《马克思恩格斯文集》第 5 卷，179 页，北京，人民出版社，2009。

看马克思对"二重化"的运用。

1. 简单流通与马克思的"二重化"概念

在《资本论》第一卷"商品和货币篇"中，马克思多次使用了二重化概念，而且这种使用，主要指的是使用价值的二重化，也就是商品向一种特殊商品即货币的二重化。"商品本来就是一个二重物，使用价值和价值，有用劳动的产品和抽象劳动的凝结物。为了表示出它是哪一种，它必须把它的形式二重化。……如果对两个商品的关系从质的方面进行考察，就会在那种简单价值表现中发现价值形式的秘密，从而简单地说，发现货币的秘密。"①商品内在矛盾使其必然二重化为商品和货币，货币也是商品，但却是一种特殊商品，是体现了交换价值的商品。正是在这个意义上马克思在如下引文中运用了"二重化"概念："为了交易，需要这一对立在外部表现出来，这就要求商品价值有一个独立的形式，这个需要一直存在，直到由于商品分为商品和货币这种二重化而最终取得这个形式为止。"②以及"货币商品的使用价值二重化了。……它作为商品具有特殊的使用价值，如金可以镶牙，可以用作奢侈品的原料等等，此外，它又取得一种由它的特殊的社会职能产生的形式上的使用价值"③。"在商品生产的基础上，为什么劳动产品必须表现为商品，因为商品的表现包含着商品分为商品和货币商品这种二重化。"④但是，这种二重化是如何具体展开的呢？这个问题的回答，就是对价值实体向价值形式过

---

① 《马克思恩格斯全集》第二版第 42 卷，40—41 页，北京，人民出版社，2016。

② 《马克思恩格斯文集》第 5 卷，106 页，北京，人民出版社，2009。

③ 同上书，109 页。

④ 同上书，114 页注释。

渡的回答。

价值向价值形式的发展，以及在这一发展中所展现出的二重化运动结构，是在简单流通之中进行的。正因此马克思说，"交换过程造成了商品分为商品和货币这种二重化，即造成了商品得以表现自己的使用价值和价值(外部用货币表示)之间的内在对立的一种外部对立(即商品所表现的使用价值和货币所表现的价值的对立)"①。莱希尔特在《逻辑结构》一书的新版前言中首先强调了设定"简单流通"这一探讨对象的重要性。莱希尔特首先指出了马克思在《大纲》中所划分的"产生交换价值的交往"(Tauschwertsetzenden Verkehr)和"产生交换价值的劳动"(Tauschwertsetzenden Arbeit)，前者就是马克思所讲的"简单流通"——这一概念马克思在《大纲》之后就极少使用了；而后者则可以被视作劳动二重性的最初表达。莱希尔特自然将重点落在了前者上。因为这一概念一方面只有在一种历史的维度中才能被理解，然而却不是在一种片面的历史分期中理解，而只有作为"一种发展的逻辑和一种发展的动力学的交织"②才能被理解；另一方面，马克思将简单流通和"资本总生产过程的一种'外观'(Oberfläche)的构想联系在一起，而这显然完全指向了黑格尔的逻辑学"③。可以看到，莱希尔特和巴克豪斯一样，主张从形式的、交往的环节来审视价值的辩证运动。对价值"形式"问题的重视，和对"简单流通"的重视一样，构成了新马克思阅读对马克思政治经济学批判

---

① 《马克思恩格斯文集》第5卷，125页，北京，人民出版社，2009。

② Helmut Reichelt: *Zur logischen Struktur des Kapitalbegriffs bei Karl Marx.* Freiburg：Ça ira-Verlag 2001，S. 9.

③ Ibid.，S. 9-10.

的重要维度。莱希尔特明确说道："马克思的政治经济学批判并非存在于一种所谓的劳动价值论的新形态中，而是存在于这种现实的颠倒和独立化的理论发展中——这将马克思的经济学批判和其他的经济学区别开。"①因此，作为政治经济学"范畴"批判的马克思政治经济学批判，就在于将这种来自一种"现实的原则"（realen Prinzip）的独立化描述为逐步展开的起源学的发展（genetische Entwicklung）。这种"现实的原则"，阿多诺将之称作"交换原则"。对这一真实的原则即交换原则所衍生出的经济范畴内在结构的分析，就是新马克思阅读所认为的马克思的重要任务。这一内在结构就是二重化。

和巴克豪斯一样，在莱希尔特眼里，也只有逻辑贯穿始终的"一个马克思"。这首先就体现在马克思的二重化思想上。巴克豪斯挖掘出了青年马克思在货币问题上洞见的普遍与特殊、抽象与具体的矛盾；而莱希尔特则认为，在青年马克思的《论犹太人问题》《经济学哲学手稿》和《德意志意识形态》等文本中，就已经意识到这一重要问题：世界二重化为世俗的市民社会和观念的超越性结构，是世俗世界的自我分裂和自我矛盾的结果。在此基础上，马克思才开始试图把握市民社会的不同各层次，而这一问题也最终将马克思推向了政治经济学批判领域的价值和货币理论的研究。② 所以在莱希尔特看来，青年马克思所意识到的二重化结构，是和成熟时期马克思对商品二重化为商品与货币的结构的研究是内在一致的。这种一致性，莱希尔特认为在《大纲》中最为清楚地展现了

---

①　Helmut Reichelt: *Zur logischen Struktur des Kapitalbegriffs bei Karl Marx*. Freiburg: Ça ira-Verlag 2001. S. 11-12.

②　Ibid., S. 150.

出来。在对价值和货币的研究之中，资本主义社会中的财富、商业活动、利息、生息资本等范畴的批判研究，就构成了对资本主义社会的批判研究。在这个意义上可以说，经济学范畴的辩证叙述形式（Darstellungsform），同时就是对历史地产生出资本主义的相应展现形式。

　　二重化是在流通和交换的背景中进行的。而流通和交换就涉及分工和社会劳动分配的问题。莱希尔特认为，价值就是社会总劳动在单个商品生产上的表现。供社会总体支配的劳动时间，按照特定需要结构的条件被分配到不同的生产分支上，这只有在不同的产品作为在量上不同的特征而表现这一统一体的时候，才有可能。这就是马克思价值和货币理论的核心思想。① 正是在这个意义上莱希尔特将马克思的价值概念和黑格尔的"需要体系"联系在一起，在个体对"需要体系"的依赖中，个体的具体的感性生产同时就是为了所有他人的生产。② 在个体的活动中同时展现出了他们活动的社会特征，然而关键的是这一切都是不自觉的——"他们没有意识到这一点，但是他们这样做了"（Sie wissen es nicht, aber sie thun es）③。而这正是异化形式和颠倒的根源。

　　2. 观念的二重化与现实的二重化

　　当分析价值向价值形式，商品向货币形式的过渡时，莱希尔特具体提出了"观念的二重化"（Ideelle Verdopplung）和"现实的二重化"（Wirkliche Verdopplung）的观点。莱希尔特通过马克思的一句话来引出

----

① Helmut Reichelt：*Zur logischen Struktur des Kapitalbegriffs bei Karl Marx*. Freiburg：Ça ira-Verlag 2001. S. 161.

② Ibid. , S. 164.

③ 《马克思恩格斯文集》第 5 卷，91 页，北京，人民出版社，2009。

这一问题。在《资本论》德文第一版中，在结束了对商品中包含的劳动二重性这一问题的探讨，开始进入"商品的交换过程"这一部分之前，马克思说："商品是使用价值和交换价值即两个对立面的直接统一。……因而，它是一种直接的矛盾。……一旦对商品的分析不是像迄今所做的那样，时而从使用价值的角度来考察，时而从交换价值的角度来考察，而是让它作为一个整体真正同其他商品发生关系，这一矛盾就必然会展开。……然而，商品互相之间的实际关系就是它们的交换过程。"[①]马克思对资产阶级政治经济学家们的批判，一个核心要点就是他们没能从私人劳动的结构中推导出货币形式，并将价值尺度、流通手段的形式和支付手段的形式完全对立起来，外在地把握这几种规定性。而在马克思那里所要做的正是从价值概念这一前提出发，分析政治经济学范畴的叙述形式（Darstellungsform），超越对这些范畴的外在把握。在这个意义上，这三种规定正是商品相互发生关系，从而展开其矛盾的过程。剖析从商品"推导出"（ableiten）货币的过程，也就是二重化的过程，正是莱希尔特认为的马克思价值理论的主要工作。

在货币的第一个功能价值尺度之上，是观念的二重化。正如马克思在《资本论》中指出的，"决定性的重要之点是要发现价值形式、价值实体和价值量之间的内在必然联系，也就是从观念上说，要证明价值形式产生于价值概念"[②]。价值实体向价值形式的过渡，首先是在观念上进行的。当一个商品排除自己具体的使用价值即自然形式，通过与另一个

---

① 《马克思恩格斯全集》第二版第 42 卷，65 页，北京，人民出版社，2016。
② 同上书，54 页。

商品的等同关系来表示自己的价值时，它就和作为使用价值、自然形式的自我相分离。分离之后所留下的"透明的结晶的劳动凝结物"是什么？就是与这一商品的直接存在不同的价值形式。这一价值形式在这个环节中，纯粹是观念的："本身是抽象的，没有其他的质和内容的人类劳动的对象性，必然是抽象的对象性，是观念的物。"①产品成为商品，商品在流通中成为交换价值，到这里"观念的二重化"才发生了。莱希尔特引用马克思《大纲》中的话："产品开始在头脑中取得了二重存在。……这种观念上的二重化造成（并且必然造成）的结果是，商品在实际交换中二重地出现：一方面作为自然的产品，另一方面作为交换价值。"②观念的二重化，也就是"货币或商品流通"中的"价值尺度"也即"价格形式"（Preisform），莱希尔特将价格形式称作"货币的第一个规定性"。这一规定性正是在观念的二重化中完成的："价格已经确定的商品具有双重形式，实在的形式和想象的或观念的形式。"③"当商品只是在观念上用货币来表现自己的价值时，它也是用想象的或观念的货币来表现自己的价值。因此，价值尺度只是作为想象的观念的货币的货币。"④"价格只是商品的观念的价值形态。"⑤

观念二重化的下一个环节，就是现实的二重化。所谓现实的二重化，即作为观念二重化结果的交换价值观念形式，在真实的交换中的实

----

① 《马克思恩格斯全集》第二版第 42 卷，38 页，北京，人民出版社，2016。
② 《马克思恩格斯全集》第二版第 30 卷，94 页，北京，人民出版社，1995。
③ 《马克思恩格斯全集》第二版第 42 卷，78 页，北京，人民出版社，2016。
④ 同上书，79 页。
⑤ 同上书，83 页。

现和外化。莱希尔特是这样总结的：只有在和一个真正的使用价值的交换中，商品占有者的商品才能够实现为交换价值。二重化在此过程中成了一种二重的二重化(eine doppelte Verdoppelung)。① 马克思在《政治经济学批判》第一分册中，有这样的表述："如果说，商品为了彼此表现为交换价值而把它们的存在这样地二重化了，那么，作为一般等价物分离出来的商品也把它的使用价值二重化了。这个分离出来的商品除了它作为特殊商品所具有的特殊使用价值以外，还获得了一种一般使用价值。它的这种使用价值本身是形式规定性，就是说，是从它在交换过程中由于其他商品对它的全面行动所起的特殊作用产生的。"②这一具有一般使用价值的特殊商品，是对商品内在矛盾的现实解决，在它之上既有特殊的使用价值，同时又可以作为一般等价物。但是这一特殊商品之上的使用价值成为一种"单纯的形式存在"，需要转换才可以得到。"这样代表一切商品的交换价值的最适当的存在的特殊商品，或者说，作为一种分离出来的特殊商品的商品交换价值，就是货币。"③现实的二重化，推导出了货币的范畴。商品的使用价值只有当"观念的二重化成为现实的二重化"时，也就是通过商品从想象的一定量的金成为现实的金而变成它的价格，才能够实现。就是在这一形式转换过程中，金(Gold)成了货币(Geld)，以货币的形式发生作用。"交换过程造成了商品分为商品和货币这种二重化，即造成了商品得以表现自己的使用价值和交换价值之间

---

① Helmut Reichelt: *Zur logischen Struktur des Kapitalbegriffs bei Karl Marx.* Freiburg: Ça ira-Verlag 2001，S. 179-180.

② 《马克思恩格斯全集》第二版第 31 卷，440—441 页，北京，人民出版社，1998。

③ 同上书，442 页。

的内在对立的一种外部对立。在这种外部对立中，作为使用价值的商品同作为交换价值的货币对立着……商品实际上是使用价值，它的价值存在只是观念地表现在价格上，价格使商品同对立着的金发生关系，把金当做自己的实际的价值形态。反之，金这种物质只是充当价值化身，充当货币。……商品的这些对立的形式就是它们的交换过程的实际的运动形式。"[1]"金成为观念的货币或价值尺度，是因为一切商品都用金来计量它们的价值，从而使金想象地成为它们转换的使用形态或价值形态。金成为实在的货币，是因为商品通过它们的全面让渡使金成为它们的实际转换或转化的使用形态，从而使金成为它们的实际的价值形态。"[2]莱希尔特将现实的二重化过程，定义为"货币的第二个规定性"，也就是作为流通手段。因此，商品向商品和货币的二重化方才经由观念的二重化和现实的二重化两个环节得以完成。

3. 货币的第三个规定

需要注意的是，当现实的二重化刚刚完成，获得货币的第二个规定性"流通手段"时，"货币"还处于"铸币"（Münze）的阶段，即金银等贵金属直接的现实化，还没有成为一种纯粹符号意义的"货币"。只有当相对无价值的物，如纸张，作为金货币（Goldgeld）发挥作用时，金的铸币定在脱离了金的实体的过程才真正完成。

货币的第三个规定，即"货币"（Geld）。莱希尔特强调，货币第三个规定性的发展，是范畴展现的关键过渡。"货币"这一规定，是货币第一

---

① 《马克思恩格斯全集》第二版第 42 卷，86 页，北京，人民出版社，2016。

② 同上书，91 页。

个规定"价值尺度"和第二个规定"流通手段"的统一，可以说是黑格尔意义上的"合题"。不论在《大纲》中还是在《资本论》中，马克思都已经阐述了作为前两个规定性的统一的货币的第三个规定之中，"已经潜在地包含了货币作为资本的规定"①。"二重化建立在自我矛盾的世俗基础之上；只有当人对自然的支配以颠倒的方式发生的条件下；只有当人类的生活成为个体生活的手段，人的共同本质才能够也必然以颠倒的方式表现出来。在这一语境中，从根本上讲对货币第三个规定的分析是从中推导出来的继续发展。"②

实际上，莱希尔特所做的工作，更多是基于马克思文本材料的一种重新阐释。在马克思的政治经济学批判手稿之中，莱希尔特找到了贯穿始终的逻辑，重建了从价值实体到价值形式的过渡，即二重化逻辑结构。而这种二重化结构在莱希尔特的阐释中，一方面将青年马克思"市民社会的分裂"以及异化的问题式和成熟时期马克思的价值理论研究结合起来；另一方面又视角独特地将马克思与黑格尔紧密地联合起来。二重化，实际上就是范畴的"推论""衍生"（Ableitung）的具体逻辑展现。商品二重化为商品和货币（特殊的商品），市民社会二重化为国家，货币是商品在"简单流通"中"衍生"出来的；国家是市民社会衍生出来的。商品的内在矛盾，只有在商品交换的逻辑前提中才能展现出来。市民社会的内在矛盾，也只有在国家的形式上才能够出现。

在新马克思阅读这里，商品二重化为价值物，商品到货币的过渡，

---

① 《马克思恩格斯全集》第二版第 30 卷，169 页，北京，人民出版社，1995。

② Helmut Reichelt: *Zur logischen Struktur des Kapitalbegriffs bei Karl Marx*. Freiburg：Ça ira-Verlag 2001, S. 223.

其根本原因就在于社会劳动的自我分裂和自我矛盾。在这个意义上，新马克思阅读实际上与黑格尔对市民社会需要体系之中的二重化问题遥相呼应。在莱希尔特如下的归纳总结中清楚地揭示了这种联系：

> 让我们再次总结一下马克思价值理论的基本问题。个体参与到一个全面依赖性的体系之中，参与到"需要的体系"之中，借助于依靠他们具体的感性生产来和所有其他人的生产联系起来。在他们劳动的内容上展现出了他们活动的社会特征，他们的劳动已经是社会的生产，但是，关键在于，这是无意识的社会生产。只有在生产的社会特征同样也表明出来的时候，个体才能以社会的方式，同时又相互独立地进行生产，虽然处于一种在特定形式上符合社会生产的异化形式的形态中。我们迅即发现我们处于这种结构的神经网络中心，这一结构我们在马克思全部早期著作中已经看到了：人的共同本质表现在异化的形式下，因为在对自然占有的颠倒形式中，人类的生命甚至变成了个体生命的手段。马克思早期著作和晚期著作的这种联系在《大纲》中展现得更为清楚。①

如果说巴克豪斯的《价值形式的辩证法》一文，以及后来的《马克思价值理论重建材料》更多强调了马克思对《资本论》的通俗化改写，致使其中辩证法方法缺失，进而带来在正统马克思主义和学院经济学等领域

---

① Helmut Reichelt：*Zur logischen Struktur des Kapitalbegriffs bei Karl Marx*. Freiburg：Ça ira-Verlag 2001，S. 164.

的诸多理论谬误的话，莱希尔特的《马克思资本概念的逻辑结构》一书方才直接将巴克豪斯一再强调的那个辩证法方法透彻而全面地描绘了出来。一个区别于"二重性"概念的"二重化"概念，更多具有黑格尔逻辑学的色彩，并具有一种主体性的动力学的维度，虽然这一切都是在纯粹的逻辑中完成的。二重化概念，和"推论"（Ableitung）概念一起，构成了新马克思阅读理解马克思价值形式的辩证法，乃至探讨马克思的国家理论的有力工具。这种阐释方法相对于 20 世纪 60 年代前后苏东的阐释方式也极具特色。

四、补论：索恩-雷特尔、阿多诺与新马克思阅读：围绕　　价值形式理论的过渡

从目前掌握的材料来看，并没有证据表明新马克思阅读在研究开端上受到了阿尔弗雷德·索恩-雷特尔的直接影响。巴克豪斯直到 1974 年发表的《马克思价值理论重建材料》第一部分中，才提及索恩-雷特尔的理论工作。之所以如此很可能是因为索恩-雷特尔的主要著作如《脑力劳动与体力劳动：西方历史的认识论》直到 1970 年才陆续发表并产生影响。在此之前，他的理论工作基本上都保留在一份份草案构成的思想实验室中，极少为人所知。所以，新马克思阅读与索恩-雷特尔的相遇，在事实上直到 20 世纪 70 年代才发生。更有趣的是，1978 年，莱希尔特正是在索恩-雷特尔的积极争取下获得了不来梅大学的教席，而在 1989年出版的《脑力劳动与体力劳动：西方历史的认识论》第二版中，索恩-

雷特尔还特别称赞了莱希尔特的"杰出研究"①。因此，我们会发现新马克思阅读与索恩-雷特尔在理论研究上存在的惊人的共同点和交集。这首先体现在，他们的理论工作首先都集中在马克思以《资本论》及其手稿为核心的价值形式理论上；其次，他们拥有一个极为重要的共同中介，也就是阿多诺。索恩-雷特尔年长于阿多诺，在 20 世纪 30 年代曾在思想上给予阿多诺很大的影响；而新马克思阅读的代表人物巴克豪斯和莱希尔特，则都是阿多诺的学生。那么人们自然要追问，索恩-雷特尔和新马克思阅读在马克思价值理论研究上有何异同？他们各自和阿多诺思想的关系又是什么？

可以说，索恩-雷特尔有一个宏大的理论抱负。他想要运用他所理解的历史唯物主义的根本规律，来重新阐释整个人类思想史。在他看来，"历史唯物主义的根本规律是价值规律"②。而价值规律，恰恰构成了理解人类社会的"现实抽象"（reale Abstraktion）的根本；"现实的抽象"，也就构成了"思想抽象"的唯物主义基础。因为"商品抽象的本质是，它不是由思想家创造出来的，它的起源不在人的思维之中，而在人的行动之中"③。那么好了，价值规律的"现实抽象"是如何具体呈现的呢？这里就涉及政治经济学的基本对象，商品和货币（也就是价值的形式）的分析。这里，索恩-雷特尔运用的是"交换抽象"，也就是说，恰恰首先是在商品的交换之上，体现出了这种现实维度的抽象。"在社会网

---

① ［德］阿尔弗雷德·索恩-雷特尔：《脑力劳动与体力劳动：西方历史的认识论》，谢永康、侯振武译，13 页，南京，南京大学出版社，2015。

② 同上书，4 页。

③ 同上书，9—10 页。

络被化约为商品交换的地方，人们所有物质和精神生活的活动必然产生一个真空地带，他们与一个社会关联便在其中弥漫开来。通过这样一种行为，商品交换纯粹就是社会化本身。"①商品交换这一具体的人与人之间进行的现实的、可感的行为，背后隐藏着的却是一种不可见的抽象。索恩-雷特尔用"社会化"（Vergesellschaftung）这一概念来概括这一过程，何为社会化？社会化相对于个体化而言，个体化和社会化又如何与商品、货币，也就是与交换价值联系起来呢？在这里，索恩-雷特尔提出了他的问题："商品生产的社会的综合，要到商品交换中，更确切地来说要到交换抽象中去寻找。与之相应，我们要着手进行交换抽象的形式分析（Formanalyse），以回答这个问题：采取商品交换形式的社会综合何以可能？"②这里，就涉及了商品的二重性：使用价值与交换价值。使用价值，作为一种具体在手的功用性，恰恰是个体性的。每一商品，正是面向每一个个体呈现自身的使用价值的；而交换价值，则是脱离了个体的，由一种社会关系所决定的，正是在这个意义上，可以说交换价值方才是真正的"现实的抽象"，也正是脱离了个体而进行的"社会化"。故而索恩-雷特尔明确说道："一种私人所有者的社会网络不是以其对使用价值评估为基础的。此外，在一定程度上，诸个体的身体还必须能够相

① ［德］阿尔弗雷德·索恩-雷特尔：《脑力劳动与体力劳动：西方历史的认识论》，谢永康、侯振武译，14页，南京，南京大学出版社，2015。
② 同上书，23页。此处，我们可以联想到马克思在《资本论》德文第一卷第一版附录中提出的问题："一个商品的价值究竟是怎样表现的呢？换句话说，它是怎样取得自己的表现形式的呢？"（《马克思恩格斯全集》第二版第42卷，802页，北京，人民出版社，2016。）马克思给出的回答是："是通过不同种商品的关系取得的。"在这句引文上，我们可以看到索恩-雷特尔和新马克思阅读在马克思价值形式问题上的直接勾连。

互替换，以便避免其身体感觉不可比性以及他们的个人性的价值评估。"①基于使用价值的个体性是无法交换的，"社会综合"得以发生，恰恰在于"有一种行为越过不可通约的整个领域，并且只以彻底的抽象性为其标志"②。

"社会综合"是索恩-雷特尔的一个极为重要的原创性概念，他以此概念来直接针对康德的"先验综合"。人类认识的发生，并非基于康德所认定的人所具有的先天综合能力，也就是对空间、时间和运动等概念的规定，而是基于现实的抽象，"社会化的结构条件"③之上，也就是人的商品交换活动。至此，索恩-雷特尔宏大的思想抱负便已经呈现出来：他力图以商品交换这一现实抽象活动，这种交换价值上二重化出来的"社会化"，来重新阐释认识论问题，进而重新解释整个人类思想史。恰恰是"社会化""现实的抽象"，在索恩-雷特尔那里构成了西方理性中至关重要的"存在"的传统的唯物基础。这里当然不得不提及巴门尼德。索恩-雷特尔指出，正是巴门尼德第一个在思想史上为现实抽象寻找了适当的哲学概念，也就是"本体论上的存在概念"（ontologischer Begriff des Seins）④，而巴门尼德也是被黑格尔所高度推崇的，因为"在巴门尼德那里，黑格尔发现了自己的概念本体论的基础"⑤。

索恩-雷特尔的这一理论构架深受阿多诺的赏识。阿多诺将索恩-雷

---

① ［德］阿尔弗雷德·索恩-雷特尔：《脑力劳动与体力劳动：西方历史的认识论》，谢永康、侯振武译，54页，南京，南京大学出版社，2015。
② 同上书，55页。
③ 同上书，54页。
④ 同上书，52页。
⑤ 同上书，53页。

特尔的思想称作他和本雅明相遇以来所受到的第二个"最大精神震撼"①。这一影响自 1936 年索恩-雷特尔将他的"卢塞恩提纲"寄给阿多诺始，就影响阿多诺思想至终。这首先体现在 1944 年发表的《启蒙辩证法》上。阿多诺 1936 年 11 月 3 日回给索恩-雷特尔的信中，就提及，"您的手稿直接涉及了我和霍克海默共同进行的辩证逻辑的研究对象"②，而恰恰是在作为辩证逻辑研究成果的《启蒙辩证法》中，在阿多诺撰写的部分中，大量运用了"交换原则""价值形式"等术语：交换原则恰恰就是作为同一性的理性的基础。这一影响还更深层次地存在于阿多诺对文化工业的分析之中。文化工业之所以能够成为资本主义中同一性强制的最典型体现，就在于，电影、音乐和广播这些"文化"现象正是纯粹的交换价值，而毫无物性的使用价值。阿多诺曾说，他在《启蒙辩证法》之后的所有大部头著作都是《启蒙辩证法》的注脚，③ 此言不虚。在后来的《最低限度的道德》，乃至最后的《否定辩证法》中，对"交换价值""交换原则""价值形式"的探讨，特别是所谓"同一性"的现实基础的表述，都不曾脱离阿多诺的论述。甚至阿多诺在去世前不久，还曾明确说到，价值理论是"批判理论的最宝贵财富"④。可见索恩-雷特尔对阿多诺的影响之深。

---

① ［德］阿尔弗雷德·索恩-雷特尔：《脑力劳动与体力劳动：西方历史的认识论》，谢永康、侯振武译，104 页，南京，南京大学出版社，2015。

② Hrsg. von Christoph Gödde：*Theodor W. Adorno und Alfred Sohn-Rethel. Briefwechsel* 1936—1969，München 1991，S. 10.

③ ［德］格尔哈特·施威蓬豪依塞尔：《阿多诺》，鲁路译，50 页，中国人民大学出版社，2008。

④ *Thesis Eleven*，Bd. 1(1980)，p. 96.

那么，新马克思阅读与马克思的价值理论，以及与阿多诺思想的联系又是怎样的呢？我们前文已经提及，新马克思阅读的产生，源于巴克豪斯等人1965年《资本论》德文版第一卷第一版的发现这一文本事件。而据莱希尔特说，"没有阿多诺一再讲到的真实自身中的概念的东西，可以回溯到交换抽象中的真实的一般，没有他对范畴结构以及在政治经济学中的内在关联和他关于客观的、独立的结构的阐述，那么这份文本对我们来说也就只会是沉默的"①。巴克豪斯和莱希尔特，正是受到了阿多诺辩证法思想的影响(这是新马克思阅读的两位开拓者后来一直强调的)，方才认识到马克思的价值形式问题，即商品、货币及资本这些经济学范畴上的辩证结构。在他们看来，马克思在价值形式理论上的探索，以及对一种独特的货币理论的创建，构成了区别于以李嘉图为代表的古典政治经济学价值理论的关键之处。而马克思价值形式上的辩证法问题，恰恰是正统马克思主义和西方马克思主义所忽视的。因此，重建马克思的价值形式理论，是德国新马克思阅读的首要任务。

与索恩-雷特尔的重建不同，新马克思阅读对价值形式理论的重建的着眼点从一开始就集中在资本主义社会中的拜物教问题上。巴克豪斯在其《价值形式的辩证法：马克思经济学批判研究》的导言中，明确说道："我研究的主题在根本上始终只是一个：拜物教问题。"②这一宣言基本上代表了整个新马克思阅读的研究特征，就是对资本主义社会这一

---

① Helmut Reichelt: *Neue Marx-Lektüre. Zur Kritik sozialwissenschaftlicher Logik*, Freiburg 2008, S. 11.

② Hans-George Backhaus: *Dialektik der Wertform. Untersuchungen zur Marxschen Ökonomiekritik*, Freiburg i. Br. 1997, S. 34.

特殊研究对象的研究。也恰恰是在这个意义上，巴克豪斯、莱希尔特乃至后来的海因里希和博内菲尔德，都强调政治经济学批判和社会批判理论的有机结合，巴克豪斯更明确将其理论任务确定为法兰克福的社会批判理论奠定政治经济学的基础。

　　那么，批判理论的政治经济学基础应当怎样奠定？为了回答这一问题，新马克思阅读实际上回到了卢卡奇所奠定的总体性（Totalität）原则上①。这一原则在 20 世纪 50 年代回到德国之后的阿多诺关于辩证法的讲演中得到具体呈现，就是认为辩证法"首先是一种思想方法，更是一种事物的特定结构"②。这其实是德国古典哲学关于辩证法的最基本的判断，这一阿多诺在面向德国大学生所作演讲的基本判断，其实离他自己的"否定的辩证法"思想还有相当的一段距离，但正是这一关于辩证法的思想，是巴克豪斯和莱希尔特这一代人所学习的。③ 这种坚持思维形式（Denkform）和社会现实的统一的原则具体到政治经济学批判领域，就体现在对马克思价值形式概念的"二重化"（Verdopplung）阐释了。商品、货币以及资本，这些概念首先指涉了客观的物性，然而它们又恰恰

---

　　① 这里涉及西方马克思主义发展逻辑中的一个极为关键的问题：卢卡奇所开创的总体性（Totalität）原则，是指理论与实践的统一，以及（阶级）意识与客观现实的统一，即一种主客体统一的辩证法；而阿多诺的辩证法，强调的是思想形式和客观现实的一致性，正是在此意义上他主张对存在于观念和事物自身中的同一性（Identität）原则进行批判。故而我们发现，阿多诺所批判的"同一性原则"，似乎不等同于卢卡奇的"总体性原则"。但是在后来的一些文献中，我们也可以清楚地看到阿多诺对"总体性原则"的批判。所以，总体性原则如何在阿多诺那里等同于同一性原则，是一个值得深入挖掘的问题。

　　② Theodor W. Adorno：*Einführung in die Dialektik*，Berlin：Suhrkamp Verlag，2015，S. 9.

　　③ 正因如此，德国学者阿历克斯·德米洛维奇教授直言，阿多诺的学生中没有人真正理解阿多诺的否定辩证法思想。

是人的客观的交换活动。正如马克思在《政治经济学批判大纲》中就不止一次指出的："货币存在的前提是社会联系的事物化……仅仅是因为这种物（货币）是人们相互间的事物化的关系，是事物化的交换价值，而交换价值无非是人们互相间生产活动的关系。"①新马克思阅读不仅停留在马克思的政治经济学批判领域，它还基于对马克思价值形式理论的重建，从而对马克思未曾完成的国家理论进行了"推论"（Ableitung）。在这一理论探索中，新马克思阅读立足于《大纲》和《资本论》指出，资产阶级的国家正因为存在和商品、财富形式的内在矛盾，而必须采取一种外在于经济的，公共的权力结构，一种独立的超越于一切的权力，同时依靠这一中立的权力再生产着资本主义结构和阶级统治。②

莱希尔特教授曾讲述了这样一个故事。③ 当他在 20 世纪 60 年代中期进行硕士论文答辩时，阿多诺首先提问他马克思的"价值规律"应当如何理解，莱希尔特答道："价值规律即按照社会必要劳动时间的条件所进行的社会总体劳动的给予（Erteilung）。"此时已考核了多场答辩的阿多诺已经很累了，也显然没有明白莱希尔特说的是什么，因此他追问道："你能否用简单的语言来定义一下？"莱希尔特回答道："就是商品作为等价物进行的交换。"听罢阿多诺很高兴地说："这样不就清楚了嘛！"之后他的答辩不到五分钟就结束了，并得到了阿多诺"非常优秀"的评语。从

---

① *Marx-Engels-Gesamtausgabe*（MEGA2），Band II/1，Berlin：Akademie Verlag，S. 93.

② 李乾坤：《新马克思阅读运动的当代书写》，载《郑州轻工业学院学报》，2017 年第 1 期。参见本书附录。

③ 援引自笔者 2016 年 2 月 22 日在不来梅对莱希尔特教授的访谈。参见本书附录。

这一故事中我们或许可以清楚地看到从索恩-雷特尔到阿多诺，再到阿多诺的弟子们所开创的新马克思阅读的思想线索，以及三者之间复杂的关系：阿多诺所理解的还是索恩-雷特尔意义上的价值，即"交换原则"；而新马克思阅读虽然也从交换原则出发，却试图进行的是对价值形式的内在辩证发展进行解码，也就是试图说清楚在交换原则上如何产生了一系列价值形式及拜物教。可以说，索恩-雷特尔立足于马克思的价值理论基础上，通过对真实的抽象，即交换抽象的解读，完成了其社会综合的理论创见，这一理论极大地拓展了马克思主义的认识论领域。索恩-雷特尔最为直接地影响了阿多诺对辩证法的理解。① 他在后来的著作中始终坚持对同一性的批判，其立足点就是现实的交换原则，并将这一原则和西方理性传统相等同。这一原则，正如阿多诺在关于辩证法的讲座中不断指出的，不仅存在于观念中，而且存在于事物自身之中。

索恩-雷特尔和新马克思阅读两者，要做的都是对价值形式的一系列政治经济学范畴起源的探求。只是索恩-雷特尔某种意义上更类似于在"广义"历史唯物主义的意义上寻求这种本源，或者说将他在马克思那里发现的本源，放置在一个"广义"的历史唯物主义之上，将它视作整个

---

① 关于索恩-雷特尔对阿多诺的影响这一问题，莱希尔特持一种保留性的看法："我们可以这样推断，阿多诺通过对马克思经济学的思考而受到了启发。但是据我所知，在阿多诺的全部著作中从没有对马克思所研究的范畴的内在联系的系统思考。可以确定他和索恩-雷特尔就此讨论过，但是就我所掌握的文献来说，没有找到成文的东西作为依据。或许阿多诺也受到了霍克海默的'栽培'，因为霍克海默在这一问题上的确是一个正统的马克思主义者。而我相信阿多诺在这一问题上是顺从于霍克海默的。"源自笔者2016年2月22日在不来梅对莱希尔特教授的访谈。参见本书附录。

关于阿多诺的政治经济学方法的来源问题，除了索恩-雷特尔这一重要人物外，霍克海默及波洛克等人的影响也不能低估。这一问题，我们将会在本书第四章专门研究。

人类历史的基础。但是在新马克思阅读那里，他们的出发点恰恰是"对起源的遗忘"，也就是资本主义时代的拜物教问题。而他们对"起源"的探求，则在于建立政治经济学范畴的"起源学的发展"，政治经济学批判因此就是政治经济学"范畴"批判。从价值的实体到价值的形式，这一过程中经历了颠倒与神秘化的过程，问题的关键是将这一颠倒与神秘化的过程揭示出来。所以，新马克思阅读的理论工作，是对起源的遗忘与记忆的探索。

本章小结

阿多诺有著名的判断："范畴的建构，即交换抽象的哲学反映，要求遗忘他们的社会起源，撇开一般的起源。而**历史唯物主义是对起源的回忆**（Historischer Matreialismus ist Anamnesis der Genese）。"①真实的原则即交换原则之上产生了经济学范畴和意识形态的一种"起源学的发展"，忘记了起源所在的结果，就是拜物教与物化。——正如《启蒙辩证法》中振聋发聩的那句话："**一切物化都是一种遗忘**（Alle Verdinglichung

①　Alfred Sohn-Rethel: *Warenform und Denkform mit zwei Anhänge*, Suhrkamp, Frankfurt a. M. 1978, S. 135. 中译参见[德]阿尔弗雷德·索恩-雷特尔：《脑力劳动与体力劳动：西方历史的认识论》，谢永康、侯振武译，176页，南京，南京大学出版社，2015。引文字体加粗部分由笔者添加。

ist ein Vergessen)。"①历史唯物主义在以阿多诺为代表的批判理论范式之中，正是对意识形态范畴"起源学的发展"的揭示与批判。新马克思阅读运动的开拓者巴克豪斯和莱希尔特对价值形式辩证法重要性的揭示，以及对价值形式的辩证结构的重建工作在这个意义上，完全和阿多诺所做的判断相一致，也就是对马克思政治经济学范畴的展现形式的发展过程的阐释，正是对商品、货币这些价值形式的拜物教特征的揭示。在这个意义上，新马克思阅读对价值形式的辩证法的重建，是对批判理论一项理论任务的深化和发展。同时，他们所做的也正是一种哲学认识论的探讨。

在本章，我们围绕新马克思阅读的两位开拓者巴克豪斯和莱希尔特的文本，首先探讨了马克思对《资本论》的通俗化改写所导致的一系列后果，这是整个德国新马克思阅读运动最重要的起点。其次，我们探讨了价值形式理论的重要性及其理论内涵。再次，我们围绕莱希尔特的文本，考察了这一价值形式的辩证法的内在逻辑结构。这一逻辑结构以"二重化"概念为核心，生发自近代资产阶级社会分工之中的私人劳动和社会劳动的分裂，在商品交换中，商品的内在矛盾必然二重化为商品和货币。最后，我们还专门在补论中讨论了索恩-雷特尔、阿多诺和新马克思阅读的围绕价值形式理论的思想关联。

新马克思阅读在价值形式辩证法上的重建，是其最为核心的理论建构。较之于正统马克思主义的政治经济学体系，新马克思阅读一是在思

---

① Theodor W. Adorno, Max Horkheimer: *Dialektik der Aufklärung*, *Philosophische Fragmente*. Fischer, Frankfurt a. M. 2000, S. 286.

想史上第一次强调了价值形式问题的重要性，认为对价值形式特别是货币问题的解决，是马克思超越古典政治经济学的关键；二是将简单流通视作《资本论》的起点，强调交换环节的逻辑优先性；三是认为马克思的《资本论》所进行的是一种政治经济学"批判"，而非一种关于历史的科学体系，进一步讲，新马克思阅读认为马克思在《资本论》中的辩证方法，是对政治经济学范畴展现形式的批判认识，政治经济学批判是一种政治经济学的"范畴"批判；四是新马克思阅读通过对价值形式等一系列经济学范畴的批判，赋予了这些范畴以主体向度的内涵；五是新马克思阅读二重化概念被视作理解资本主义的商品生产的特征，并将货币的几个职能视作二重化逻辑上推演出的规定。巴克豪斯和莱希尔特常常对他们同时代苏东学界从事《资本论》辩证法的一些学者（如图赫舍雷尔、泽勒尼）惺惺相惜，但与 20 世纪五六十年代苏东学界对《资本论》及其手稿的辩证法思想的研究做对比，新马克思阅读这一理论运动因为没有外在的束缚而在观点上显得更为直接而明确。

　　巴克豪斯在《价值形式的辩证法》中提及，对价值形式辩证法的重建具有三重重要意义："价值形式的分析对于马克思的社会理论具有三个方面的意义：它是社会学和经济理论的结合点；它开创了马克思的意识形态批判和一种特殊的货币理论；这种理论确立了生产环节对于流通环节的优先性，并因而确立了与'上层建筑'对立的生产关系。"[1]这三重意义之中，第一点，对价值形式理论的分析，成为社会学和经济理论的结

---

　　① Hans-George Backhaus：*Dialektik der Wertform. Untersuchungen zur Marxschen Ökonomiekritik*，Freiburg：Ça ira-Verlag，1997，S. 57.

合点。这一点是巴克豪斯尤为看重的。对价值形式的分析，对价值形式
所蕴含的主客体二重向度的分析，恰恰为社会学，具体讲就是法兰克福
学派的社会批判理论和经典的政治经济学批判建立了桥梁。第二点，就
是价值形式的分析为研究马克思的意识形态批判提供了合适的切入口。
这一点当然首先和拜物教与物化问题相联系。第三点，则是创建了一种
"特殊的货币理论"。可以说，巴克豪斯竖了三面大旗，但是写作速度素
来缓慢的巴克豪斯，主要在第一点和第三点上进行了很多探索。然而有
趣的是，由新马克思阅读所开启的价值形式研究，无心插柳，恰恰在20
世纪70年代初推动了德国的国家形式批判，这正构成了第二点意义，
即意识形态批判的部分。

　　正因此，在接下来两章中，我们主要围绕重建马克思价值形式理论
的两重理论发展——新马克思阅读的国家理论即国家衍生论争以及社会
批判理论与政治经济学批判的关系问题进行讨论。

第三章

资本逻辑与国家形式：新马克思阅读的国家衍生论争

　　国家形式问题是马克思政治经济学批判研究计划中的重要组成部分，但遗憾的是单单在政治经济学批判的第一个主题资本上，他就被牵扯了全部的精力。因此，后人对于马克思的国家理论，只有通过《资本论》进行一种"推论"（Ableitung）。

　　国家理论同样也是法兰克福学派批判理论的重要组成部分，这尤其体现在法兰克福学派第一代的弗兰茨·诺依曼、奥托·基希海默和波洛克身上。纳粹德国这一现实的国家形式，是他们共同的理论对象。但是在对同一对象的分析上，他们得出了两种非常不同的结论。如诺依曼在他的《巨兽》（*Behemoth*）中就认为，纳粹德国这一极权主义国家形式及其所立足的垄断资本主义经济结构，恰恰是魏玛共和国的民主的无序状态和经济危机的延续与进一步发展，这一观点更接近于卡尔·施密特的政治学理论；而波洛克则在《国家资本主义：它的可能性及其界限》（*State Capitalism：Its Possibilites and Limitations*）一文中，则将纳粹德国视作垄断资本主义的全新形式即国家资本主义，在这一国家形式中，统治集团的构成、社会的整合方式、经济的运行方式等多个方面发生了深刻的变革。因此国家资本主义是自由资本主义的终结，波洛克的这一看法更接近于霍克海默和阿多诺的认识。可见，在法兰克福学派理论传统中不仅有国家理论的探索，而且其探索还很具特色。那么，触发德国这批学者从马克思的视角关注国家理论的原因是什么呢？关于这一问题，我们其实在导言章中已经做出了回答。而单就国家理论而言，如果说促使法兰克福学派第一代学者研究国家理论的动机，是纳粹主义兴起这一历史形势的话，那么刺激联邦德国马克思主义学者在 20 世纪 70 年代走向国家理论研究的根本现实原因，就是福利国家的全面建立。

在 20 世纪 70 年代，国家理论成为西方左翼学界的重要关注点。在法国，有以阿尔都塞和普兰查斯为代表的后结构主义的国家理论研究；在英美学界，有以密里本德、艾伦·伍德、鲍勃·杰索普、约翰·郝洛维为代表的国家理论研究，而在意大利，以对葛兰西市民社会理论的研究为支点，也推进了国家理论方面的研究；而在德国学界，则以作为新马克思阅读理论中的重要分支的国家衍生为代表。本章就围绕国家衍生论争的问题缘起、理论资源、论争中的核心观点，以及这场论争的定位进行介绍。在此之前，我们很有必要对国家衍生论争和"资本逻辑学派"的关系进行一个历史回顾。

一、国家衍生论争的脉络及理论聚焦点

（一）资本逻辑学派与国家衍生论争：对术语传播的一个回顾

谈起国家衍生（Staatsableitung）论争这个术语，可能国内学界还比较陌生，但是如果换作另一个术语："资本逻辑学派"，就是时常出现在我国的西方马克思主义国家理论讨论中为我们所熟悉的对象了。其实，资本逻辑学派（Capital Logic School）就是英语学界对 20 世纪 70 年代联邦德国国家衍生论争的另一种表述方式。资本逻辑学派这一表述，在20 世纪 70 年代末就被英语学界广泛使用，就目前检索的文献，其最早出现在 1977 年由约翰·郝洛维和索尔·皮西奥托发表的产生了很大影响的《资本、危机与国家》一文中。在此文中两位作者最早向英语学界介绍了德国的国家衍生论争，并且首先将德国的这一论争称作"'capital-logic' approach"（"资本逻辑"路径）："我们在这里特别指的是阿尔特法特、穆勒、诺伊西斯和布兰克、于尔根、卡斯滕迪克的著作。这样说也许并不贴切，但是还是可以将近期德国的这些著作称为'资本逻辑'的路径。"①在此之后，英语学界开始广泛使用资本逻辑学派来指称德国的国家衍生论争。其中，拉克劳②和鲍勃·杰索普等人的贡献尤其大。直到20 世纪 90 年代，英语学界才逐渐将这一理论运动明确为具有德语学界本来含义的"The State Derivation Debate"（国家衍生论争）。在英国著名学者西蒙·克拉克 1990 年编著的《国家争论》一书的导言中，就有意识

① John Holloway and Sol Piciotto, "Capital, Crisis and State," in *Capital and Class*, 1977 vol. 1 no. 2, p. 99.

② Emesto Laclau, *Teorias Marxistas del Estado: Debatesy Perspectivas* in: Norbert Lechner(ed.), Estadoy Politica en America Latina, Mexico, Madrid, Bogota, 1981, p. 37.

地使用了这一称谓，并指出，"这一路径建立在将马克思《资本论》诠释为一种作为整体的资本主义社会的社会联系理论，而非'经济学'理论之上，这一路径以对马克思价值理论的讨论为先声"[1]。在注释中，克拉克则清楚地提到了这一价值理论的讨论，即以巴克豪斯的《价值形式辩证法》以及《马克思价值理论重建材料》和鲁宾的文献的再发现为起点。同年，艾尔玛·阿尔特法特和于尔根·霍夫曼在《社会文本》（*Social Text*）杂志上发表的《联邦德国的国家衍生论争：作为一个马克思主义国家理论问题的经济学与政治学的联系》一文，则是第一篇系统回顾这一理论运动的具体由来和主张的英文论文。[2] 这样，国家衍生论争这一术语取代了资本逻辑学派而被英语学界广泛接受。

因此，我们对国家衍生论争这一研究对象可以说既熟悉又陌生。说熟悉，是因为我国学界自 21 世纪以来，一系列关于西方马克思主义国家理论的研究著作中，都明确将资本逻辑学派作为指代德国 20 世纪 70 年代这一国家理论讨论的专有名词，所以我们都知道有这么回事。[3] 说

---

① Simon Clarke，*The State Debate*，Macmillan Academic and Professional LTD 1991，p. 9.

② Elmar Altvater and Jürgen Hoffmann：*The West German State Derivation Debate：The Relation betweeen Economy and Politics as a Problem of Marxist State Theory*，in *Social Text* Nr. 24(1990)，pp. 134-155.

③ 我国最早对资本逻辑学派进行介绍的文献，当属尹树广教授 2003 年出版的《20 世纪 70 年代以来的西方马克思主义的国家批判理论》一书，这本书以一节的内容介绍了"资本逻辑学派"。参见尹树广：《20 世纪 70 年代以来的西方马克思主义的国家批判理论》，68—79 页，哈尔滨，黑龙江人民出版社，2003。在这之后我国对西方马克思主义国家理论的研究中，涉及这一问题的著作还有张一兵主编：《资本主义理解史》（第六卷），南京，江苏人民出版社，2009；肖扬东：《马克思主义国家理论的新进展：杰索普"策略关系"国家理论研究》，上海，上海人民出版社，2012；钢花：《"国家与资本"关系的政治经济学分析》，北京，经济管理出版社，2015；等等。

其陌生，一方面是因为我国对这一论争的介绍，基本上借助于英美学界的镜像。例如，有趣的是，在我国既有研究中，资本逻辑学派就常常和鲍勃·杰索普的国家理论并列在一起。当然，必须强调的是，英语学界对资本逻辑学派的介绍，大大扩大了联邦德国这一理论研究方向的影响，并且和法国的结构主义国家理论一起，推动了英语学界的国家理论研究，在某种程度上，也构成了新马克思阅读在今天进一步被英语学界重视的关键。说其陌生的另一方面则体现在我们往往忽略了国家衍生论争（"资本逻辑学派"）作为新马克思阅读运动的价值形式理论研究的分支所具有的重要而独特的意义。因此，我们不难发现，尽管十余年来"资本逻辑学派"这一术语常常出现在我们的研究中，但是它的前因后果仍是不清晰的，它的理论形象也始终是影影绰绰的。

德国的国家衍生论争，被广泛视作新马克思阅读运动在联邦德国的一个理论分支。① 做出这一判断的基础，就是国家衍生论争内在的理论基础就建立在对马克思以价值形式理论为核心的政治经济学批判的重新理解之上，区别于传统马克思主义的"工具论"，将资本主义国家视作价值形式、资本结构内在矛盾的必然"衍生"与"推论"。国家衍生这一术语的意思之中，就表明了这一理论的基本特征。"衍生"（Ableitung，英文译作 Derivation）的意思又可以理解为"推论""推演"；国家衍生，说的就是国家本身是价值形式内在逻辑本身推论得出的结果。从对价值形式内在二重化逻辑的研究中，就可以得出国家的必然性。而且，有必要补充

---

① 国家衍生论争是新马克思阅读的理论分支这一判断，在西蒙·克拉克（1991）和英格·埃尔贝（2008）那里都视作自明的前提。这一判断也为巴克豪斯和莱希尔特所认可。

一句的是，在黑格尔对市民社会和国家关系的认识中，也涉及"推论"的论述。国家理论是马克思主义理论体系中至关重要的组成部分。马克思在他 1857 年宏大的"六册计划"中，第四册就专门为"国家"预留了位置。然而马克思从政治经济学角度对国家的研究最终未能付诸行动。尽管马克思在《黑格尔法哲学批判》《哥达纲领批判》等文献中就已经对国家问题进行过片段式的探讨，但是这些显然不足以支撑起一个系统的理论。后来马克思主义传统中对国家的理解框架，大体上是由恩格斯和列宁确立的。在传统更为人们所熟悉的理论框架中，"国家是统治阶级的工具"这一观点产生了巨大的影响。批判修正主义的观点，基于对马克思的阅读确立起马克思本人的国家理论体系，就成为一个迫切任务。因此在 20 世纪 60 年代末 70 年代初的国家衍生论争中，受到新马克思阅读对马克思《资本论》及其手稿的重新研究以及对政治经济学批判的重建，特别是价值形式理论的重建的影响，这一批学者将注意力集中在马克思的《资本论》上，试图从马克思的政治经济学批判体系上"推演"出马克思的国家理论来。这就是国家衍生这一术语的内涵。

在接下来的一节中，我们首先讨论国家衍生的核心问题，即国家形式得以成为一个关注点的思想史和现实原因。

(二)国家衍生的发展脉络

国家衍生论争被认定为新马克思阅读的理论分支，不仅仅是因为在学理上，巴克豪斯和莱希尔特的价值形式研究为其提供了坚实的思想基础——关于这一点我们会继续探讨，还在于莱希尔特本人也参与了这一论争，参与这一论争的众多学者，也与巴克豪斯和莱希尔特有千丝万缕的关系，例如沃尔夫冈·穆勒就受巴克豪斯影响很深，在其后来出版的

《货币与精神》一书中，直言其受到巴克豪斯颇多启发。国家衍生论争自1971 年以《福利国家幻象与劳资矛盾》一文为导火索，形成了三个中心：法兰克福大学、柏林自由大学和不来梅大学，主要以《阶级斗争问题》(Probleme des Klassenkampfs，简称 PROKLA)杂志和苏尔坎普出版社为平台，一直持续到 1977 年。这场长达 7 年的理论讨论，当时联邦德国一大批杰出的青年马克思研究者加入其中。1970 年，以柏林自由大学鲁道夫·沃尔夫冈·穆勒和克里斯特尔·诺伊西斯在《社会主义政治学》杂志发表《福利国家幻象与劳资矛盾》(该文次年在 PROKLA 重新发表)为起始点，穆勒和诺伊西斯指出了资本主义社会和资本主义生产方式的特殊存在形式构成了福利国家幻象的起源。1971 年，柏林自由大学的"阶级研究项目"小组针对此文发表回应性文章《论对"福利国家幻象"的批判》，认为穆勒和诺伊西斯并没有深入阐发资本主义国家形式是如何从资本主义社会中"推演"得出的，国家衍生论争就此拉开序幕。1973 年，不来梅大学的西比尔·冯·弗拉托沃和弗雷尔克·胡伊斯肯[①]发表了《论资产阶级国家的推论问题》，此后，在 1974 年，柏林自由大学的伯恩哈德·布兰克[②]、乌尔里希·于尔根斯和汉斯·卡斯滕迪克在 PROKLA 发表《论关于资产阶级国家形式和功能的最新马克思主义讨论》；同年，阿尔特法特带领下的柏林自由大学的"阶级分析项目"小组

---

① 弗雷尔克·胡伊斯肯(Freerk Huisken)，1941 年生于埃博斯瓦尔德，1967 年毕业于奥尔登堡教育学院，1971 年担任不来梅大学教育学系教育政治经济学方向教授。代表作有《资本主义中的教育》(1998)。

② 伯恩哈德·布兰克(Berhard Blanke)，1941 年生于斯图加特，2014 年去世。1961 年至 1967 年间先后在图宾根大学和柏林自由大学学习，后执教于柏林自由大学，1978 年担任汉诺威大学政治系教授。代表作有《政治学批判》(两卷)(1975)。

出版《国家与表象：对最近的国家衍生的批判》；1976 年，诺伯特·考斯泰德①在《社会》辑刊上发表《关于资产阶级国家的最新马克思主义讨论：导论-批判-结果》。此外，当时在法兰克福大学的约阿希姆·希尔施，以及在柏林自由大学的约阿希姆·毕施霍夫②等人，也参与了这次讨论，其中，希尔施整合国家衍生论争的理论成果，与葛兰西和普兰查斯的国家理论相衔接，做出了突出的贡献。1977 年，这场论争伴随改良主义的失败而告终。因为这场讨论在这一系列事件之后彻底失去了它所研究的对象：改良主义的福利国家。③ 而据约阿希姆·希尔施所言，这次论争之所以在 20 世纪 70 年代末迅速走向了终结，原因是这一讨论"被引向了高度抽象的层面……脱离了理论和历史的语境……"④

　　十分幸运的是，这场论争非常及时地被引介到英语学界，构成了以普兰查斯和密里本德之争为核心的国家理论探讨之外的一个重要思想资源。

　　这场论争，从形式上看有如下几个特点：首先，参与者均为联邦德国战后成长起来的年青一代学者，几乎都出生于 20 世纪三四十年代，

---

　　①　诺伯特·考斯泰德(Norbert Kostede)，1948 年生于多特蒙德，社会学家、政治学家。先后在比勒菲尔德大学和汉诺威大学学习任教。1990 年被聘任为编外教授。代表作有《国家与民主：马克思主义政治理论研究》(1980)。

　　②　约阿希姆·毕施霍夫(Joachim Bischoff)，1944 年生于斯维内明德(今波兰)，社会学家、政治评论家。曾于柏林自由大学任教。长期从事资本主义政治经济学研究。

　　③　Elmar Altvater and Jürgen Hoffman：The West German State Derivation Debate：The Relation Between Economy and Politics as a Problem of Marxist State Theory, in：*Social Text* 8/2，1990.

　　④　Tote Hunde wecken? Interview mit Joachim Hirsch zur Staatstheorie und Staatsableitung, in：*arranca*，Nr. 24，Juni，2002.

他们中的很多人后来都成长为联邦德国的重要政治学理论家；其次，这次论争的参与者，相互间大体上并无直接师承关系，他们更多的是相对独立地围绕共同的问题展开研究和讨论，所以，这也是为何将其称之为"学派"并不严谨的原因；最后，这次讨论内在于战后联邦德国以新马克思阅读为开端的重建马克思政治经济学批判的理论氛围之中，具有颇为一致的"范式"，这一点对我们本书的研究是非常重要的。

正如马克思在《资本论》中向我们揭示的重要方法，从抽象上升到具体的叙述过程不是按照历史的顺序，而是按照逻辑的顺序进行的。这一点具体展现在思想史研究上也一样。一些思想家的著作，在他自己的时代往往没有得到广泛的关注，常常会跨越时空产生别样的效果。这里我们首先要提及的，就是苏联早期的马克思主义法学家叶甫根尼·帕舒卡尼斯。接下来，我们就围绕国家衍生论争的理论焦点，进一步探讨由国家衍生所激活的思想史资源，即帕舒卡尼斯的思想。

(三)国家衍生的理论聚焦点：国家形式问题

德国学界在重建马克思政治经济学批判过程中对伊萨克·鲁宾的价值理论研究有新的发现的同时，另一位同样重要的苏联思想家，叶甫根尼·帕舒卡尼斯也在这一语境中被重新发现出来。对帕舒卡尼斯的重新发现，使得商品形式、法律形式和国家形式的内在关联问题得到了进一步确证。他所提出的关于国家形式的问题，跨越四十余年重新获得了生机。

1. 作为国家衍生理论聚焦点的帕舒卡尼斯问题

国家衍生论争的参与者，几乎都提到了帕舒卡尼斯 1927 年在他的

《法的一般理论与马克思主义》中提出的关键问题：

> 为何阶级统治没有停留在它所是的东西之上，也就是说，一部分人民在实际上屈服于另一部分人？为何它要采取一种官方的国家的统治形式，或者为何同样是这一形式，这一国家强制的机构没有变成统治阶级的私人机构，为何它同后者分离开，并采取了一种非个人的、和社会分离开的公开权力的机构的形式？[①]

在由恩格斯加以阐述，列宁进行系统化的传统马克思主义国家理论中，"国家是阶级矛盾不可调和的产物""国家是阶级统治的工具"这些论断对后世产生了深远的影响。然而，帕舒卡尼斯在思想史上第一次提出了这样的问题，如果说国家是阶级统治的工具的话，那么为何在资产阶级国家之中，其统治形式并不表现为赤裸裸的阶级压迫，反而以民主、平等、自由为价值追求，以法律制度为统治方式了呢？资产阶级国家为何表现出这样的形式？这一问题，和价值形式分析的提问方式有着惊人的高度一致。问题的关键，不在于道出了形式背后的内容，而在于这种内容为何采取了一种和内容完全不同的甚至相悖的形式。其实帕舒卡尼斯所提出的问题，在列宁 1917 年《国家与革命》一文中，就已经用另一种方式提了出来。列宁在阐述他对马克思主义国家观的理解中，一针见血地指出了民主共和制是财富和资本无限权力的最好的外壳："'财富'

---

① ［苏联］帕舒卡尼斯：《法的一般理论与马克思主义》，杨昂、张玲玉译，92 页，北京，中国法制出版社，2008 年。

的无限权力在民主共和制下更可靠……民主共和制是资本主义所能采用的最好的政治外壳，所以资本一掌握……这个最好的外壳，就能十分巩固十分可靠地确立自己的权力，以致在资产阶级民主共和国中，无论人员、无论机构、无论政党的任何更换，都不会使这个权力动摇。"①但是，列宁并未详细阐释这一机制究竟是如何发生作用的。所以从这个意义上讲，帕舒卡尼斯所做的理论工作是对列宁这一判断的具体阐发。

帕舒卡尼斯所提出的问题，在 20 世纪六七十年代福利国家的大背景下，显得尤其生动。因为资产阶级国家那一套文明的外壳有史以来表现得最为清楚，资产阶级国家形式似乎已经穿上了圣洁的外衣。也正是在这一历史语境中，我们可以联想到法国思想家居伊·德波在《景观社会》中提出的一个非常类似的问题。德波认识到，在全新的资本主义政治景象中，资产阶级国家似乎具有一种完全不同于历史上的国家形式的另一种外壳："这种线性图示没有考虑到这一事实：资产阶级是唯一曾取得胜利的革命阶级；同时，它也是唯一以经济发展作为控制社会的原因和结果的阶级。同样的简单化导致了马克思忽视了在阶级社会管理中国家的经济作用。如果说处于上升时期的资产阶级似乎从国家中解放了经济，它也只是就这方面来说是真的，即在静态经济中，以前国家只是一种阶级压迫工具。资产阶级在中世纪发展了它的独立经济力量，当时国家被弱化，各种封建主义稳定力量正处于碎裂之中。相反，中世纪通过其商业政策开始支持资产阶级的发展，在'物货通行，放任自流'时期已把自己发展成资产阶级自己的国家的现代国家，最终在经济过程的计

---

① 《列宁全集》第 31 卷，12 页，北京，人民出版社，1985。

划管理中，作为一种中心力量脱颖而出。"①居伊·德波在《景观社会》中运用了大量马克思《资本论》的理论资源，借助于这些理论资源，德波把握住了他那个时代资产阶级国家的全新特征。当独立的经济理论占据整个社会的统治地位并渗透到全部国家机构之中时，这种国家的合法性也被重新奠定，似乎不再是阶级压迫的工具，而是和经济过程一起，具有了某种"天然的"合法性。当然，居伊·德波对"经济力量"的理解，和新马克思阅读、国家衍生的理解还有一定的差别，但是他同样提出了资产阶级国家稳定、坚实的基础建立在什么上面的问题。郝洛维和皮西奥托便在接受国家衍生一些基本共识的基础上，重新描述了这一问题，他们认为国家只是资本关系的一个形式。马克思的伟大贡献并非指出了社会的发展是一个阶级斗争的过程，而在于指出了阶级斗争往往在不同社会历史语境中会采取不同的形式。② 国家就是这种资本关系的形式，国家理论的起点既非在政治的特殊性中，又非在经济的支配之中，而是在资本关系的历史唯物主义范畴之中。③

这种全新的资产阶级国家形式究竟具有什么样的内在机理，这种"资本关系"又是什么呢，让我们先将目光集中在帕舒卡尼斯和他最著名的作品《法的一般理论与马克思主义》上。

2. 帕舒卡尼斯和他的《法的一般理论与马克思主义》

帕舒卡尼斯作为一名杰出的马克思主义法理学家，在西方和我国的

---

① ［法］居伊·德波：《景观社会》，王昭风译，36页，南京，南京大学出版社，2007。

② John Holloway and Sol Piciotto, Capital, Crisis and State, in *Capital and Class*, 1977 vol. 1 no. 2, p. 77.

③ Ibid., p. 78.

法理学研究中，都具有重要的地位。遗憾的是，我国学者从马克思主义哲学、政治经济学和国家理论的角度审视帕舒卡尼斯的理论探索，目前的进展还很少。帕舒卡尼斯 1891 年出生于俄国斯大里坦的一个立陶宛裔家庭，叔叔是一位进步出版人。1908 年帕舒卡尼斯加入俄国社会民主工党，次年在圣彼得堡学习法律，后因逃避沙俄政府迫害去往德国，在慕尼黑继续学习法律。1917 年十月革命胜利后，帕舒卡尼斯加入布尔什维克党，此后他在莫斯科从事律师职业，并继续从事法律研究，后还曾被派往柏林做苏联使馆法律顾问。1924 年他全身心地投入共产主义学院的工作。1924 年帕舒卡尼斯出版了他著名的《法的一般理论与马克思主义》一书，在这本书中，提出了商品形式决定法律形式和国家形式，法律和国家形式将随着商品形式的消亡而消亡的基本观点。帕舒卡尼斯在 1930 年当选共产主义学院副院长。然而同年，斯大林掌舵苏联之后采取了全新的理念，也使国家消亡理论受到了挑战。帕舒卡尼斯开始修改其理论。但最终他还是失利了。

帕舒卡尼斯的《法的一般理论与马克思主义》一书 1929 年在维也纳出版德文版，并在 1966 年得到再版，由柯尔施作序。在 20 世纪 60 年代末，这本书在西方世界的"再发现"还直接推动了政治哲学、国家理论的发展，德国的新马克思阅读运动及其直接相关的国家衍生论争，以及法国阿尔都塞学派特别是普兰查斯的国家理论，都与帕舒卡尼斯的理论有许多联系。

帕舒卡尼斯这本书其实是一本小的文集，除导言外共七章，在这其中，第四章"商品与主体"和第六章"商品与道德"，甚至完全可以被视作哲学论文。法律形式产生于商品形式，商品形式决定法律形式。这一判断在20世纪20年代的语境内首先批判的是新康德主义的法学理论，以及实证社会学和心理学的法学理论及规范法学理论。这些法学理论，在帕舒卡尼斯看来要么是从先验的规范出发，没有将法律作为一种历史的形式来加以看待；要么将法律形式排除在观察视角之外，将法律视作意识形态的幻象。帕舒卡尼斯的理论初衷其实有着浓厚的历史唯物主义色彩——就是要为法律形式找到客观的现实的基础。对这一基础的寻找，帕舒卡尼斯首先依据的就是马克思《资本论》中的价值形式理论。接下来，我们主要探讨一下其中关于法律形式与国家形式的探讨。

（1）商品形式与法律形式

帕舒卡尼斯在《法的一般理论与马克思主义》的序言中开宗明义地讲到，他关于"法律形式等同于商品形式"的判断，除马克思的语录引言外，首先来自于恩格斯《反杜林论》中"道德和法、平等"这一章，在这里恩格斯又清晰地将对平等原则和法的价值的讨论，回溯到马克思《资本论》中关于现代平等思想起源于资本主义社会经济条件的判断。[①] 正是在这一意义上，帕舒卡尼斯一针见血地指出，"建立在具有自主能力的主体范畴之上的法哲学（资产阶级学者迄今为止还没有创造任何其他一种完整的法哲学体系），从本质上来说，就是商品经济的哲学，后者确立了受价值规律支配的商品交换和自由契约形式掩盖下的剥削的一般与抽象的条件"[②]。所以马克思主义的法哲学，首先是对这种资产阶级意识形态的批判，即揭示自由、平等和形式民主背后的现实基础。这也正

---

① ［苏联］帕舒卡尼斯：《法的一般理论与马克思主义》，杨昂、张玲玉译，俄文第二版序第2页，北京，中国法制出版社，2008。

② 同上书，3页。

是帕舒卡尼斯的法哲学的基本立场。因此帕舒卡尼斯在法哲学上首先批判的对象，就是资产阶级的新康德主义法学理论，以及法律社会学和法律心理学。在他看来，新康德主义的法理学脱离了社会的现实源头而忙于处理一系列的规范，没有将法律形式作为历史形式来研究，而法律社会学和心理学则在解释法律时"常常把法律形式排除在它们的观察视角之外"①，而在效果上将法律本身虚无化了。

　　马克思的政治经济学批判，是从分析商品和价值形式问题开始的。帕舒卡尼斯对法律形式的分析，同样按照马克思政治经济学批判的方法进行。价值关系构成了区别经济活动与其他生活形式的关键点，政治经济学的研究也始于商品交换的那一刻，而"同样的方法被毫无保留地用于法的一般理论中"②。商品的生产和交换自古有之，然而商品形式成为社会的统治形态是资本主义社会兴起之后的事情，帕舒卡尼斯指出，"在初民文化中，法律很难与一大堆社会规范区别开来"③；同样，真正的法律形式，或者说资产阶级法律形式，也仅仅产生于这个以商品生产和交换为统治形态的社会之上。社会规范和道德规范不等同于法律，因为法律形式的前提，恰恰建立在独立的人格（Person）之上，即拥有私有财产的，从事于商品生产和交换的个人，这种人格注定要脱离王权和家族的规范。商品交换、价值形式使得不同阶层、不同出身、不同种族的人画上了等号，在这一经济关系之中，所有的个人都是平等的。"所有

　　① ［苏联］帕舒卡尼斯：《法的一般理论与马克思主义》，杨昂、张玲玉译，俄文第二版序第7页，北京，中国法制出版社，2008。
　　② 同上书，11页。
　　③ 同上书，12页。

人与人之间的具体区别都融为一般意义上的抽象人，即法律主体。"①人成为抽象人，成为法律主体，只有在资本主义生产关系充分发展的条件下才有可能："只有当资本主义关系充分发展，法律才具有抽象的特征。每个人都成了抽象的人，所有的劳动都成了抽象的对社会有用的劳动，每个主体都成了抽象的法律主体。同时，规范也呈现出一种抽象法的逻辑完美形式。"②

也正是在如此的意义上，帕舒卡尼斯明确提出了法律的消亡论。商品生产和交换是历史性的活动，它终将走向消亡，因此，在这种平等关系的形式之上的法律形式也必将走向消亡。而在这个意义上，向共产主义的过渡恰恰也就是法律形式的消亡的过程，共产主义就是从法律形式中解放出来的。就是在这个意义上，帕舒卡尼斯强调："马克思揭示了法律形式的存在根植于社会的经济组织，也就是说，按照等价原则交换劳动力成果的经济形态。由此马克思揭示了法律形式与商品形式之间的内在关系。"③

进一步来看，法律形式和价值理论及商品形式的关系是怎样的呢？在论及政治经济学的基本概念价值的时候，帕舒卡尼斯和鲁宾一样，指出了价值这一概念本身包含的真实历史过程：有价值形式不等于有价值的理论，价值成为理论恰恰是现实历史造就的。④ 同时帕舒卡尼斯还指

---

①　[苏联]帕舒卡尼斯：《法的一般理论与马克思主义》，杨昂、张玲玉译，66页，北京，中国法制出版社，2008。

②　同上书，73页。

③　同上书，17页。

④　同上书，21页。

出了以商品、价值为代表的政治经济学范畴尽管具有意识形态的性质，但是"却反映了客观的社会关系"①。同理，法的范畴也是与客观社会关系相适应的思想形式，法表征了一种社会关系。"资本主义社会财富表现为'巨大的商品堆积'的形式，于是社会本身呈现为无限关联的法律关系。……商品交换以原子化的经济为前提。孤立的私人经济单位之间的关系是通过各自不同的商品交易维系的。主体之间的法律关系只是最终成为商品的劳动产品之间的关系的反面。"②

以上就是帕舒卡尼斯对法律形式和商品形式关系的论述。行文至此我们自然会想起马克思主义哲学最经典的原理之一——经济基础决定上层建筑，似乎帕舒卡尼斯就是在商品形式这一基础之上建立起法律形式的上层建筑的。然而这里的关键之处在于，这种"决定"，并非反映论的决定，而是一种结构性、关系性的展现。在这一逻辑环节上，帕舒卡尼斯指出了资本主义社会生产关系的二重性特征：一方面，这种社会关系中的人看似处于物的、商品的关系之中；另一方面，这种社会关系又是平等、自治的实体——法律主体意志之间的关系。除了神秘的价值之外，还有另一种更莫测的现象：法律。因此同一个综合关系同时承担了两个基本抽象的面相：经济和法律的方面。所以这种决定，并非简单的反映论式的决定，亦非基础和上层建筑的决定，而是同一个社会关系二

---

① ［苏联］帕舒卡尼斯：《法的一般理论与马克思主义》，杨昂、张玲玉译，28页，北京，中国法制出版社，2008。
② 同上书，40页。

重化的两个"面相"①。这一点，我们在第四章论述批判理论与政治经济学批判之间的关系时，还会在巴克豪斯那里得到进一步的阐释。

（2）商品形式与国家形式

《法的一般理论与马克思主义》的第五章，即"法与国家"。法律问题素来和国家问题绑定在一起，因为法律的实施者和制定者就是国家。如果说法律形式是资本主义生产方式的必然产物，是商品形式的意识形态反映，那么国家也必然和资本主义这一特殊历史阶段的生产方式相联系。帕舒卡尼斯在国家理论上的探索，在内在逻辑上与对法律形式的探索完全一致。

恩格斯认为国家起源于社会的阶级矛盾不可调和，国家是阶级统治的一层烟幕，但是帕舒卡尼斯认为分析到此是不够的，而是要继续追问"这一意识形态是如何产生的"以及"阶级统治为什么使用这样的方式"②，换句话说，单单解释了国家起源于阶级矛盾是不够的，还要追问的是，统治阶级为何采用了国家的形式。

在这里，帕舒卡尼斯揭示了国家形式产生背后的机理。资本主义时代所采取的国家形式，之所以区别于既往以自上而下的权力统治的国家，就因为，这种国家中权力的主体、专断的力量完全是借由商品生产和交换的行为"自发形成"的。国家的权威源自市场，源自每一个市场的主体及其市场行为："在社会成市场的范畴内，国家机器的实现表现为一种非人格的意志集合、法治等等。在市场上，每一个买家和卖家，如

---

① ［苏联］帕舒卡尼斯：《法的一般理论与马克思主义》，杨昂、张玲玉译，70页，北京，中国法制出版社，2008。

② 同上书，92页。

我们所见，都是最卓越的法律主体。"①所谓主体，恰恰是市场活动中以及交换行为中的自由意志，这种自由意志与外在的权威天然相对，如果外在的权威干预了市场，那么"交换价值就不再是交换价值，商品也就不再是商品"②。

接下来帕舒卡尼斯道出了资本主义社会中权力机制的根本内涵："在以商品生产为基础的社会中，对一个人，一个具体的人的服从意味着对一种专断力量的服从，因为这与一个商品拥有者对另一个的服从是一样的。……资产阶级思想把商品生产结构误以为是适合于每一个社会的永恒的、天然的结构，因此把抽象的国家权力认为是每一个社会的附属物。"③这里我们不自觉地联想到阿尔都塞的《意识形态和意识形态国家机器》这一研究笔记，在其中，阿尔都塞深刻地刻画了资本主义意识形态的结构和层次，指出了意识形态超出观念之外的作为治理和规训体系的结构，并认为这一条意识形态体系恰恰构成了生产条件（生产力和现存生产关系）的再生产的工具。④ 然而在国家问题上，阿尔都塞尽管指出了国家作为"国家机器"的权力体系，却恰恰没有像帕舒卡尼斯一样，追问资本主义国家为何采取了国家机器的意识形态，这种意识形态是如何产生的。奴隶制的生产方式同样有其劳动力的再生产过程，即通

①　[苏联]帕舒卡尼斯：《法的一般理论与马克思主义》，杨昂、张玲玉译，95 页，北京，中国法制出版社，2008。

②　同上书，95 页。

③　同上书，95 页。

④　[法]阿尔都塞：《意识形态和意识形态国家机器》，见[法]阿尔都塞、汪民安、陈永国：《哲学与政治：阿尔都塞读本》，陈越译，320—326 页，长春，吉林人民出版社，2004。

过暴力手段获取更多的奴隶，单单将意识形态解释为劳动力的生产力再生产的需要，似乎是不够的。因为问题还可以进一步追问：为何采取了这样的一种公共权力机构工具？

我们可以理解帕舒卡尼斯对国家形式的看法了。和法律形式一样，国家形式也是由商品形式"推演"出来的，是商品生产、商品交换的必然结果，是其外在保障。但是，帕舒卡尼斯的论述还很粗略，他的贡献在于：第一，提出了国家形式问题的重要性；第二，将国家形式的产生与商品形式的内在逻辑联系在一起。但是，他仅仅提供了一条粗略的线索，并未深入阐述国家形式与商品形式具体的相互关系，例如国家形式究竟如何保障商品生产和交换得以进行？这里是否涉及财产权的问题？他也没有将阶级问题、剩余价值生产问题纳入考查范围，换句话说，他没有进入资本关系、资本形式的范围。这些问题，都留待国家衍生论争中的学者们回答了。接下来，我们首先以国家衍生论争的开篇之作：沃尔夫冈·穆勒和克里斯特尔·诺伊西斯的《福利国家幻象与劳资矛盾》进行一个文本解读，借此打开对国家衍生的具体观点的考察。

二、国家衍生论争的起点：《福利国家幻象与劳资矛盾》

1971 年由鲁道夫·沃尔夫冈·穆勒和克里斯特尔·诺伊西斯合著的发表在 *PROKLA* 杂志创刊号上的《福利国家幻象与劳资矛盾》这篇长文，拉开了国家衍生论争的序幕。沃尔夫冈·穆勒 1934 年出生于日本神户的一个德国商人家庭，1947 年返回德国。1964 年他在柏林自由大学获得博士学位，并留校担任政治学系的助理，1974 年通过执教资格论文，并于同年获得汉诺威大学的教席。他的代表作是 1977 年发表的《货币与精神：论古代以来同一性意识与理性的产生史》(*Geld und Geist. Zur Entstehungsgeschichte von Identitätsbewußtsein und Rationalität seit der Antike*)，这部著作深受巴克豪斯的影响。克里斯特尔·诺伊西斯出生于 1937 年，1988 年就因病去世。她曾在柏林经济应用技术大学任教授，除在国家理论方面的研究外，她后来长期致力于第三世界贫困化理论和女性主义理论的研究。

我们来看一看这篇长文。这篇文章的结构如下：一、修正主义国家理论的政治重要性；二、福利国家理论(1. 国家在社会产品分配上的优先性；2. 没有能力把握生产过程的二重性特征；3. 作为福利政策前提的成功的经济发展政策；4. 福利国家与多元民主)；三、收入分配与资本循环(1. 初次分配与国家再分配；2. 净社会产品与总社会产品：人民收入与资本保存)；四、国家在资本主义社会维持上干预的必要性(1. 马克思之后劳动保护立法的贯彻；2. 作为国家特殊化条件的资本)；五、论工人阶级经济和政治斗争的关系(1. 国家幻象的物质根基；2. 政治和经济斗争；3. 国家在劳资矛盾上的调和角色)。这篇文章中，可以提炼出如下几个主题：第一，对修正主义国家理论的批判；第二，资本主义生产过程与福利国家幻象；第三，国家形式与价值形式的关系。这些主题也是此后整个国家衍生论争中所始终围绕的。

(一)对修正主义国家理论的批判

在文章的开篇，作者阐明了促使其展开研究的现实背景，即在联邦德国，资产阶级国家的一系列福利国家调控措施被推行，甚至在某种意义上表现为一种社会主义的政策。当面对福利国家最新变化所提供的一系列经验材料——住房政策、社会立法、教育政策等，以及国家的经济发展措施时，两位作者认为有必要"对资本增殖的过程与资产阶级国家关系的规定性范畴做出澄清"①。但是，作者也强调了，这篇文章所研究的是修正主义的福利国家理论，而并不涉及对当时福利国家的现实分析。也就是说，此文的目的是要揭示福利国家的幻象是如何产生的，它是如何在物质关系及其历史发展中获得基础的，以及相关理论如何会伴随着资本的历史而必然走向瓦解的过程。

两位作者首先细致分析了魏玛共和国时期社会民主主义的国家和资本主义理论、国家垄断资本主义理论和哈贝马斯与奥菲的政治危机理论。在此基础上断定所有这些理论都陷入了福利国家的幻象之中，从而成了修正主义。

他们指出，将国家视作一个与社会矛盾相对立的，并且在社会中或多或少独立的机构，始终是一切修正主义政策和实践的前提。② 修正主义想要用社会主义取代资本主义，但是要通过现存社会基础上的合法的改良途径来实现，通过工人阶级逐渐掌握国家权力的途径——尽管在修正主义那里，工人阶级逐渐被"民主力量"所替代直至被拒绝使用。在国家与资产阶级社会的关系问题上，体现出了修正主义和革命的观点的全部矛盾。穆勒和诺伊西斯指出，如果将国家视作这样一个独立的机构的

---

① Wolfgang Müller, Christel Neusüß: Die Sozialstaatsillusion und der Widerspruch von Lohnarbeit und Kapital, *PROKLA*, Sonderband 1, 1971, S. 7.

② Ibid. , S. 7.

话，那么国家就变成一个可以根据不同历史情况被装进社会主义或者资本主义内容的"圣杯"了，① 这显然是荒谬的。这种荒谬的观点，建立在现实的基础上。第一次世界大战之前和第二次世界大战之后的两个"共和国"，魏玛共和国和联邦共和国，国家机器都采取了大量的经济和社会政治干预，资本的集中及长期的繁荣，也使人们的脑子中产生了这样的幻象，即可以借助国家机器逐步跨越资本主义。从而造就了修正主义的理论和工人阶级的虚假意识。

穆勒和诺伊西斯指出，以往的理论中，过多将"指导领域"（Direktionssphäre，基希海默，1930）和"生产形式"（Peter Gay，1954）视作资本主义经济秩序的最独特、最重要的方面，而将分配领域和分配形式划进国家机器的领域，因此，在修正主义对国家的理解中，恰恰将资本主义社会生产中的生产过程和分配过程分割开来，将国家机器视作与资本主义生产形式相对立的独立的自动的存在。② 正因如此，工人的劳动产品的分配似乎就可以不再依赖对经济规则的变革，而通过逐步加强对议会斗争的介入而得到改善。正是在这种观点之下，经济规律被排除出介入和变革的范围，政治调节似乎成了灵丹妙药，因此政治理论的领域表现出了一种独立性。这其中，克劳斯·奥菲的政治理论就是两位作者批判的典型，他的观点在穆勒和诺伊西斯看来，就是将"个体的收入"放置于"'政治的调节'之下，不再通过资本主义的生产方式，而是通

---

① Wolfgang Müller, Christel Neusüß: Die Sozialstaatsillusion und der Widerspruch von Lohnarbeit und Kapital, *PROKLA*, Sonderband 1, 1971, S. 8.

② Ibid. , S. 13.

过不同的社群的社会政治形势来解释"①。在此之上，穆勒和诺伊西斯进一步明确了他们对福利国家的认识："资本主义生产和分配，以及用于生产的扩大和个体消费的特定商品，通过国家权力的调节而相互分离开了。国家表现为一个与生产关系相对立的自主化的主体。"②

对生产和分配的分离，也使得修正主义无法把握到资本主义生产过程的二重性，在理论上就产生了如下的其实并不令人感到意外的后果：

> 当前的福利国家理论，因为不再关注工人运动的政治实践（在原本的意义上而非修正主义的意义上），所以首先关注的是政治的和社会学的理论，而忽视了对经济学理论的"经济"分析，正是从这种政治学和社会学理论出发，可以得出最适合他们的判断：哈贝马斯支持琼·罗宾逊对马克思价值理论的反驳；奥菲支持肖恩菲尔德（Schonfield），而所有这些人都支持资产阶级经济学内部凯恩斯主义的游戏方式。他们没有认识到，在各类科学的理论研究分工之中，就已经蕴含了资本主义生产方式总体的个别片段的绝对化。③

我们看到，在这里穆勒和诺伊西斯非常精准地揭示了哈贝马斯等人的政治理论和社会理论的根本问题。和巴克豪斯一直以来批判哈贝马斯根本不重视马克思的政治经济学的批判一样，穆勒和诺伊西斯更为清楚

---

① Wolfgang Müller, Christel Neusüß: Die Sozialstaatsillusion und der Widerspruch von Lohnarbeit und Kapital, *PROKLA*, Sonderband 1, 1971, S. 14.

② Ibid., S. 15.

③ Ibid., S. 16-17.

地指出了他们对马克思政治经济学批判的忽视意味着什么。正因为他们对马克思的政治经济学批判，对马克思的价值理论根本不懂也不感兴趣，在理论上也就走向了对规范伦理、交往理性的诉求之上。而他们所关注的理论对象，一个思想前提就是对生产和分配的割裂，以及对一个独立的良善的国家机器和政治伦理的推崇。对此穆勒和诺伊西斯明确指出，"资本主义生产方式的特定的法律和组织形式，无外乎就是资本主义中的生产过程作为劳动和增值过程的二重性(Doppelcharakter)的必要表达。而在修正主义者看来，这些形式就完全是纯粹偶然的附属物了"①。这里，一个十分关键的理论判断出场了，修正主义的政治理论所推崇的政治伦理、法律和组织形式，并非与生产过程无关的外在存在，而就是"资本主义生产过程的二重性表达"本身！这里的二重性，恰恰可以联系到巴克豪斯和莱希尔特对价值理论中的"二重化"的探讨，价值内在的矛盾必然二重化为"价值形式"的辩证运动；资本主义生产过程也必然需要二重化出法律、国家等一系列的再生产机构作为外在保障。

福利国家的幻象就在于它使国家脱离了生产的过程，国家似乎具有了独立性，这就是商品拜物教在国家上的体现，是一种国家拜物教。脱离了生产的总体性，将其中个别环节，特别是将国家对分配的干预这一环节单独放大，那自然体现在理论分工上，也就会将一种规范先行、价值先行的政治理论和社会理论绝对化。哈贝马斯的交往行为理论也好，英美的社群主义与自由主义争论也好，都是如此。他们面对的是一个高

---

① Wolfgang Müller；Christel Neusüß, Die Sozialstaatsillusion und der Widerspruch von Lohnarbeit und Kapital，PROKLA，Sonderband 1，1971，S. 18.

福利的社会，这个社会中阶级矛盾似乎已经弥合，因此国家扮演的角色，公共权力的伦理性、道德性就成为他们关注的焦点。而穆勒和诺伊西斯就是要将人们拉回到资本的生产过程中，并指出，福利国家归根结底仍旧是资本增殖过程的外在形式而已，它只能掩盖和调节在这一过程中的阶级矛盾，但无法真正消解它。

进而，穆勒和诺伊西斯还指出，建立在福利国家之上的只关注国家分配政策的自律性，放弃资本主义生产的增殖规律的观点，有一个前提是不可忽视的，就是经济必须没有危机地持续产生作用，而社会的经济再生产也必须保持持久的繁荣。没有这一前提，对分配政策自律性的假设也是站不住脚的。因为一旦资本的循环陷入停滞，那么关于分配的一切"范畴"与调节分配的政策都会受到影响。① 而一旦资本主义的危机到来，修正主义就不得不调整其解释模式，转变为新自由主义乃至凯恩斯主义。而这本身就证明了修正主义国家观的虚假性。

在理论上对生产和分配的经济条件的割裂也会带来政治上的结果。这一点在改良主义的历史上，从伯恩施坦到哈贝马斯有不同的表现。在伯恩施坦等社会民主党人那里，是改良主义。而在 20 世纪 70 年代的德国，则是多元民主的主张。正是在多元民主的新情况之上，哈贝马斯的交往理性才得以提出。哈贝马斯和奥菲面对国家权力分配活动的内容形式的变化，不是从生产关系的根本变革出发，而是从政治意愿塑造的过程出发。② 在他们那里，资本家阶级和工人阶级之间的关系也不再是资

---

① Wolfgang Müller, Christel Neusüß: Die Sozialstaatsillusion und der Widerspruch von Lohnarbeit und Kapital, *PROKLA*, Sonderband 1, 1971, S. 19.

② Ibid., S. 27.

本和雇佣劳动本身内在于资本增殖过程中的矛盾的人格化表现，而是被替换为一个个"个人"和一个个不同的社群，从而也为经济民主、参与决定(Mitbestimmung)等政治意识形态提供了根基。但是，这样的政治理论最终走向的还是对专业群体的倚重，因为一个全面干预操控社会生活的国家机构必然需要一批适合领导资本的工业体系和官僚体系的人。正是在这个意义上，穆勒和诺伊西斯指出，权威的福利国家和对被供给的"市民"的操纵是同一枚硬币的两面，[①] 不断增加的福利只能以不断增长的操控为基础。改良主义因此在根本上是反民主的。[②]

修正主义福利国家理论的幻象特征，通过将分配关系放回资本主义生产中分配的收入层面才可以真正看清楚。通过这样还可以看到，修正主义的国家理论直接从那种颠倒的形式中被推演出来，资本主义生产过程的这些形式自身固定在了资本代理人的意识中。对修正主义的基本观点和对福利国家幻象的批判，就是要坚持将资产阶级国家视作发达的商品生产、资本主义社会的产物。这也正是马克思国家观的基本立场。那么，如何思考福利国家这一新情况之中的国家形式，思考国家与资本主义生产过程的联系呢？

---

① Wolfgang Müller；Christel Neusüß, Die Sozialstaatsillusion und der Widerspruch von Lohnarbeit und Kapital, *PROKLA*, Sonderband 1, 1971, S. 28.

② 值得注意的是，这里我们可以联想到福柯的生命政治学批判。在他的《生命政治的诞生》(1978—1979年)中，首先分析的对象恰恰就是德国的新自由主义，也就是国家衍生所面对的福利国家。所以，增长的福利与增长的操控相辅相成，这一观点穆勒和诺伊西斯在福柯之前就已经认识到并准确提出了。

（二）资本主义的生产过程与福利国家幻象

在阐述了修正主义理论中的福利国家幻象的根本原因及其在理论上和政治上带来的后果之后，穆勒和诺伊西斯在《福利国家幻象与劳资矛盾》的第三部分"收入分配与资本循环"中，进一步从收入分配和资本循环角度入手，探讨了资本主义的生产过程如何必然产生资产阶级的国家形式。在修正主义的国家理论之中，国家似乎成了分配产品、干预主导社会经济的主体，而工人阶级和大众则作为被提供者（Versorgten）成为客体。这一切是如何产生的呢？对福利国家形式的探讨将从真实的过程出发，也就是从生产环节的有限形式出发。因此，如果说前一部分探讨的是穆勒和诺伊西斯对福利国家的幻象的认识的话，这一部分探讨的是资本主义生产过程、劳资矛盾是如何产生这种幻象的。

既然修正主义的国家理论的症结，在于将收入分配环节当作独立于生产环节的独立领域，那么，穆勒和诺伊西斯的任务，就是回到马克思《资本论》对商品和货币及剩余价值生产过程的探讨中去，回到价值的生产过程中去论证收入分配领域本身是生产领域不可分割的环节。穆勒和诺伊西斯首先明确指出，即便在资产阶级经济学中，分配与再分配也完全是由经济本身决定的，而非由政治的规律性决定的。分配实际上只是再生产的一般循环过程中的一个环节，因此并不具有独立的、支配性的政治性特征。① 甚至，政治的干预只会带来反作用，这就是增长与分配之间的目的冲突（Zielkonflikt）。所谓目的冲突，即资本回报率的底限是

① Wolfgang Müller, Christel Neusüß: Die Sozialstaatsillusion und der Widerspruch von Lohnarbeit und Kapital, *PROKLA*, Sonderband 1, 1971, S. 33.

工人实际工资的上限，如果其底限无法满足这一上限，社会革命就会到来。这是资本主义生产的客观基本规律。所以，资产阶级理论家，要么在理论上完全撤回到国家的层面并将分配问题交给政治的法哲学去讨论，要么就只有小心周到地研究调控措施，并且不能让雇佣工人了解他们的真实情况。显然第二点是不可能的。资本主义的生产就是商品的生产，购买商品的一部分货币就是工人的工资，生产商品的工人同时也是消费商品的消费者，他们的消费力是维系商品生产的必要条件。但是在流通中，工人的工资似乎只是满足于需要而购买商品的收入，而其源自资本主义生产并处于资本主义的价值联系之中，包含了可变资本、剩余价值和不变资本的一面，却被忽视了；进一步讲，资本家投入生产过程的预付资本，支付劳动力商品的那部分（可变资本），也就是工资，这种二重性被忽视了。因此生产和分配的统一性就被割裂了。正因如此，穆勒和诺伊西斯指出，这就是分配可能性的幻觉产生的根源。

工资一方面作为工人私人消费的收入，另一方面作为资本主义生产的价值联系中的范畴，就是"工资的二重性"（Doppelcharakter des Lohns），这种二重性昭示了雇佣劳动和资本之间的矛盾："雇佣劳动和资本之间的矛盾在工资范畴中就已经包含了，因此暗含在分配中；如果它讨论个别收入的范畴（工资、利润、地租），那么在这一讨论之前工资和利润的问题就必须面对了。"[1]所以在这里，穆勒和诺伊西斯通过对工资的二重性的指出，社会产品的再分配实际上是资本积累和流通过程的

---

① Wolfgang Müller, Christel Neusüß: Die Sozialstaatsillusion und der Widerspruch von Lohnarbeit und Kapital, *PROKLA*, Sonderband 1, 1971, S. 36.

必然过程，是维系再生产过程的必然需要。所以在这个意义上，福利国家所进行的所谓的干预其实只是资本逻辑的内在衍生而已。实际上福利国家本身并没有对资本主义生产过程进行干预，而只是资本生产过程本身的提线木偶而已，正因如此，穆勒和诺伊西斯做出了至关重要的判断：

> 所谓的福利国家因此根本没有"支配"它在阶级之间进行再分配的东西。它的可能性和手段只是在阶级内部的再分配范围内进行的。只有在这种情况下，当劳动力的再生产真的无法被保障了，工资的标准使得积累的规律无法延续了的时候，国家才会出于保护作为资本主义剥削基础的劳动力的原因，被迫进行雇佣劳动和资本之间的再分配。分配的规律，同时也是资本积累和流通的规律的原则因此没有被触及。①

修正主义的福利国家理论因此只有通过将收入层面的分配关系，放回到资本主义生产过程中的分配上才可以真正被说清。穆勒和诺伊西斯进一步指出，借此还可以弄清楚的是，修正主义国家理论直接从一种颠倒的形式推论出来，资本主义生产过程甚至资本代理人的意识中产生了这种颠倒的形式，并产生了在此之上的经济科学。所以，不论是资产阶级的还是修正主义的观点都不是一般意义上简单地被掩盖或被意识到，

---

① Wolfgang Müller；Christel Neusüß，Die Sozialstaatsillusion und der Widerspruch von Lohnarbeit und Kapital，*PROKLA*，Sonderband 1，1971，S. 45.

而是作为资本关系表现形式的必然结果。这种本质的基本关系（以资本主义的形式）决定了社会生产，却不是按照其本来的样子表现出来的，而是完全颠倒地表现在流通的领域中，在流通的领域中，收入的分配只是一个环节。这就是资产阶级自由幻想的起源，始自作为"收入获得者"和"消费者"的个体的自由，一直到"新经济政策"，到"经济的全面调控"，抑或到"财富政策的再分配"的能力。

到这里，穆勒和诺伊西斯就已经完全解答了福利国家幻象背后的真实逻辑了。我们也已经看到，其实在这里，两位作者运用的是和巴克豪斯及莱希尔特在分析价值形式问题时完全一致的逻辑方法。价值形式及其完成形式货币，本身是一种形式外表和幻象，背后遮蔽的是社会劳动和私人劳动之间的分裂与矛盾；而福利国家的形式，同样也是一种幻象，它不外是资本主义生产过程中所衍生出的维系资本再生产的手段，主体仍然是绝对的主体——资本，而非国家，国家只是资本的手段。在这里，穆勒和诺伊西斯也以福利国家为分析对象，某种意义上直接回答了帕舒卡尼斯的问题。资产阶级国家之所以采取了一套与直接的阶级压迫相反的平等、自由的形式，并非资产阶级国家真的被良善的伦理原则所感化，而是资本主义生产过程在新的历史情况下需要采取这样一套方式来维系其进一步的发展。所以这一套外表也绝非永恒的，一旦资本主义生产遭遇不同的情况，它就将很快换上另一种面孔。而修正主义理论恰恰就是脱离了资本增殖的生产过程，将这一切视作永恒。对此穆勒和诺伊西斯指出："修正主义理论的共同点是：他们脱离了作为资本增殖过程的生产过程而将国家的不同功能，特别是福利国家政策，当作国家的独特本质。"①

此后，穆勒和诺伊西斯进一步分析了劳资矛盾的本质。他们引用马克思在《资本论》第一卷中对绝对剩余价值生产的等式。在劳动力商品买卖之间，这一过程是绝对平等的，并不存在任何欺诈与偷窃，资本家使用的是购买的权利，而工人使用的是出卖劳动力的权利，他们两者之间完全是在自由契约之下，凭借自由意志进行交易的。② 然而就是这种形式的平等之下发生了二律背反，即一个权利对抗另一个权利，而这两个权利都符合商品交换规律。那么，在两个平等的权利之间，起决定作用的就是力量(Gewalt，或译作暴力)。③ 对工作日的斗争，就是资本主义社会内雇佣劳动和资本的不可避免的矛盾。因此可以说，劳资矛盾所揭露的正是资本主义社会中商品交换和私有制支配的一般规律，分配层面的矛盾是生产层面的矛盾的延伸，"雇佣劳动和资本之间的关系因此解释了内在于商品交换社会中的关系……"④。如此而言，福利国家的形式无法掩盖背后真实的矛盾关系。

(三)国家形式与价值形式

在《福利国家幻象与劳资矛盾》第四部分的第二节"作为国家特殊化条件的资本"中，穆勒和诺伊西斯进一步分析了国家形式的拜物教特征。

---

① Wolfgang Müller, Christel Neusüß: Die Sozialstaatsillusion und der Widerspruch von Lohnarbeit und Kapital, *PROKLA*, Sonderband 1, 1971, S. 46.

② 《马克思恩格斯全集》第二版第 44 卷，204—205 页，北京，人民出版社，2001。

③ 同上书，271—272 页。

④ Wolfgang Müller, Christel Neusüß: Die Sozialstaatsillusion und der Widerspruch von Lohnarbeit und Kapital, *PROKLA*, Sonderband 1, 1971, S. 48.

前文已经提及，在修正主义的国家幻象之中，将国家当作一个"主体"，但是，这种主体性是虚假的，真正的主体正是马克思在《资本论》中所明确指出的资本本身。资本，在这一语境内成为国家形式的自主化、特殊化的必要前提。这里在标题中的"特殊化"（Besonderung），就是"处于旁边的，外在的"（neben und außer）。也正因如此，在国家形式上，展现出了和商品拜物教一样的内在逻辑。

在资本主义生产的矛盾上的真正的特殊化，导向了一种"颠倒的""神秘化的""唯心主义的"观点，即将国家视作在社会之外独立存在的真正的主体，而社会成了客体。我们知道，这是马克思早在《黑格尔法哲学批判》中已经批判过的观点。但是这一观点如何在《资本论》的语境中得到论证呢？在这里，穆勒和诺伊西斯展现出了和巴克豪斯、莱希尔特一致的思想逻辑，即通过对价值形式的辩证法，剖析国家形式本身的拜物教特征。

穆勒和诺伊西斯将"国家的发展作为'市民社会之外的特殊存在'"这一观点，回溯到了价值形式的辩证发展之中，回溯到从商品中的价值和使用价值的矛盾中产生货币形式这一巴克豪斯《价值形式的辩证法》中的经典探讨对象之中进行。作为商品的劳动产品的二重性中包含的矛盾，只有通过一种特殊的商品即货币商品才能够表现出来；商品的价值形式在其自身的使用价值中无法表达出来，而需要在一个特殊商品的使用价值中表达，因此货币就出现了；货币现在仅仅表现为独立的物（Ding），在这之上附着着价值的特殊的、历史的、社会的特征作为自然的或者人们通过一致的统一所定义的特征。

在阐述了马克思价值形式的基本理论之后，穆勒和诺伊西斯指出，同样的拜物教在国家形式上也可以发现。在资产阶级的观点看来，国家要么就是始终存在的，人从本性出发就需要建构国家，也就是说国家对于人（资产阶级的）的生活来说是不可或缺的，或者国家就是通过契约被有意识地建构起来的。[1]与资产阶级的国家观相反，马克思主义的国家观，就在于指出国家的形式性特征，拜物教特征，是资本主义生产过程的必然延伸。也正因如此，穆勒和诺伊西斯借用恩格斯的《反杜林论》，提出了非常著名的判断，"资产阶级国家"并非"真正的总资本家"，而是"理想的""虚构的总资本家"。[2]将国家视作"理想的总资本家"，说的就是国家形式与资本主义生产过程的不可分，以及与价值形式的同构性。

　穆勒和诺伊西斯的《福利国家幻象与劳资矛盾》一文，作为国家衍生论争的开篇，具有非常重要的意义。此文首先将作为福利国家的国家形式问题提出，并批判了修正主义国家理论的"幻象"性特征，更为关键的是，他们将福利国家幻象的产生根源还原到资本主义社会的内在矛盾和资本主义生产过程中去，这开启了对国家形式问题的讨论起点和基本范式。这里有必要指出的是，穆勒和诺伊西斯的这篇著作，不仅是一篇理论研究著作，而且是要服务于德国当时的工人运动和学生运动的。为现实的革命运动提供理论资源，是两位作者始终强调的。但是他们的探讨也有一定的不足，正如"阶级分析项目"小组对他们的责难中指出，他们

---

　　①　Wolfgang Müller, Christel Neusüß: Die Sozialstaatsillusion und der Widerspruch von Lohnarbeit und Kapital, *PROKLA*, Sonderband 1, 1971, S. 57.

　　②　Ibid., S. 57."理想的总资本家"出自恩格斯的《反杜林论》："现代国家，不管它的形式如何，本质上都是资本主义的机器，资本家的国家，理想的总资本家。它愈是把更多的生产力据为己有，就愈是成为真正的总资本家，愈是剥削更多的公民。"《马克思恩格斯全集》第一版第20卷，303页，北京，人民出版社，1971。

并没有深入阐述国家形式究竟是如何从资本主义社会中"推论"得出的。而这正是在此之后的学者所集中关注的问题。

三、国家衍生论争中的其他论点

通过对国家衍生论争的起点——穆勒和诺伊西斯的《福利国家幻象与劳资矛盾》——中主要观点进行分析，我们已经打开了国家衍生论争的入口，因为这篇长文中已经提出了整个国家衍生论争中的基本问题，正如阿尔特法特和霍夫曼指出的，在这一论争内部的不同路径都考察了马克思对资本主义再生产的形式与内容的阐述，从而在理论上通过具体的、明确的推演步骤来重建资产阶级国家的形式；国家的形式和功能因而从"资本的一般概念的发展"(也就是价值形式问题)中推导得出；凭借对"政治经济学批判体系"的具体援引，国家衍生论争都将国家形式的问题置于核心位置。[1] 对国家衍生论争共同点的这三个总结，在穆勒和诺伊西斯的文章中都已经非常清楚地表现出来。也正如价值形式问题并非一个新问题，而是隐藏在卢卡奇、柯尔施、鲁宾、波洛克乃至霍克海默和阿多诺以来的整个批判理论传统中一样，国家衍生所围绕的主体其实并不新鲜，但是它却被淹没在以帕舒卡尼斯为代表的法学理论，以及以

---

[1] Elmar Altvater and Jürgen Hoffman: The West German State Derivation Debate: The Relation between Economy and Politics as a Problem of Marxist State Theory, in: *Social Text* 8/2, 1990.

诺依曼和波洛克为代表的法兰克福学派的批判理论①之中，甚至是列宁《国家与革命》对国家所做的定义之中（这一点我们前文已经提到）。在了解了国家衍生的一般共性之后，我们接下来有必要对这场论争中出现的一些不同观点进行一个概述。

（一）资产阶级社会的二重化与国家的平等表象

针对穆勒和诺伊西斯的《福利国家幻象与劳资矛盾》一文的不足，即它没有对资产阶级社会（bürgerliche Gesellschaft）②的内在矛盾如何推导出国家形式的具体环节进行深入阐述，柏林自由大学的理论研究小组"阶级分析"项目首先对这一问题进行了探索。他们给出的答案是，资产阶级国家是资产阶级社会的必然结果，是资产阶级社会向社会和国家的二重化："因此在其中特殊的个体聚集起来的社会、普遍性，获得了在建构起社会的私人的总体之外的一种独立存在。这就是社会向社会与国家的二重化。所有共同的利益都被从社会剥离出来，社会成员的独立性也被剥夺，作为与社会成员相对立的普遍的，由国家代表和追寻的利益。"③这里，黑格尔《法哲学原理》中所论述的市民社会向国家的二重

---

①　这里指弗兰茨·诺依曼在《巨兽》(*Behemoth*，1942，1977)对法西斯主义国家的政治经济学分析，以及波洛克的国家垄断资本主义批判。

②　在本章语境中，将"bürgerliche Gesellschaft"翻译为"资产阶级社会"而非"市民社会"更为妥当，因为这更接近于马克思在成熟时期的政治经济学批判和《资本论》语境内的使用，而非青年时期的使用。汉语往往将青年马克思对"bürgerliche Gesellschaft"的使用译作"市民社会"，因为这更接近于黑格尔的法哲学的语境。

③　转引自 Sybille von Flatow，Freerk Huisken：Zum Problem der Ableitung des bürgerlichen Staates，In：*PROKLA* Nr. 7，1973，S. 87。

化，以及巴克豪斯和莱希尔特强调的商品的二重化概念再次出场。将价值形式辩证法中的二重化问题运用于对国家的分析，在穆勒和诺伊西斯那里就已经成为一个方法论的起点，这一方法论起点，在国家衍生论争的不同观点上都有所体现。① 但是，要指出的是，这只是一个起点，在这一起点上对国家问题的推论方式，在论争的参与者中则各有不同。

正如巴克豪斯和莱希尔特指出的，二重化即一种矛盾统一性，资产阶级社会向国家的二重化，其根源就内在于资产阶级社会本身的矛盾之中。因为资产阶级社会中的生产的社会性发展决定了"共同的任务"与"共同的利益"，这一共同任务建立在社会性劳动的资本主义特征之上，这种社会性特征是商品的私人所有者所无法独自完成的。所以，资产阶级国家的两个功能在这一过程中就被勾画出来：生产资本的一般生产条件的功能，和通过运用经济之外的力量来维护资产阶级秩序的功能。② 这其实就是资产阶级社会本身内在的矛盾，它一方面是为满足于私利的，但是在资本主义的生产和流通之中，本身有要求普遍的利益来作为这种私利的外在保障，国家也就因此产生。需要进一步追问的是，资产阶级社会的内在矛盾究竟是如何展现的，换句话说，这里所指的"社会"概念究竟是什么？阶级分析项目小组并没有将"社会"等同于"资本主义生产"，而是将其视作一个固定的国家区域内的人口集合特殊的社会结

---

① 如弗拉托沃和胡伊斯肯指出，"正如价值形式的辩证法一样，也就是从使用价值和价值的矛盾中产生商品向商品和货币的二重化一样，对国家的分析也从这里开始"。Sybille von Flatow, Freerk Huisken: Zum Problem der Ableitung des bürgerlichen Staates, In: *PROKLA* Nr. 7, 1973, S. 94.

② 转引自 Sybille von Flatow, Freerk Huisken: Zum Problem der Ableitung des bürgerlichen Staates, In: *PROKLA* Nr. 7, 1973, S. 87。

构化(soziale Struktuierung)。这种社会的结构化又是什么呢？

　　到这里，阶级分析项目小组通过对商品循环的探讨，解析了这一社会的结构化。乍一看纯粹由个别的私人的聚集组成的集合体，其内在联系的建立，就在于通过商品的相互交换而建立起的自我劳动结果的相互的实体化联系(verkörperten Bezug)。对"个体商品占有者(Besitzer)"和"个体商品生产者"概念的使用本身，在阶级分析项目看来就已经包含了资产阶级国家的推论，也就是说，社会二重化和国家特殊化的必要性的推论，建立在简单商品循环的系统层面(systematischen Ebene der einfachen Warenzirkulation)上：阶级分析项目进一步论述，只有在简单商品循环的系统范畴条件下，个体商品生产者和商品占有者才同时发生；作为对劳动对象化手段和工具的私有者，以及作为对自己劳动结果，即商品的所有者，只有在 W-G-W 的循环过程中才能占有作为使用价值的其他人劳动的结果。[①] 于是，在社会成员的利己性之上，因为生产和交换的社会性质同时生发出对共同利益的诉求。这种共同利益，就是在商品之间等价交换关系上建构起来的。等价交换原则所构成的私人间的共同利益，就是一种"社会再生产的普遍的框架性条件(Rahmenbedingungen)"[②]，国家的产生，就是为了提供并保障这一条件的。也正是在这一条件下，在两种不同商品所有者：劳动力所有者(雇佣工人)和资本所有者(资本家)之间，国家在保证这种框架性条件和这种形式平等的同时，就牺牲掉了工人阶级的利益。在这一意义上，所谓的"公共利益"又

---

　　① Sybille von Flatow, Freerk Huisken: Zum Problem der Ableitung des bürgerlichen Staates, In: *PROKLA* Nr. 7, 1973, S. 88.

　　② Ibid.

被抛弃了，资本主义社会作为阶级对立社会的本质，就表现了出来。

从资产阶级社会二重化为社会和国家的角度来分析国家的产生，特别是通过商品流通中商品所有者和生产者对于一种公共利益即等价交换原则的诉求，来推导出国家产生的原因。从市民社会内在矛盾中推导出国家存在的必然性，这种思路我们在黑格尔《法哲学原理》中对市民社会和国家的探讨，以及青年马克思在《论犹太人问题》对市民社会的分裂即公民和市民的二分中，都可以看到。阶级分析项目小组在这一问题上的推进之处，就是将其回溯到具体的商品形式、简单商品流通，特别是等价原则的条件下，更进一步阐发了"社会"向"国家"的"推论"。但是，这种国家衍生方式的问题也是明显的，弗拉托沃和胡伊斯肯就指出，它将国家视作生产和再生产的一般框架条件，这种保障等价原则的国家是服务于公益的，然而它却没有解释清楚为何劳动力的所有者——无产阶级在其利益被损害的条件下，却仍接受这种国家形式。①

弗拉托沃和胡伊斯肯试图解释这一问题。他们基于《资本论》中马克思对资本主义社会收入来源的三位一体公式（trinitarische Formel）之上的"神秘化"过程②，分析了资产阶级社会的表象（Oberfläche）③的形成过

---

① Sybille von Flatow, Freerk Huisken: Zum Problem der Ableitung des bürgerlichen Staates, In: *PROKLA* Nr. 7, 1973, S. 90.

② 弗拉托沃和胡伊斯肯强调，这种形式的平等和内容的不平等，在资本主义生产的简单循环中就已经奠定了。这就是 G-PM 和 W'(PM)-G' 环节是形式和内容上的平等，而 G-A 环节，也就是货币购买劳动力商品的环节，则仅仅是形式上的平等而在内容上的不平等。Sybille von Flatow, Freerk Huisken: Zum Problem der Ableitung des bürgerlichen Staates, In: *PROKLA* Nr. 7, 1973，S. 98-99.

③ 《资本论》中文版中将"Oberfläche"译为表面，参见《马克思恩格斯文集》第 5 卷，613 页。在本文语境中译为"表象"更合适。

程。通过劳动力的价值转换为劳动的工资，剩余价值转换为利润（Profit），利润转换为收益（Gewinn）和利息，剩余利润转换为地租，通过这些过程，私人所有者在这一表象上建立起了平等、自由和独立的现实表象的领域，在这一表象中，就隐藏着资产阶级国家展开的可能性。① 阶级结构是财产和占有及雇佣劳动和资本对立的结果，但是在社会化的形式之中，在商品交换、货币媒介和工资形式等形式中被神秘化了，所有这些不平等似乎都有了平等的表象。这就是劳动力商品所有者也就是工人阶级尽管遭受剥削压迫却无法认清其本质的原因。他们都被戴上了"公民"的面具，似乎在实质上也都是平等的了。在马克思"神秘化"分析基础上，弗拉托沃和胡伊斯肯假设了由劳资对立的阶级关系建构的生产方式和作为市民活动领域的社会塑形（Formation）之间的关系。二者一个是深层结构，一个是表象。它不仅建构起无产阶级虚假的意识，而且塑造了资产阶级社会的日常生活。资产阶级国家因而就是虚假的作为表象的公共利益的产物。②

弗拉托沃和胡伊斯肯对国家的认识也招致了不少批判，因为他们对国家的推论完全将历史的维度排除了，生产关系及其矛盾发展的线索消失了，在这一线索中，不同收入来源的人也并不平等地受资本运动的影响。进一步看，收入来源上的神秘化有平等的表象，也只是在社会和谐的前提下才有可能。

---

① Sybille von Flatow, Freerk Huisken: Zum Problem der Ableitung des bürgerlichen Staates, In: *PROKLA* Nr. 7, 1973, S. 107.

② Ibid., S. 116-120.

（二）国家形式的法律形式前提与财产权问题

布兰克、于尔根斯和卡斯滕迪克在 1974 年发表的《论关于资产阶级国家形式和功能的最新马克思主义讨论》（以下简称《最新讨论》）一文和 1975 年发表的《政治学批判》（两卷）是国家衍生论争中具有重要位置的系统研究性文献。

如果将交换形式和法律形式以及国家形式联系在一起来看，那么很容易得出的答案就是，法律形式以及国家形式就是财产的占有，以及商品交换原则的外在保障。这恰恰是新自由主义的观点，国家只是市场的守夜人。但是这种国家观的问题在于，它假设了一个先于商品交换的国家的存在，也就是说这种观点同样制造了国家和社会的二分、政治和经济的二分。然而国家形式的变化是随着社会形式而变化的。在《最新讨论》一文中，布兰克等人申明，他们的主要理论研究任务，首先就是对资产阶级理论和意识形态中的国家权力和法的问题，特别是政治统治的合法性问题的反思，其次探讨对国家权力、法和社会的功能性联系的展开，如何因为政治和经济的分离而无法进行。[①] 正因如此，布兰克等人对国家衍生论争的主要贡献，就在于将国家形式的法律形式前提进行了追问，在这一语境中，布兰克等人也对帕舒卡尼斯的思想进行了大量的引用和发展。

他们首先强调了法律形式的重要性。资本主义流通过程中出现的看似是物，但却是人。而在商品流通中，人需要一定的基本外在规定性、

---

① Bernhard Blanke, Ulrich Jürgens, Hans Kastendiek: Zur neueren marxistischen Diskussion über die Analyse von Form und Funktion des bürgerlichen Staates. , In: *PROKLA* 14/15，1974，S. 52.

契约和意识形式来保障流通的进行。正因如此，"关键的东西是法律形式。这是一个必要形式，因为资本主义商品生产中的社会联系具体是作为物化的（'客观的'）强制而实现的，其实现却需要个体的（'主体的'）行为"①。而为了使人承认商品流通过程中的那些其中贯穿了价值规律的形式，核准机构（Sanktionsinstanz）还需要货币之外的其他一些形式。这些形式将人裁剪为"行为主体"，在这些行为主体中同时还有个体行为的也即意志自由的神秘化，以及社会强制关系所设定的现实。这就是法律形式和作为保障的经济之外的强制力量。简单讲，法律形式是保障商品流通的基本前提和外在规定，是交换活动的外在保障。如果没有这种前提和规定，那么就无所谓平等自由的商品流通，而是像比如在古希腊经常出现的那样，以海盗的身份来掠夺财物，而人们也将这视作自然的事情。资产阶级法律形式，恰恰在于以一种外在形式保障这种平等交换原则得以进行。人与人之间的交换关系，以对私有财产的相互承认为前提，在此之上作为基本权利的私有财产和契约自由的形式才表现出来。②而在资产阶级国家理论中的主体，不是资本主义生产基础上的经济规定性，而是"私人所有者"，也就是法律主体（Rechtssubjekt）。布兰克等人指出，国家的"特殊化"（Besonderung），即国家形式具有一种独立性外在性的特征，首先是在法律意义上奠定的。③但是，到这里，另

---

① Bernhard Blanke, Ulrich Jürgens, Hans Kastendiek: Zur neueren marxistischen Diskussion über die Analyse von Form und Funktion des bürgerlichen Staates., In: *PROKLA* 14/15, 1974, S. 54.

② Ibid., S. 71.

③ Ibid., S. 62.

一个问题也浮现出来，这就是财产权问题。

法律形式所带来的另一个重要问题，即财产权（Eigentumsrecht，英语：Property Rights）问题。将财产权问题引入国家衍生，是布兰克等人在国家衍生论争中非常重要的一个贡献。他们的基本判断是：国家即为财产提供法律保障的机构。国家形式的逻辑前提是法律形式，法律形式是商品交换活动的外在保障和强制力量。然而与此同时，商品交换得以进行的一个前提，就是用来交换的商品必须有人"占有"（Besitz）①，被占有的商品，就是私有财产；而保障这一占有的法律形式，即财产权的出现。即便一无所有的无产阶级，也是"拥有"他的财产的，这就是他的劳动力。无产阶级区别于奴隶的关键，就在于他可以自由地支配自己的劳动力，他的劳动力属于他自己，而不属于任何他人。正因如此，财产权问题，以及在此之上的法律形式问题，就是国家形式问题的逻辑前提。财产权是近代以来法哲学领域中极为关键的问题，霍布斯、洛克直到黑格尔，都对这一问题进行了探讨。然而马克思第一个将财产和占有

① "占有"区别于"Aneignen"（领有），"领有"拆解词根的本来含义就是"成为自己的"。关于占有和领有等问题的探讨，在日本学界有较多成果，具有代表性的有平田清明、望月清司等人的研究。

进一步讲，和价值理论研究一样，国家衍生的相关主题，日本学界在20世纪六七十年代也有大量探讨，最著名的有宇野弘藏（Uno Kozo，1897—1977）。宇野弘藏是日本最重要的马克思主义经济学家之一，在马克思价值理论研究上有突出贡献，在他的带领下，东京大学形成了一个"宇野学派"，他在20世纪70年代基于价值问题对国家形式的研究，在很多成果上与联邦德国学界的研究相一致。

的关系问题进行了澄清，指出了财产和占有的历史性特征。①

但是，将国家视作为财产提供法律保障的机构，还会带来如下的问题，在资本主义的占有法律上，产生了财产所有者阶级，即可以处置作为财产的生产资料的人和只有劳动力的无产阶级。国家如何为这两个在财产上产生对立的阶级提供保障？另外，如果占有无法在政治上通过财产得到保障，当占有的过程在经济上周期性地波动，也就是面对资本主义生产方式的基本规律和利润率下降规律时，国家又当如何采取保障措施呢？布兰克等人给出了至关重要的答案：财产权始终还是排除权（Ausschlussrecht）。就是说，财产权在保障一部分人的权利的同时，还需要权力将那些并不具有特定私有财产资格的人排除出去。而财产权和排除权，都是体现国家权力的法律形式。这样就可以说，不仅财产所有者阶级和无产阶级产生自财产、权力结构和权力关系（Gewaltverhältnisse），就算是国家，也同样产生于财产之上。② 但是重要的是，这一切，都在法律形式的外在形式规定性的保障之下。

(三)在积累理论之上的国家衍生

艾尔玛·阿尔特法特是德国著名马克思主义政治学家，曾长期任教

---

① 马克思在 1846 年 12 月 28 日《致安年科夫的信》中指出："其所以发生这个错误，是由于在他们看来作为资产者的人是一切社会的唯一基础，是由于他们不能想象会有这样一种社会制度：在那里这种人不再是资产者。"《马克思恩格斯全集》第 27 卷，485 页，北京，人民出版社，1972。

② Elmar Altvater and Jürgen Hoffman: The West German State Derivation Debate: The Relation between Economy and Politics as a Problem of Marxist State Theory, in *Social Text* 8/2, 1990.

于柏林自由大学奥托·苏尔研究所。他也是国家衍生论争的重要参与者之一。区别于其他观点，他主要侧重从资本主义社会的积累理论和平均利润率下降规律的角度分析国家问题。

在《论国家干预主义的若干问题》中，阿尔特法特同样试图回答福利国家形式产生的根源。阿尔特法特认为，平均利润率下降规律对于分析经济和政治的关系有极为重要的价值，如果资本增殖作为利润率下降的一个结果不再可能成功的话，财产和占有权就不能在政治上被保障，从而失去了经济上的意义。在这种条件下政治首先就不是限制经济秩序的基础，而是更多干预经济的过程。从"秩序的政治"到"过程的政治"，存在于积累机制的内在矛盾之中。这里显示出的是作为资本的私有财产，在国家对其存在的形式保障和利润下降趋势之间的矛盾。也就是说，随着资本主义平均利润率下降规律，也就是随着资本主义危机的周期性来临，国家往往会从一个守夜人的角色转变为一个干预者的角色。从维护秩序，到干预过程，一方面，在积累过程中，对国家保障是有限制的，政治的努力是有规则的；另一方面，政治体系必须采取相应的手段，从而有能力从政治上干预资本增殖。

阿尔特法特的理论研究任务，就是要从资本主义再生产结构和过程出发来研究在资产阶级社会中以政治的方式表现的阶级关系，以及在其中国家功能是如何被规定的[①]。阿尔特法特首先从"资本一般"、总资本和个别资本的关系出发，指出在马克思那里，资本主义生产方式的"运

[①] Elmar Altvater: Zu Einigen Problemen des Staatsinterventionismus, in: *PROKLA* 3/1972, Berlin, S. 5.

动规律"所指的都是总资本的运动规律，而非个别资本的运动规律；但是个别资本的活动提供了总资本的存在条件：一般剥削条件、同等剩余价值率和平均利润率。个别资本间的竞争，因此就是资本内在规律展开的形式，它不是单纯的同时与内容相对的工具，而是"现实的概念上被把握的作为总资本的资本形成的必然环节"①。国家产生于资本主义社会再生产的内在需要之中，这是阿尔特法特的基本观点。宽泛地讲，这种资产阶级社会的"二重化"是国家衍生的一般观点，这一观点在阿尔特法特这里具体表述为：资产阶级社会在国家之中发展出一种特殊的、表现了资本的平均利益（Durchschnittsinteresse）的形式。国家因此既非单纯的政治工具，也非被资本掌控的机构，而只是在竞争之外的贯彻资本社会存在的特殊形式，以及资本的社会再生产之中的本质环节。②

　　但是，国家这一特殊存在形式如何表现了资本的利益，还需要进一步考察。这一环节才是阿尔特法特观点的独特之处。通过对总资本和个别资本的关系的探讨，为探讨资本主义的重要规律——平均利润率下降规律提供了逻辑前提。而资本主义生产方式不可避免的危机就存在于积累和平均利润率下降规律之中。国家对生产过程的干预因为再生产的物质内容（也就是生产过程的使用价值方面）是必不可少的，但国家却不能在资本增殖的个体流通条件下被生产，它或者是不获利的，或者是会随着利润率下降而变成不获利的。阿尔特法特指出："一般来讲可以大致这么说，被国家接管或者说调节的必要的生产过程必须要增加，建立在

---

　　①　Elmar Altvater: Zu Einigen Problemen des Staatsinterventionismus, in: *PROKLA* 3/1972, Berlin, S. 6.

　　②　Ibid. , S. 7.

利润率下降的历史趋势上，其相伴的现象是越来越多的生产过程对于个别资本(Einzelkapital)来说表现为不获利(尽管从表面上看是出于不同的原因)，因此要被放弃或限制，从而消失于由竞争所中介的单个资本的行为领域。"①当个别资本随着利润率下降不再获利时，国家就将采取干预措施，介入这一行业领域。平均利润率下降这一资本主义生产的最为重要的规律，需要历史实体的维度："国家因此在资本主义社会的基础上是对个别资本的一定补充，这种国家的'补充'是历史规定的。……国家特殊化因此奠定于资本关系的'本性'之中，但是真正的国家(wirklicher Staat)的产生却是一片土地在一个特定的时代、在特殊的历史条件下形成的。"②这一历史维度具体表现在对私人生产的社会干预过程。通过国家，为普遍的物质生产条件提供可能，如交通、通信、医疗保障、教育等。因此，国家通过对社会再生产的非营利的因素的管理，来为个别资本提供可能，来减缓私人资本利润率下降的趋势，甚至在危机中还会采取措施进行补贴甚至接管。③阿尔特法特举例说，德国铁路网就是这一历史过程的具体展现，在 19 世纪，修建铁路对于个别资本来说是有利可图的行业，而它如今已经成为一个不得不由国家接管承受亏损的行业。国家正是在这个意义上构成资本主义社会必然的需要。

从积累理论讨论国家形式的路径，得到了延续和发展。在布兰克和霍夫曼那里，就对这一路径进行了进一步阐发。他们提出的一个观点就

---

① Elmar Altvater: Zu Einigen Problemen des Staatsinterventionismus, in: *PROKLA* 3/1972, Berlin, S. 11.

② Ibid. , S. 17.

③ Ibid. , S. 22.

是"政治对经济的调节"，具体讲来，当考虑经济及其发展的矛盾趋势时，政治是相对自主的；然而，最终经济体系的矛盾和危机会调整到政治的领域，采取相应的措施和"调节运动"（Anpassungsbewegung），这也就是机构化的转型。

我们以上仅分为三部分，探讨了国家衍生中最具代表性的几种观点。国家衍生论争中的文献和观点还很多，以上所总结的几点，最为集中地围绕在马克思政治经济学批判，特别是以价值形式理论及在此之上的资本逻辑的探讨为根基，在解答福利国家幻象和资产阶级国家形式的根源上，做出了重要的贡献。他们对国家形式"推论"的立足点和着眼点尽管各有不同，或者从资产阶级社会的二重化问题出发，或者从收入来源三位一体公式的神秘化出发，或者从财产权问题出发，从资本积累和平均利润率下降规律出发，等等。这些不同的"推论"体现了在方法上高度的一致之处，或者说有着共同的范式。这就是对马克思价值形式理论和资本逻辑的运用：资产阶级社会的矛盾结构是价值形式产生的基础；在价值形式的完成形式、货币形式上，资本一般得以确立，资本逻辑的展开成为可能；价值形式的基本特征和资本逻辑的发展需要决定了国家形式这一必然的外在表象。国家问题正是政治经济学批判的重要组成部分，国家衍生论争，也就和新马克思阅读的路径紧紧绑在一起，成为这一理论运动的一条最重要的支流。也正因如此，被视作国家衍生论争重要参与者之一的约阿希姆·希尔施的思想在本文不做讨论，因为他在这场论争中，更多着眼于阶级理论和对国家机器的政治学探讨，而与价值形式理论和资本逻辑的角度保持了距离。这也是他后来更多走向葛兰西和普兰查斯的国家理论的一个原因。

本章小结

在本章中，我们已经对作为新马克思阅读理论分支的国家衍生论争的社会历史背景、这场论争所激活的理论资源和代表性观点进行了总结回顾。在小结中，我们还有必要将国家衍生论争放在 20 世纪 70 年代西方马克思主义国家理论讨论的大背景中，为德国的这场独特论争作一个定位。

关于西方马克思主义理论传统中的国家理论，我们最熟悉的，或许首先是阿尔都塞和他的学生、普兰查斯以结构主义的方法论对国家问题的探讨；而英国新左派的传统中，对福利国家问题的探讨也是一个不可忽视的主题；在此之上贯穿 20 世纪 70 年代的密里本德和普兰查斯之争成了西方马克思主义国家理论最为引人注目的理论事件。通过我们的考察可以看到，联邦德国的国家衍生论争恰恰构成了 20 世纪 70 年代与英、法并列的德国学界在国家问题上的独特探讨，成为这一思想史图谱上的重要分支。而且这一探讨在 20 世纪 70 年代后期被介绍到英语学界后，又推动了英语学界对马克思主义国家问题和政治理论的进一步研究。然而佩里·安德森在《西方马克思主义探讨》中仅仅看到了法语学界的普兰查斯在马克思主义政治理论上的探讨，却完全忽视了此时在德国进行的在范围和深度上都不逊于法国结构主义国家理论的探讨。

相对于 20 世纪 70 年代英法国家问题争论中，以密里本德和普兰查斯之争体现出来的两种方法即经验主义和结构主义的方法，以及两种观点即新工具论和结构论，德国国家衍生论争在方法论上和观点上具有自己鲜明的特征。它从一开始就完全立足于经济和政治的关系问题之上，立足于对《资本论》的解读之上，特别是对价值形式辩证法与资本逻辑的阐发之上来解释福利国家和国家形式。某种意义上，它是对传统国家工具论思想的一种发展，在国家衍生的论争中，国家始终作为资本逻辑的一个衍生和推导，国家这个上层建筑始终作为价值和资本范畴基础的结构性发展；与此同时，又结合了结构论的一些优点，在以资本逻辑推论得出的国家的一系列要素之中，存在贯穿始终的内在一致性，进而也赋予了国家以一种"观念的总体资本家"的相对自主性的形式。这种相对自主性，将资本家和阶级都视作不同经济学范畴的人格化。作为统治阶级的资本家阶级和被压迫阶级的工人阶级之间的矛盾，因此是资本逻辑内在矛盾的必然表现。

按照郝洛维和皮西奥托的观点，国家衍生论争在国家理论上最突出的特征，就是将国家"形式"问题主题化，从而在辩证法的传统中对国家问题进行研究，而非如英美学界对权力机构的经验性考察，或者陷于对经济力量和政治力量何者是第一性的无果的研究上。[①] 在国家衍生论争的参与者看来，经济和政治也好，社会和国家也好，何者为第一性这个问题并不能成为一个问题，而关键的问题在于如何在马克思《资本论》的语境中把握这二者的分离——这种分离恰恰是发达自由资本主义国家形式的基本特征。只有将资本理解为社会关系范畴，而非一个自动化的经济主体和自然的过程，才能够将资本概念和国家形式问题真正联系起来。这也正与帕舒卡尼斯所提出的那个经典问题联系在一起。就是在这

---

①　John Holloway and Sol Piciotto: Capital, Crisis and State, in *Capital and Class*, 1977, vol. 1 no. 2.

一问题上，国家衍生论争的参与者都返回到价值形式问题这一根基上，特别将"资本"概念作为推论的起点，从资本的内在逻辑结构及其矛盾运动的研究，来阐述国家形式。在这个意义上，国家衍生论争延续了新马克思阅读对价值形式辩证法的重建，以及对政治经济学批判和社会批判理论关系的重建。可以说，国家衍生论争的讨论成果，为我们理解联邦德国乃至整个西方世界 20 世纪 70 年代以来的新自由主义国家形式提供了重要的帮助。这种国家形式，恰恰在价值形式所包含的平等属性基础上，以自由、平等和民主的形式性外表表现自身，这种外表也正是自由主义资本主义的霸权所在，自由主义政治理论的霸权所在。国家衍生论争的参与者，从不同角度力图证明的，就是这种国家形式的虚幻性和暂时性，这种国家形式归根结底仍是资本生产逻辑的外在衍生。

国家衍生论争中，德国学者所走的这条路径也存在一些问题。

正如杰索普指出的，国家衍生论争的参与者"在试图从纯形式的资本主义生产方式中得出资本主义国家的本质时，'资本逻辑学派'犯了上面以更复杂形式才能被识别的还原论错误。……这项研究假定了由经济层面决定其形式和作用的政治层面的必要性。它证明了在理论上'理想的总资本家'可以被构造来确保资本主义可能是所需的某些一般条件，而且这反过来预示了积累的政治和经济方面之间分离的特殊形式。但是所建构的东西是，资本主义是一种可能的生产方式，而且涉及特殊的国家形式。只要'资本逻辑学派'仍然停留在这个框架内，他们就不可能说明资本主义国家的起源，也不可能解释它怎样像理想的总资本家那样起作用。在这两种情形下，它诉诸令人难以满意的观点：发生在资本主义社会中的每件事情必然符合资本积累的需要"①。

除了将国家形式问题完全回溯到经济层面上的还原论所存在的理论风险外,国家衍生论争还存在过多注重逻辑层面的考察,而忽视资产阶级国家历史变迁中展现出的维度的问题。与之相对,郝洛维和皮西奥托就指出了资产阶级国家形式的变化背后的经济因素在不同历史阶段扮演的角色。他们认为,在商业资本主义时期,也就是在资本主义原始积累时期和最初的扩张时期,国家形式恰恰是独裁专制的;而一旦它完成了扩张,完成了资本的布展,特别是当劳动力完全成为商品之后,平等自由的意识形态,民主的国家形式就建立起来,成为新的国家形式。② 这样的一种历史性维度,除阿尔特法特基于积累理论所提出的国家形式问题还存在一些痕迹外,在其他国家衍生论争的参与者那里,都是很少看到的。

尽管存在种种问题,但是国家衍生论争显然仍是马克思主义国家理论领域很有分量的理论资源。某种意义上,国家衍生论争也是对马克思市民社会与国家关系问题这一经典问题的当代回答。国家衍生论争为新马克思阅读的基本理论建构即价值形式的辩证法问题注入了生机,使得这一理论运动更为饱满、更有活力。这一理论探索,恰恰达成了巴克豪斯在价值形式的辩证法之上建构一种独特的意识形态批判理论的理论规划。

---

① 尹树广:《20世纪70年代以来西方马克思主义的国家批判理论》,260页,哈尔滨,黑龙江人民出版社,2002。

② John Holloway and Sol Piciotto: Capital, Crisis and State, in *Capital and Class*, 1977, vol. 1 no. 2.

第四章 ｜ 批判理论的政治经济学批判奠基

　　在前文中我们已经确定了这样两个思想史事实：一是法兰克福学派的批判理论，从一开始就有其明确的、自觉的政治经济学批判的基础；二是批判理论的政治经济学基础，以马克思《资本论》中对交换原则、价值形式的理解为立足点，在此基础上展开对经济、政治、文化的研究。对这样两个思想史事实的确立，与作为晚期法兰克福学派发展分支的新马克思阅读对政治经济学批判与批判理论的理解密切相关的。那么，问题到这里就可以明确为：霍克海默和阿多诺是如何将马克思的政治经济学批判转化为批判理论的呢？这个问题，正是由新马克思阅读给出答案的。

　　基于对马克思价值形式辩证法的重建，新马克思阅读在理论建构上最重要的框架之一，就是探讨法兰克福学派的批判理论与政治经济学批判之间的内在关系问题。尽管巴克豪斯早在《价值形式的辩证法》中就已经提出了在价值形式辩证法的建构之上，为社会理论和经济学的结合提供基础的理论规划，但是在这条路线上，他直到很晚才进行较为系统的研究。当然，某种意义上也可以说，关于这一问题，在他的《马克思价值理论重建材料》等文本中就片段式地提及了。倒是作为他学生一代的德裔英籍学者维尔纳·博内菲尔德①——他可以被视作新马克思阅读第二代的重要代表之一——在2014年出版的新书《批判理论与政治经济学批判：论颠倒与否定的理性》(*Critical Theory and Critique of Political Economy：On Subversion and Negative Reason*)中对这一问题进行了深入探讨。此外，新马克思阅读运动的重要介绍者，意大利学者里卡多·贝洛费奥雷和罗伯特·瑞瓦，也将新马克思阅读的主要理论建树归结到对批判理论的政治经济学奠基之上。②

我们以往对法兰克福学派早期的政治经济学研究并不陌生，在导言章中我们已经对这一问题进行了简单的回顾。但是早期的政治经济学研究，大体上还在"批判理论"范式确立之前，在不同方面受到了第二国际

① 维尔纳·博内菲尔德(Werner Bonefeld, 1954—)，曾求学于马堡大学、柏林自由大学，并在爱丁堡大学获得博士学位。现于英国约克大学政治系担任教授。他在汲取新马克思阅读的理论资源的基础上，结合英国马克思主义的理论传统，提出了"开放马克思主义"(Open Marxism)理论标签。曾主编系列刊物《开放马克思主义》，与米夏埃尔·海因里希主编《资本与批判：在新马克思阅读之后》，2014年出版《批判理论与政治经济批判：论颠倒与否定的理性》一书。

② 参见R.贝洛菲尔、T.R.瑞瓦：《新马克思阅读——复归政治经济学批判于社会批判之中》，孙海洋译，载《马克思主义与现实》，2015年第6期。

对马克思《资本论》理解的影响。格罗斯曼和波洛克在对马克思政治经济学批判的理解上为批判理论范式的奠定发挥了重要推动作用，但这种推动是什么？如何具体地体现在批判理论之中？或者还可以这么提问，由霍克海默和阿多诺奠定的批判理论，与政治经济学究竟有什么样的关系，还是一个目前国内学界未曾太多关注的问题。

在本章，我们将花费一节的内容，首先以波洛克、霍克海默为例，探讨在对"批判理论"的范式建构中，政治经济学批判究竟具有什么样的地位。然后，我们将把注意力集中在新马克思阅读在这一问题的研究之上。第二节和第三节，我们会主要围绕巴克豪斯的《论马克思与法兰克福学派的"政治经济学"与"批判"的二重意义》等论著和维尔纳·博内菲尔德的《批判理论与政治经济学批判：论颠倒与否定的理性》展开。在本章第四节，还将以新马克思阅读对反犹主义的研究为个案，探讨在这一问题上政治经济学批判和批判理论的同一性。

一、"政治经济学"与"批判"的二重意义

在《马克思价值理论重建材料》中，巴克豪斯就已经对资产阶级的学术体制划分提出了批评，这一批判继承了法兰克福学派批判理论的精神。在这种学术体制划分中，社会理论和经济学理论被严格区分开。巴克豪斯批判这种划分，这种学科壁垒同时压缩了社会理论和经济学的理论张力。巴克豪斯认为，由马克思所打开的经济学与社会理论、哲学相交织的问题域，迄今为止极少被经济学界和哲学界的学者充分认识到。

"对马克思理论的研究如今在某种意义上，任务在于克服当今科学理论上的二分法。"①新马克思阅读所面对的时代，与霍克海默和阿多诺提出批判理论纲领的时代，学科体制的划分变得更为森严。恢复经济学理论和社会理论及哲学之间的血肉关系，赋予经济学理论以主体性内容，为批判理论奠定坚实的科学基础，在新的历史时期里，同样具有深刻的意义。

　　巴克豪斯有两篇长文研究这一主题：发表于 1992 年的《在哲学与科学之间：作为批判理论的马克思社会经济学》(以下简称《在哲学与科学之间》)和发表于 1999 年的《论马克思与法兰克福学派的"政治经济学"与"批判"的二重意义》(以下简称《二重意义》)。两篇文章在主要内容及核心观点上有较多的重合，因此，笔者在接下来的行文中，将围绕《二重意义》一文进行分析，辅之以《在哲学与科学之间》的探讨。这两篇论文可以说都呼应了他早在 20 世纪 60 年代就提出的基于价值形式辩证法的重建，而为批判理论奠定政治经济学基础的理论愿景。这篇文章共四部分，第一部分题为"正统马克思主义中马克思批判概念的隐没"；第二部分题为"关于马克思的批判——客体争论的核心点"；第三部分题为"对马克思的批判课题重新规定的语言学基础"；第四部分为"论马克思批判概念的起源和意义"。在这四部分中，第二部分和第三部分集中对马克思和法兰克福学派(首先是霍克海默和阿多诺)对于"政治经济学批判""经济学范畴"概念的两重意义的理解。我们首先来看巴克豪斯对《资本论》正副标题的关系的解读，所揭示的马克思政治经济学批判的理解问题。

---

　　① Hans-George Backhaus: *Materialien zur Rekonstruktion der Marxschen Werttheorie*, in: *Dialektik der Wertform*, Freiburg: Ça ira-Verlag 1997, S. 135.

(一)资本论——政治经济学批判：对正副标题的不同理解

在这篇长文的第一部分，就是巴克豪斯对《资本论》正标题"资本论"及副标题"政治经济学批判"的理解的探讨。对《资本论》正副标题意义的理解的不同，可以将德语学术界过去一百多年里对《资本论》的阐释划分为不同的方向。巴克豪斯提出，对正副标题的第一种理解方式，就是认为《资本论》的正标题"资本论"，作为对资本和资本主义的实证性分析而占据主要意义；与此同时副标题"政治经济学批判"只是一种补充。这一理解模式，主要体现在庞巴维克、桑巴特和其他学院经济学的学科体系之中；而第二种理解，则认为副标题才是重点，"资本论"就是对整个政治经济学说体系的批判的整体，这种理解方式，巴克豪斯认为在20世纪70年代的联邦德国占据支配性地位。

第三种理解，则是主张通过副标题来理解主标题，区别于前两种二元对立，这种理解方式将"政治经济学"概念只是在次要的意义上，作为学说体系来理解。[①] 在这一理解模式中，(1)这一著作首先是对"资本"的现实体系(Realsystem)的批判；(2)对"资本"的现实体系的批判，即对作为现实的范畴的总体系的"资本"的批判；(3)对经济学说体系的批判在这里一定程度上表现为体系批判的副产品。[②] 对《资本论》正副标题的第二种和第三种理解，有共同的地方：都反对传统马克思主义的解

---

① Hans-George Backhaus: *Über den Doppelsinn der Begriffe，Politische Ökonomie "und，Kritik" bei Marx und der Frankfurter Schule.* In: Hrsg. von Stefan Dornuf und Reinhard Pitsch: *Wolfgang Harich zum Gedächtnis. Eine Gedenkenschrift in zwei Bände*, Band. 2, München 1999, S. 13-14.

② Ibid, S. 14.

释，都主张将"政治经济学"概念诠释为具有二重意义的概念，即不仅是学说体系，而且是现实体系；"批判"在这个意义上同样也具有双重的指向；这两种理解方式的不同之处，则在于"批判"的两个内容的优先性问题。第三种理解模式，显然更强调对现实体系批判的优先性。这一理解模式，在巴克豪斯的理解中正是霍克海默和阿多诺对《资本论》的理解，在早期卢卡奇那里也有表现。

在梳理了这三种理解方式之后，巴克豪斯还专门批判了在正统马克思主义之中消失的马克思批判概念。正统马克思主义的理论体系都将马克思的理论确定为一种科学的体系，而隐没了其批判的维度。这种体系中尽管保留了马克思对既往思想体系和资本主义现实的批判，但是又将这种批判视作建立科学体系的前提，一旦确立起这个科学体系，马克思主义理论就成了"实证性的，作为为一个新统治辩护的合法性意识形态"[1]。巴克豪斯以奥伊泽尔曼为例，审视了传统马克思主义对"资本论—政治经济学批判"关系问题的理解。奥伊泽尔曼认为"资本论"指的是对资本主义的批判，而政治经济学批判则指《资本论》"第四卷"，即剩余价值学说史，政治经济学的"学说史"意义。这在巴克豪斯看来显然是错误的理解。第二国际的经济学定论，或是斯大林教科书体系，都是这样。将马克思的批判维度释放出来，恰恰是随着《1844年经济学哲学手稿》等青年马克思文献的发表而推动的。这是马尔库塞等人非常看重的，但在霍克海默和阿多

---

[1]　Hans-George Backhaus: *Über den Doppelsinn der Begriffe，Politische Ökonomie " und Kritik" bei Marx und der Frankfurter Schule*. In: Hrsg. von Stefan Dornuf und Reinhard Pitsch: *Wolfgang Harich zum Gedächtnis. Eine Gedenkenschrift in zwei Bände*，Band. 2，München 1999，S. 19.

诺这里，并没有因青年马克思的发现而受到太多影响。

通过对《资本论——政治经济学批判》正副标题理解模式的回顾，巴克豪斯向我们提出了一个以往很少深挖甚至很少被注意到的问题。在我国学界的政治经济学和马克思主义哲学学科体系中，大体上对《资本论》研究对象的理解就接近于巴克豪斯所说的第一种方式，即将《资本论》视作一种对资本和资本主义的经济学研究，也即是实证性研究；其中的哲学，最多就是唯物主义方法在面对资本主义生产方式上的运用。如何理解《资本论》正副标题的关系？如何理解作为实证学科体系的经济学与学说史批判的关系？如何理解现实体系批判与学说体系批判的关系？这些问题促使巴克豪斯对"政治经济学"与"批判"的两重意义进行一种"语言学"（philologisch）上的考察。这导向了下一个问题，就是政治经济学批判的内涵问题。

(二)何谓"政治经济学""批判"？

巴克豪斯提及，阿多诺 1942 年的《对阶级理论的反思》（*Reflexionen zur Klassentheorie*）中，断定马克思"对政治经济学和资本主义的批判"意味着对"政治经济学"的批判首先不是对一种经济学理论的批判，而是对现实的经济总体系的批判。而这一体系就是一种"非人的体系"（System der Entmenschlichung）①。在阿多诺这里，政治经济学所具有的二重意义已经被明确意识到了。

---

① Hans-George Backhaus：*Über den Doppelsinn der Begriffe，Politische Ökonomie" und Kritik" bei Marx und der Frankfurter Schule*. In：Hrsg. von Stefan Dornuf und Reinhard Pitsch：*Wolfgang Harich zum Gedächtnis. Eine Gedenkenschrift in zwei Bände*，Band. 2，München 1999，S. 17.

　　在对政治经济学批判这样的理解上，巴克豪斯指出，"政治经济学"
(Politische Ökonomie)这一术语一方面作为经济的基础，另一方面又作
为其镜像投射的颠倒，作为经济的意识形态，这是政治经济学概念两重
意义的基本定义。它所蕴含的两重意义也就体现出来，就是一方面作为
一种"已经给予的""现实的主体""活生生的总体"，另一方面作为国民经
济学说(Volkswirtschaftslehre)。这种国民经济学说作为学科，始终探
求客观的对象，探求"内在的划分"或者"现实的区别"。① 对政治经济学
的两重意义的理解，还为历史唯物主义的经济基础决定上层建筑的基本
原理奠定了基础。巴克豪斯直截了当地指出："政治经济学批判"实际上
就等同于法兰克福学派。这种等同就在于二者都是对客观社会经济关系
的批判。这是他对于马克思的政治经济学批判和法兰克福学派的理论探
索的基本观点。而政治经济学概念，在马克思那里就是客观的社会经济
关系的同义词。② 这一点，正如我们前文指出的，恰恰是霍克海默所主
张的。

　　巴克豪斯指出了马克思"政治经济学批判"二重意义的来源。他先探
寻了马克思对"政治经济学"术语的第一次使用，以及从一开始马克思就
对这一概念赋予的二重性的理解："在《黑格尔法哲学批判导言》中，在
1843—1844 年马克思的一些行文中，马克思在'国民经济学'概念之外

　　①　Hans-George Backhaus：*Über den Doppelsinn der Begriffe*，*Politische Ökonomie*
" und，*Kritik" bei Marx und der Frankfurter Schule*．In：Hrsg．von Stefan Dornuf und
Reinhard Pitsch：*Wolfgang Harich zum Gedächtnis．Eine Gedenkenschrift in zwei Bände*，
Band．2，München 1999，S．32．

　　②　Ibid．，S．27-28．

第一次使用了'政治经济学'概念：'政治经济学或(!!)社会对于财富的控制'；显然，马克思一开始就是在一种偏离于通常用法的意义上使用这一概念的，指的是现实的结构而非理论学科。"①巴克豪斯特意在"政治经济学""社会对于财富的控制"之间的"或"上打了感叹号，因为在这里显示出，马克思恰恰将这两个表达方式等同了起来。在此之后，巴克豪斯还通过《论犹太人问题》和《1844年经济学哲学手稿》两个文本，分析了青年马克思在这一概念上的思想来源。一方面，"政治经济学"概念的"批判"内涵是处于蒲鲁东和赫斯"批判"的传统中的，这种批判首先是指对现实制度的批判，也就是"对私有制的批判"；而与此同时，青年恩格斯的《国民经济学批判大纲》则首先对作为"一门科学"、作为一个学科的国民经济学（Nationalökonomie）进行了批判。但是即便在恩格斯那里，对国民经济学的批判也蕴含了对整个私有制的批判、对"竞争体系"的批判。受他们的影响，马克思在《1844年经济学哲学手稿》中对"国民经济学"的批判显然就是对现实的体系的批判。② 在《致安年科夫》中，马克思第一次使用了"政治经济学批判"的表述方式，但此时这一表达方式还仅仅指蒲鲁东意义上的"经济矛盾的体系"。在1859年《政治经济学批判序言》中，马克思使用了"资产阶级经济学体系"（System der bürgerlichen Ökonomie）的概念，而在1857年《政治经济学批判导言》中，马克思还使用了"资产阶级经济学"（bürgerliche Ökonomie）和"资产

---

① Ibid., S. 48. 巴克豪斯还指出了，在马克思那里"Nationalökonomie"和"Politische Ökonomie"是作为同义词被加以使用的。青年马克思对"Nationalökonomie"概念的使用主要是在《1844年经济学哲学手稿》中，是受恩格斯影响的。

② Ibid., S. 46.

阶级经济学范畴"的概念。这一概念，显然也是"政治经济学"概念的同义词。巴克豪斯认为，政治经济学在马克思的使用中具有指代现实结构的内涵，在马克思的"六册计划"构思中也可以体现出来。这就涉及马克思将"国家"问题同样纳入他"政治经济学"批判的框架，而作为学科专业的政治经济学，显然是不包括国家问题的，国家问题在资产阶级学术体系中被纳入政治学的领域。马克思的这一计划本身不是对理论的分配，而是对现实范畴的分配。

其实，在我们既往的研究中，巴克豪斯所揭示、强调的政治经济学的二重意义，我们是并不陌生的，马克思对政治经济学的批判，一方面作为对古典政治经济学的批判，另一方面又是对资本主义现实社会经济结构的批判。所以霍克海默和阿多诺，乃至卢卡奇、柯尔施和波洛克对政治经济学批判的属性大体都是这种认识。但是将这一问题凸显出来，却直到巴克豪斯这里，到新马克思阅读的传统中才得以进行。实际上，马克思的政治经济学批判和法兰克福学派批判理论中都共同遭遇的，可以归结为研究对象的问题、客体性的问题。关于这一问题巴克豪斯是这样表述的：

批判理论的一个主要问题是追问常常被肤浅地使用谓语"客观的"，追问"客观性"（Objektivität）。"客观的"在社会经济的"关系"（Verhältnissen）中显然不是指"物体的"（physisch）、"质性的"（körperlich）。但是如何超越这一否定性的概念而成为一种肯定性的？一个清楚的和确定的答案在当今讨论中还没有达到；它只涉及概念和事实逻辑问题的内容，而这是阿多诺的"星丛"所主要涉及的问题，构成了一个概念群的还有"社会"，或者"政治经济学"，它包含了"城邦"，也就是"共同体""总体""一般"。[①]

这种客观性是如何体现在《资本论》之中的呢？确立客观性，或者我们也可以说确立对象性(Gegenständlichkeit)，其实恰恰为分析"批判"的二重意义提供了逻辑过渡。批判正是对特定对象的批判，客观性和对象性的二重意义，决定了"批判"本身的二重指向。而客观性问题，在巴克豪斯看来，就体现在经济学范畴的主客体同一上。

(三)具有主体-客体性质的经济学范畴对政治经济学批判和批判理论的衔接

谈到经济学范畴问题，其实就又回到了巴克豪斯对价值形式辩证法的基本理解了。在价值形式的辩证法中，经济学范畴作为兼具主体-客体维度的客观思维形式，具有极为关键的意义。而经济学范畴的这一属性，同时也恰恰为连接法兰克福学派的批判理论和马克思的政治经济学批判提供了最佳的纽带。范畴是对现实结构的颠倒反映，作为颠倒反映的范畴本身就内含了现实性于自身："在语言学的考虑背后隐藏着的事实逻辑的问题，就接近了马克思的'范畴'和国民经济学的基本概念的关系问题。马克思将'范畴'也定义为'荒谬的'(verrückte)，也就是颠倒的

---

① Hans-George Backhaus: *Über den Doppelsinn der Begriffe*, *Politische Ökonomie* "*und*, *Kritik*" *bei Marx und der Frankfurter Schule*. In: Hrsg. von Stefan Dornuf und Reinhard Pitsch: *Wolfgang Harich zum Gedächtnis. Eine Gedenkenschrift in zwei Bände*, Band. 2, München 1999, S. 32.

'形式'以及'客观的思维形式'（objektive Gedankenform）。关于'范畴'
的现实性的讨论也和围绕'荒谬'、颠倒、设定的以及'客观的'联系起
来。"①这里我们再次看到了在价值形式的辩证法问题上巴克豪斯和莱希
尔特已经视为圭臬的要点：即将一系列政治经济学范畴视作同时具有观
念内容和现实内容的对象，也就是客观的思维形式。因此对政治经济学
范畴的批判，也就同时是对观念和思维领域的批判，和对现实过程的
批判。

1. 具有主客统一性质的经济学范畴

巴克豪斯指出，马克思"经济学范畴批判"并不等于一种对国民经济
学的（vorkswirtschaftlich）基本概念的批判，是因为马克思认为国民经
济学学说误认了商品和货币的范畴特征。尽管国民经济学说已经是对一
种"感性的超感性的物"（sinnlich übersinnliches Ding）的研究，但是它的
基本概念体系却使其只能停留在一个"感性物"，一个通货（Gut）之上，
停留在作为便于"交换活动"的一种"物质工具"之上。② 马克思和这种理
解方式是完全不一样的。学院经济学的基本概念并不是现实的"范畴"，
而是一种误认之后的范畴。马克思的"范畴批判"，"批判的叙述"（kri-
tische Darstellung）恰恰针对的是学院经济学对货币理论基本概念的混
淆，如他们对通货（Gut）、产品（Produkt）也就是使用价值和"商品"范畴

---

① Hans-George Backhaus: *Über den Doppelsinn der Begriffe*, *Politische Ökonomie*
" *und*, *Kritik*" *bei Marx und der Frankfurter Schule*. In: Hrsg. von Stefan Dornuf und
Reinhard Pitsch: *Wolfgang Harich zum Gedächtnis. Eine Gedenkschrift in zwei Bände*,
Band. 2, München 1999, S. 39.

② Ibid, S. 64.

的混淆。巴克豪斯说，产品作为纯粹的使用价值"并非对生产关系的叙述，因此也不是一个经济学范畴"。对作为商品的产品的理解只有在它的"批判的描述"中才能实现，只有将劳动产品转换为商品才能够理解产品。① 因此这里也可以看出，批判，批判的描述，其区别于学院经济学的地方，就在于马克思把握住了批判的对象：作为叙述了生产关系的范畴。批判，即对现实范畴的批判叙述指出了通过社会及其现实的颠倒的无意识的生产，也为对商品和货币的经济学文献的批判奠定了基础，提供了逻辑前提。对现实的政治经济学的"现实的"矛盾的分析构成了分析内在于理论政治经济学的矛盾的前提；对现实基础的分析构成了作为意识形态上层建筑要素的经济理论的分析。②

　　回到经济学范畴上来。因为《资本论》及其手搞的特殊写作方式，马克思并未对"经济范畴"进行过总括性的分析。最早对经济范畴的探讨在《哲学的贫困》之中，相对于蒲鲁东对经济学范畴的先验性理解，马克思强调范畴是历史的产物。范畴表达了历史的、社会经济的关系；它是社会生产关系的理论表达。在《大纲》"导言"中，马克思进一步定义"范畴"为社会的"定在形式（Daseinsformen）、存在规定（Existenzbestimmungen）"，表达了社会的个别的方面，构成了资产阶级社会的内部划分。马克思给予了范畴或者"定在形式"以一种主体-客体的特征，在这个意

　　① Hans-George Backhaus：*Über den Doppelsinn der Begriffe，Politische Ökonomie " und，Kritik" bei Marx und der Frankfurter Schule*. In：Hrsg. von Stefan Dornuf und Reinhard Pitsch：*Wolfgang Harich zum Gedächtnis. Eine Gedenkenschrift in zwei Bände*，Band. 2，München 1999，S. 64.

　　② Ibid，S. 67.

义上，它一方面作为一个客观的"总体系"的"客观的联系"而存在，主体
被囊括其中；另一方面它却并不处于意识之外，而必须通过人的活动而
再生产出来，因此具有主体性的特征。① 经济范畴因此是一个普遍的、
社会的主体/客体。

　　范畴常常被定义为"形式"或"形式规定性"（Formbestimmtheiten），
被定义为和个体劳动者完全"独立的关系"，确切讲就是定义为"主体-客
体的"；也就是经济学范畴的定义一方面是"客观的思维形式"，另一方
面是社会的"定在形式""存在规定"的"表达"，这些都标志了范畴的这种
主体—客体的二重特性。

　　对"范畴"概念的定义，也引发了对"体系"（System）概念的讨论。
"批判"是对现实的范畴的一个现实的"总体系"的批判，而并不是对经济
学基本概念总体系的批判。大体说来，巴克豪斯所理解的政治经济学批
判，是一种对范畴的研究，而对范畴的研究本身同时是一种对于"现实
体系"的研究。例如，"所有权关系"（Eigentumsverhältnisse）就是一种现
实的体系。这一在蒲鲁东那里在单纯的法律意义上加以使用的概念，马
克思赋予了这一概念以经济学和法学的意义。巴克豪斯强调，所谓"在
其现实的结构（Gestalt）中"指的就是在经济的结构中，这一点在从前并
没有被人们清楚地意识到。黑格尔就是在法哲学之中运用"所有权关系"
这一概念来解释所有权问题的。正是在黑格尔的启发下，青年马克思认

---

　　① 　Hans-George Backhaus： *Über den Doppelsinn der Begriffe，Politische Ökonomie " und， Kritik" bei Marx und der Frankfurter Schule*. In：Hrsg. von Stefan Dornuf und Reinhard Pitsch：*Wolfgang Harich zum Gedächtnis. Eine Gedenkenschrift in zwei Bände*，Band. 2，München 1999，S. 69.

识到："价值是财产的市民存在的形式"——一种"由事物本性中得出的客观规定"，只有在"现实的结构"中，也就是在经济价值的形态中，作为"物质的私有财产"，"财产关系才是生产关系"，也就是和"意志的关系"(Willensverhältnissen)相对的关系。①

2. 贯穿马克思和法兰克福学派的方法

在探讨过马克思那里的经济学范畴的理解后，巴克豪斯指出，法兰克福学派继承了马克思对政治经济学批判的二重性的理解，对经济学范畴的二重性理解。马克思对经济学范畴的理解，在巴克豪斯看来甚至符合阿多诺 1969 年在《德国社会学中的实证主义争论》(*Der Posivitismus in der deutschen Soziologie*)导论中关于"作为主体的社会和作为客体的社会"，"同一个又不是同一个"(dasselbe und doch nicht dasselbe)的论述；而且，就是这种"普遍与特殊的矛盾关系"解释了社会的这种"主体/客体"的特征。② 关于这一点，巴克豪斯在《在哲学与科学之间》中，更作为基本的出发点加以探讨。③ 巴克豪斯也指出，通过阿多诺的"否定辩证法"可以推断，批判理论的基本原理奠基于马克思的基本原理之上。这体现在阿多诺将讲话解释为一种主体-客体的过程，也就是作为一种"同时主观地被思考的东西和客观地产生效用的东西"(zugleich subjektiv

① Hans-George Backhaus: *Über den Doppelsinn der Begriffe, Politische Ökonomie " und, Kritik" bei Marx und der Frankfurter Schule*. In: Hrsg. von Stefan Dornuf und Reinhard Pitsch: *Wolfgang Harich zum Gedächtnis. Eine Gedenkenschrift in zwei Bände*, Band. 2, München, 1999, S. 54.

② Ibid. , S. 70.

③ Hans-George Backhaus: *Between Philosophy and Science: Marxian Social Economy as Critical Theory*, in: Open Marxism, Voluml, London, 1992, pp. 56-58.

Gedachten und objektiv Geltenden），在此之上价值范畴也作为一种主体的和客体的范畴——关于这一点，我们在第二章补论部分已经进行了较为翔实的讨论。巴克豪斯认为，阿多诺的这一观点直接以《大纲》为依据。批判理论的对象作为"客观性"，它一方面只有通过个体实现，另一方面只有借助主体的头脑才能达到主客体的统一。进而，巴克豪斯下了一个关键的判断：阿多诺以价值理论的方式建构了整体性的原理（das holistische Theorem）。① 这种整体性的原理，指的就是批判理论的整体理论结构。

在批判理论中"总体性不是实证性的，而是一种批判性的范畴"，这是人们并不陌生的观点。霍克海默就将社会视作一个无意识然而却行动着的主体，资产阶级社会因此是一个"统一体"或者"原子的总体"，关键是，它由交换原则或作为"其自身社会化的原则"的价值综合而成。霍克海默在《传统理论与批判理论》中描述了对立的社会的主客体特征，并且同样将批判理论的基础视作以交换原则为基础的社会。这一点，我们同样在前文中已经提及了。

总结起来，巴克豪斯通过文本的梳理，指出在马克思那里，范畴并非只是基本概念，政治经济学也并非一门孤立的学科。范畴是现实的体系；而政治经济学则指现实的矛盾关系。对经济学范畴两重意义的解读，也为重新思考经济基础和上层建筑的关系问题提供了新的视角，这

---

① Hans-George Backhaus：*Über den Doppelsinn der Begriffe，Politische Ökonomie " und，Kritik" bei Marx und der Frankfurter Schule*. In：Hrsg. von Stefan Dornuf und Reinhard Pitsch：*Wolfgang Harich zum Gedächtnis. Eine Gedenkenschrift in zwei Bände*，Band. 2，München，1999，S. 70.

是由巴克豪斯强调的。他引用了马克思《剩余价值学说史》中的观点：
"经济范畴反映在意识中是大大经过歪曲的"，因为"正是在最后的、最
间接的形式上……同时在这些形式上中介过程不仅变得看不见了，而且
甚至变成自己直接的对立面"。反过来可以认识到，历史唯物主义或者
至少经济基础和上层建筑的原理密切地和经济学理论的重要观点联系在
一起：现实的、能动的，塑造了经济学的"基础"的结构的"范畴"，决定
了经济学家的意识，产生了他的"颠倒的世界"（Verkehrte Welt），"颠倒
地反映"在他静态的基本概念中。①

3. 借助价值形式理论对历史唯物主义基本原理的重释

通过价值理论的角度，为历史唯物主义的基本原理奠定基础，这为
我们思考历史唯物主义经济基础决定上层建筑提供了一个非常富有启发
性的角度。或者说，这样的角度为这一宏观的思想体系提供了具体的、
微观的理论入手点。正如马克思在《大纲》和《资本论》中多次强调平等和
自由这些资产阶级的意识形态产生于商品交换和价值形式之上一样，阿
多诺也强调经济学范畴一旦获得独立性就会撇开它的现实原则基础，进
一步发展成为哲学抽象和独立的意识形态结构。因此我们从这个角度可
以发现，对政治经济学批判和批判理论内在关联的探索，同时也为马克
思主义哲学的基本理论提供了新的理解路径。如果将价值理论单纯放在
一个实证性的经济学学科领域之中是不可能实现的，这就是我们既往按

①　Hans-George Backhaus: *Über den Doppelsinn der Begriffe "Politische Ökonomie" und*
"Kritik" bei Marx und der Frankfurter Schule. In: Hrsg. von Stefan Dornuf und Reinhard
Pitsch: *Wolfgang Harich zum Gedächtnis. Eine Gedenkenschrift in zwei Bände*, Band. 2,
München, 1999, S. 93.

照学科体系划分打破了政治经济学批判和哲学、社会理论之间关系的后果。

关于主客体辩证法与经济基础和上层建筑的模型，巴克豪斯在《在哲学与科学之间》这篇文章中曾更为系统地探讨过。他甚至描绘了一个系统的图示对这一马克思和阿多诺的术语结构进行阐释。[①] 在这一图示中，巴克豪斯指出，"按传统术语精神层面单纯抽象被归于客观领域，物之领域——尤其是生产关系——按传统描述应相反归为物质因素，再次被归入主观领域"[②]。这里需要强调指出的是，在经济学范畴和社会现实的主客体统一上的辩证法色彩，会让我们很自然地想到卢卡奇的传统，这是我们在导言中已经分析过的，巴克豪斯正是通过列奥·科夫勒走进的这一传统，而这一过程发生在他成为阿多诺的学生之前。正因如此，我们也不意外地在《在哲学与科学之间》这篇文章中看到他对列奥·科夫勒的方法论的强调，并指出列奥·科夫勒的方法论观点即"主体与客体并非静态对立，而是陷入了一个'主观性与客观性相互倒置'的'持续过程'——这一过程整体呈现了'社会存在的一般形式'"[③]。也是在这里，我们直观地看到了巴克豪斯在方法论上对阿多诺和卢卡奇传统的复调式继承关系。[④]

---

① 这一图示可参见 Hans-George Backhaus：*Between Philosophy and Science*：*Marxian Social Economy as Critical Theory*, in：Open Marxism, Volum1, London, 1992，p. 59。

② Ibid., p. 58.

③ Ibid., p. 60.

④ 阿多诺对卢卡奇的批判，可以说已经是一桩公案。笔者认为，单纯从哲学的辩证法角度，并不足以透析两位思想巨人的关系，必须要从他们二人在政治经济学的基本范畴的认识上，特别是对价值形式问题的不同理解上找到这一问题的答案。

20 世纪 90 年代之后的巴克豪斯更为明确地将其传统与法兰克福学派的传统相衔接。在这一时期，或许是为了向法兰克福学派这一更广为人知的思想传统靠拢，或者的确是在研究的道路上日益明确自身的研究与法兰克福学派的传承和发展。对法兰克福学派传统的紧密靠拢，是新马克思阅读第一代——巴克豪斯和莱希尔特等人的鲜明特点，这一靠拢有着重要的思想史意义。在德国当代对新马克思阅读的研究中，新马克思阅读的开拓者所强调的为批判理论所做的政治经济学批判的奠基，被强调的并不多。新马克思阅读第三代代表埃尔贝甚至在他的《西方的马克思》中，也只是用一节的内容探讨了新马克思阅读与法兰克福学派的关系，并未加以深化和拓展。这或许是因为埃尔贝身处德国学界，对他而言德国马克思思想研究更加千丝万缕，脉络更为复杂，因此重点似乎不在法兰克福学派上。而对我们中国学者来说，说清楚法兰克福学派和新马克思阅读的关系，说清楚批判理论与政治经济学批判之间的关系，具有独特的意义。

二、阶级与社会实践之上的批判理论与政治经济学批判的统一

维尔纳·博内菲尔德是新马克思阅读传统中的一个特殊人物。他是德裔英国人，20 世纪 70 年代在柏林自由大学求学，深受当时新马克思阅读的巴克豪斯和莱希尔特的影响，巴克豪斯称博内菲尔德是"他们的学生"。他与米夏埃尔·海因里希可以被共同视为新马克思阅读第二代

的主要代表；与此同时，他又是德国的这一研究传统在英语学界推介传播的主要推动者，并借用这一理论资源提出了一个以"开放马克思主义"[①]为标签的理论运动。他长期从事政治经济学批判与政治理论研究工作，如今已经成为英国马克思主义中"50后"一代里具有一定影响的学者。2014年他出版的《批判理论与政治经济学批判：论颠倒与否定的理性》一书，明确将此书的语境定义为新马克思阅读的传统，并向英国学界第一次清楚地介绍了德国新马克思阅读的历史发展与观点。这本书在内容上推进了由巴克豪斯和莱希尔特开辟的以新马克思阅读为批判理论奠定政治经济学基础的研究，与此同时，又对巴克豪斯和莱希尔特的一些观点做出了批判，提出了关于"作为社会批判理论的政治经济学批判"这一问题上的新观点，因此是我们新马克思阅读在这一问题上的另一绝佳案例。

《批判理论与政治经济学批判：论颠倒与否定的理性》一书除导言外共四部分十小节：第一部分题为"论作为社会批判理论的政治经济学批判"；第二部分题为"价值：论社会财富与阶级"；第三部分题为"资本、世界市场与国家"；第四部分题为"反资本主义：神学与否定性实践"。全书探讨批判理论与政治经济学批判内在一致性的部分集中在第一部分和第二部分，第三部分则分别就国家问题和反犹问题，从政治经济学批判的角度上进行了探讨。在这里，我们主要剖析第一部分和第二部分。

①　关于"开放马克思主义"，可参考孔智键：《价值形式批判、否定性革命主体与后共产主义研究——'开放马克思主义'的起源与当代发展》，载《天津社会科学》，2016年第4期。

（一）作为批判理论的政治经济学批判

博内菲尔德接受了巴克豪斯和莱希尔特对价值形式问题的大体框架。以巴克豪斯和莱希尔特为中介，博内菲尔德同样继承了阿多诺和霍克海默对政治经济学批判的阐释。在《批判理论与政治经济学批判：论颠倒与否定的理性》一书的开篇，他开宗明义："颠倒的思想（Subversive Thought）正是在面对这样的社会现实时的理性的狡计，其中要求穷困者屈服于一种金融体系，因为这一体系承担了抽象财富的幻象。然而这一补偿在现存社会为了保证其财富的安全，为了避免其崩溃，是必要的。社会再生产的资本主义组织模式所带来的理性的非理性状态（rational irrationality）是政治经济学批判的核心。"①这句话中，博内菲尔德直指资本主义社会中承担了抽象财富幻象的"金融体系"，以及维系这一体系的资本主义生产方式和在这一方式上的"理性的非理性状态"，正是政治经济学批判的研究对象。政治经济学作为"批判"，一方面是对客观现实的批判，这种客观现实基于抽象的金融体系，这一体系也就是价值形式细胞发育出的"巨兽"；而另一方面，这一批判之所以同时作为"批判的社会理论"，就因为它同时蕴含了对复数的主体之上的社会的批判，主体在资本主义社会中，通过商品关系、货币关系而进行活动，而在这一货币关系上，金融体系进一步发展裂变，使得"货币形式作为一种社会联系消失了，取代它的是对一个抽象经济逻辑的假设，这一逻辑显示了在作为经济范畴的人格化的自身社会世界中消失的社会主体。资本主

① Werner Bonefeld: *Critical Theory and the Critique of Political Economy. On Subversion and Negative Reason*, Bloomsbury, 2014, p. 1.

义社会的主体是一个货币化的主体(a coined subject)"①。博内菲尔德在价值形式问题上，保持了与巴克豪斯和莱希尔特这两个新马克思阅读的开拓者高度的一致，价值形式问题是政治经济学批判的切入点，是结合政治经济学批判和社会批判理论的中枢。

在经济范畴的世界中，主体消失了。主体的消失使得与野蛮进行斗争的主体性实践也不再存在。人的实践活动，消失在对货币体系、利润率、价格波动的斗争上。"与野蛮的斗争，是关于这样的社会先决条件，这一条件显示为物化的经济形式的逻辑。就政治经济学的批判理论而言，它并非现金和硬币，价值和货币这样的经济范畴的独立化，作为超越性的力量，同时存在借助于社会个体……不如说，需要解释的是生产的社会联系，它将自身显示在物化的经济物的联系之中……"②因此，对资本主义社会中主体性实践的考察，逃脱不了对物化的经济形式的逻辑的剖析和对以物的外壳(这些物的外壳，恰恰是学院经济学不加批判照单全收的)掩盖了的生产的社会联系的剖析。进一步，博内菲尔德提出了一个与新马克思阅读对"形式"如何表现这一经典问题完全一致的问题：对物化的批判，需要问的是什么被物化了，以及表现在物化之中的是什么问题。表现在物化中的，就是以自我运动的经济物的形式中的生产的社会关系。尽管以物化为表现，经济的世界也依然是绝对的社会联系的世界。在这个意义上我们可以说，对经济的世界的批判，就是对社会联系的世界的批判。政治经济学批判，同时也就是社会批判理论。

---

① Werner Bonefeld: *Critical Theory and the Critique of Political Economy. On Subversion and Negative Reason*, Bloomsbury, 2014, p. 2.

② Ibid.

为强化以上见解，博内菲尔德同样借助了阿多诺的观点。这一观点，经过前文多次的铺垫我们已经不再陌生，阿多诺认为，等价交换关系建立在生产资料所有者和劳动力出卖者之间的"阶级关系"上，这种关系以货币之间的交换的社会表现形式而消失了。① 博内菲尔德同样着眼于阿多诺对等价交换关系，以及这一关系被以货币作为社会表现形式，也就是价值形式所掩盖的关键理论环节。联系前文的探讨我们可以说，这是法兰克福学派批判理论全部政治经济学批判分析的出发点。但是，需要指出的是，博内菲尔德却特别强调了"阶级关系"，这是和新马克思阅读第一代在侧重点上不同的，我们后文将会看到这一重要不同。同样，博内菲尔德也继承了巴克豪斯和莱希尔特对"政治经济学'范畴'批判"的重要性。政治经济学批判在新马克思阅读的传统中极为关键的一个方面，就是对政治经济学范畴上的形而上学特征的批判。博内菲尔德说："不同于经典马克思主义传统的教条，我认为政治经济学批判等于对经济范畴的本体论概念的批判，这包括将劳动范畴设想为非历史的活动，将人类的更替脱离于社会而视作依抽象本性进行的。"②

关于政治经济学批判的内涵，博内菲尔德延续了巴克豪斯的观点。政治经济学批判并非建立一个新的超历史的世界观，正如宗教批判一样，对经济本质的批判不是对物自身的批判。而是对将自身表现为物与

---

① Theordor Adorno: Seminar Mitschrift of 1962, in *Appendix to Dialektik der Wertform*, Hans-George Backhaus: Freiburg, 1997, p. 508.

② Werner Bonefeld: *Critical Theory and the Critique of Political Economy. On Subversion and Negative Reason*, Bloomsbury, 2014, p. 3.

物的关系的形式的特定社会关系的批判。① 祛除经济学的物的现象，去神秘化是政治经济学批判的批判意图。而在这个意义上，意识形态不仅是对世界的看法，而且是颠倒为现实经济抽象的特定社会关系的"社会必要表现"。② 对资本主义社会形式的科学假设，将这些形式作为普遍历史规律的结构因此是一种纯粹的意识形态。它将社会的表现以科学的标准衡量。"政治经济学批判因此是对物化的经济范畴的颠覆。"③博内菲尔德同样跟随巴克豪斯，将马克思的政治经济学批判指认为"经济学范畴批判"，也就是对"经济范畴总体系的总批判。"他进一步指出了在此之上，批判理论和与经济学的总体系之间的深层关系："对批判理论传统来说，特别是'新阅读'，马克思的批判因此就是一种试图将经济神秘化的总体系破译为一种由社会建构起来的现实的抽象（real abstraction）。"④

巴克豪斯和莱希尔特一再强调他们对于辩证法的理解来自于阿多诺，这一点我们已经讨论过了。其实他们对阿多诺的继承是经过了一些话语转变的。博内菲尔德同样将阿多诺的辩证法思想作为新马克思阅读的重要理论来源，并将其具体指认为"否定辩证法"。这一判断是一种理论反观，而不是十分确切的思想史事实。巴克豪斯和莱希尔特在开始理论探索时，还并未直接接触到阿多诺的否定辩证法。但是在 20 世纪 70

---

① Werner Bonefeld: *Critical Theory and the Critique of Political Economy. On Subversion and Negative Reason*, Bloomsbury, 2014, p. 37.

② Ibid., p. 38.

③ Ibid., p. 38.

④ Ibid., p. 39.

年代，巴克豪斯才在《重建材料》中提及阿多诺的否定辩证法，而在《二重意义》中，巴克豪斯就更多结合阿多诺的否定辩证法思想了。博内菲尔德将阿多诺的否定辩证法视作新马克思阅读的重要推动力量，不仅提供了催化剂，而且提供了将政治经济学批判的发展作为批判理论的深刻洞察力："否定辩证法是在经济客体形式中的社会世界的辩证法，而经济的客体由经济量的运动所统治。"[1]这样就可以说，否定辩证法某种程度上就是政治经济学批判和批判理论结合的典范了。这样，博内菲尔德已经非常清楚地阐述了他的观点了，政治经济学批判本身就是一种社会批判理论。可以说，较之于巴克豪斯更多还是在一种"语言学"的角度，分析马克思和法兰克福学派代表人物所运用的话语和概念上所具有的经济学和哲学及批判理论的二义性，博内菲尔德则将这一问题更为深入地勾勒了出来，阐述了二者的内在一致性。这还集中体现在他对社会实践之上的主客体同一的论述上。

(二)社会实践之上的主客体同一

在《批判理论与政治经济学批判：论颠倒与否定的理性》的第三章"作为主体的社会和作为客体的社会：论社会实践"中，博内菲尔德深入探讨了社会概念之上的主客体二重向度。社会概念之上的主客体二重向度，也就是社会实践，恰恰是将作为一种"科学"的经济学和作为一种"哲学"的社会理论结合起来的关键点。

---

① Werner Bonefeld: *Critical Theory and the Critique of Political Economy. On Subversion and Negative Reason*, Bloomsbury, 2014, p. 5.

　　个体进行的劳动本身就是社会实践的过程，它在主体性活动的同时，表现为客体性的超越于个体之外的过程，也就是一个主体-客体同一的过程，使得社会同时作为主体和客体，具有了双重的向度。立足于主体向度的社会批判理论，与着眼于客观对象的政治经济学批判，因为拥有了共同的对象并且这一对象同时具有主体-客体的维度，从而使这两个理论工作合为一体。所以，政治经济学批判，就是社会批判理论；社会批判理论，也就是一种政治经济学批判。因此在第三章一开始，博内菲尔德就援引马克思在《大纲》里的一句话，"这种对象化的权力把社会劳动本身当作自身的一个要素而置于同自己相对立的地位"[①]，并认为这句话是"作为社会批判理论的政治经济学批判的关键"[②]。巨大的经济力量是社会劳动的产物，同时又超越于社会个体之外。这里博内菲尔德还强调，作为巨大经济力量的最基本的范畴——商品，因此就成为一个"感性的超感性物"，本身就承载了这种主客体同一的基本结构。同样，博内菲尔德指出，马克思关于"资本不是物，而是人与人之间的社会关系"的深刻见解，也表达了作为社会批判理论的政治经济学批判的思想。这其实是我们熟识的观点，商品、货币及资本，一方面是表现为现象的、在人之外的、客体的"物"（Ding）；而另一方面，这些经济范畴本身正是人的活动所构建起来的"事物"（Sache）。

　　因此，博内菲尔德这里亮出了他在这一问题上的核心观点：所有的社会生活本质上都是实践的，具有主体性的，然而却颠倒为一种经济客

[①]　《马克思恩格斯全集》第二版第31卷，244页，北京，人民出版社，1998。

[②]　Werner Bonefeld: *Critical Theory and the Critique of Political Economy. On Subversion and Negative Reason*, Bloomsbury, 2014, p. 54.

体的形式。对这一经济客观形式的考察，就是一种对虚假社会的内在批判的辩证法。^① 在此意义上，"对于社会批判理论来说，生产的社会关系并非历史的超决定的普遍经济规律的表现；批判理论认为经济规律是表现为经济本质规律的纯粹的社会形式。"^②将经济范畴概念化为纯粹的社会形式，就蕴含了作为意识形态批判的政治经济学批判。意识形态并非独立存在的从某种道德或政治立场来干预社会活动的世界观，意识形态是社会的内在矛盾必然表现的客观形式。

与学院经济学和正统马克思主义截然不同，社会，而非自然，才是批判的对象和出发点。而对社会的考察，离不开对构成了社会的一系列概念的考察，概念化的过程意味着将客观事物把握为概念。这里，博内菲尔德还延续了巴克豪斯和莱希尔特提出的作为政治经济学"范畴"批判的理论主张。概念化超越了对现实的观念，而将现实在间接的表现中视为由货币的运动(movement of coins)所统治的世界。而对于社会批判理论来说，概念只是现实的运动，这一现实的运动必然需要形式的表现。因此探究这一内在的过程才是问题的关键，社会批判理论并不"映射"社会，它从社会内部探索社会，而从社会内部探索社会的关键，在博内菲尔德看来，就是解析这一"货币化的现实"(coined reality)。概念化意味着取消物的直接表现，从而在它们富有深意的直接性——一个中介了的间接性(a mediate immediacy [vermittelte Unmittelbarkeit])——中认识它们。正因如此，作为社会批判理论，政治经济学批判并不屈从于经济

---

① Werner Bonefeld: *Critical Theory and the Critique of Political Economy. On Subversion and Negative Reason*, Bloomsbury, 2014, p. 54.

② Ibid. , p. 54-55.

物，它想要知道经济物是什么，到底什么东西内在于它。概念化不是"对"物的思考，而是在物之外的思考。这些问题，可以确切凝练为：为何人的劳动力采取了商品的形式？人被迫出卖自己劳动力获得生活资料的社会规则是如何建立的？回答这些问题就会发现物化只是一个附属现象。什么被物化了，什么表现在物化中？所有的答案，都将在、也只能在客观的社会现实中，在客观的资本主义生产方式中找到答案。

回到"社会实践"这一问题上来。博内菲尔德指出，正如没有主体的客体性是无意义的，和客体相分离的主体性也是虚假的。人是借助于客体化（objectification［Vergegenständlichung：德语"对象化"］）的社会存在，始终是客体化了的人。主体性意味着客体化。成为一个客体是主体内涵的一部分。[①] 在这里我们看到，博内菲尔德将"客体化"（对象化）概念作为社会实践的另一种表达，这较之巴克豪斯和莱希尔特来说，也是一种创见。在巴克豪斯和莱希尔特那里，尽管若干次使用过"对象化"（Vergegenständlichung）概念，但是并没有将之凸显为一个关键环节，在他们那里，更多还是以"二重化"（Verdopplung）和"社会化"（Vergesellschaftung）作为这一逻辑环节，而二重化和社会化，本身都是在交换的层面上进行的探讨。在博内菲尔德这里所使用的"客观化"（对象化），则似乎打开了另一种探讨的空间，但还不等同于进入了生产环节。博内菲尔德还指出，对拜物教的批判，所涉及的并非主体的客体化问题，而

---

① Werner Bonefeld: *Critical Theory and the Critique of Political Economy. On Subversion and Negative Reason*, Bloomsbury, 2014, p. 63.

是主体的物化形式问题。①

　　他批判了经济学理论家们正是停留在形式之上而没能深入其内容展现为形式的过程，这样的经济学是不具有合法性的，而合法性之根基就在于其社会性，在于其主体向度："社会由一些普遍的经济规律所统治的观点，面临这样的悖论：这些经济规律的合法性在根本上是社会的。合法性是一个社会范畴。只有对社会来说，某物才是合法的并拥有合法性。经济规律因此在自身中并不蕴含合法性。他们并非'独立于历史的永恒的自然规律'，毋宁说，它们的合法性在根本上是社会的，它们只有在社会中，借助于社会才是合法的，而社会永远是具体的社会。"②理论经济学家如熊彼特想要排除"人的形而上学包袱"（metaphysical baggage of Man），但是这一经济学范畴的人的社会的内容，其实是无法被排除的，这一点晚期的熊彼特也意识到了。经济学无法依靠自身的正确性而被创建为一门科学。③将经济学认作一种数字的哲学，或者作为物理学的分支，或者作为经济量的供给和需求的科学，都将其自身定义为了一种没有主体的科学。

　　在社会实践这一立足点上，博内菲尔德还就本质与现象的关系以及辩证法的问题进行了探讨。这些探讨，也进一步深化了作为社会批判理论的政治经济学批判所具有的哲学上的张力。马克思在《资本论》中有一句著名的话："如果事物的表现形式和事物的本质会直接合而为一，一

---

① Werner Bonefeld: *Critical Theory and the Critique of Political Economy. On Subversion and Negative Reason*, Bloomsbury, 2014, p. 63.

② Ibid., p. 25.

③ Ibid., p. 26.

切科学就都成为多余的了。"①博内菲尔德借这句话说：本质和现象并非直接符合，但是本质一定会表现为某种现象，没有一定的现象也就没有本质。本质的规律就是借助于显现的消失（disappearance qua appearance）。在资本着了魔的和颠倒的世界中，本质借助于价值形式以及价值形式所推演出的一系列现象，通过拜物教和神秘化而掩盖了真正的现实过程。博内菲尔德说，"本质像恶作剧一样存在于经济物之中"②。借助于货币形式，价值也消失了；而通过利润、地租和工资的三位一体公式，资本主义的本质更加笼罩上一层神秘的外壳。正是在这个意义上，对本质的认识，恰恰是阿多诺所指出的"对起源的回忆"的过程。也是在这个意义上，博内菲尔德阐述了他对辩证法的理解。他指出，在政治经济学批判的批判理论传统中，辩证法并非抚平矛盾的思想形式，并非通过相对于内容的形式上的无差别的方式来调和对立。辩证法是对社会基础上的经济范畴进行展现的方法，这种方法探寻光怪陆离的世界的社会根源。③

　　博内菲尔德援引阿多诺在《德国社会学的实证主义争论》导言中说的话：作为主体的社会和作为客体的社会是同一个又非同一个。④ 之所以是同一个，因为本质上作为客体的社会由作为主体的社会实践创造；而不是同一个，则是因为作为客体的社会采取了完全不同的形式，获得了自己的独立性和自主性，这些形式，博内菲尔德指出，正是一系列作为

---

①　《马克思恩格斯文集》第 7 卷，925 页，北京，人民出版社，2009。

②　Werner Bonefeld：*Critical Theory and the Critique of Political Economy. On Subversion and Negative Reason*，Bloomsbury，2014，p. 66.

③　Ibid.，p. 69.

④　Ibid.，p. 67.

现实的抽象(real abstraction)的经济学范畴："理性存在于非理性的形式
之中。它存在于现实的抽象的形式——价格与利润、单位劳动花费和生
产的人的因素——之中。"①正是在这里，我们最终清楚地看到了在社会
实践与经济形式的辩证关系上的主体客体的同一性。这种同一性，为批
判理论与政治经济学批判的统一在最深层次上奠定了坚实的理论基础。

(三)社会实践的内涵与价值形式前提：阶级对立与阶级斗争

身处新马克思阅读传统之中，博内菲尔德对新马克思阅读自身的理
论特质有着自觉而清醒的认识，并提出了自己的批判。他首先简单明了
地对以巴克豪斯和莱希尔特为代表的新马克思阅读第一代的理论贡献和
不足做出了自己的判断："新马克思阅读作为一种社会批判理论，为政
治经济学批判的批判性重建做出了持久的努力。它将马克思从教条的确
定性中解放了出来，打开了一系列批判性观点，并且，我认为，还没有
充分显露出它所释放的东西。特别是它与资本主义的政治形式保持了距
离，那就是国家，特别是阶级对立和阶级斗争，它们是否定性世界的发
展动力。"②博内菲尔德首先高度肯定了新马克思阅读的理论贡献，这就
是提供了一种对马克思解读的全新路径，这种解读路径具有高度的独特
性，即区别于传统马克思主义，也区别于阿尔都塞的结构主义，博内菲
尔德认为："新阅读发展了一种和经典马克思主义包括阿尔都塞的结构
主义不同的批判性路径，通过反对将社会视作有若干普遍历史规律的历

---

① Werner Bonefeld: *Critical Theory and the Critique of Political Economy. On Subversion and Negative Reason*, Bloomsbury, 2014, p. 67.

② Ibid. , pp. 6-7.

史的超决定结构的观念。与之不同，新阅读从政治经济学内部的社会内容来推导出范畴。区别于传统的观点，它将一系列政治经济学范畴，设想为作为一个现存总体的资本主义社会关系的优先和短暂的实在的产物。"①这里需要指出的是，博内菲尔德将经典马克思主义和阿尔都塞的结构主义视作在历史观上是内在一致的。这一指认，笔者认为具有相当的合理性。传统马克思主义，是一种"世界观马克思主义"（Weltbild Marxismus，海因里希语），将若干条必然的历史规律视作亘古不变的、永远有效的、而磨平了历史发展过程中的不同结构和形式；阿尔都塞的结构主义，与历史主义的解读模式相对，同样力图构建一个辩证唯物主义意义上的"超决定的"（surdetermination）结构。

与此同时，博内菲尔德还对巴克豪斯和莱希尔特的研究提出了批评。博内菲尔德似乎没有将德国 20 世纪 70 年代的国家衍生纳入他对新马克思阅读的审视范围，正因如此，他认为新马克思阅读在国家问题上是有欠缺的。他将新马克思阅读更多限定在巴克豪斯、莱希尔特等人中。这一问题我们在第三章已经说清楚了，新马克思阅读并非没有对政治形式的研究，国家衍生就是它的延伸。正如新马克思阅读的经典问题提醒我们的，我们尽管已经指出了主体性的社会实践颠倒为客观的形式这一过程，但问题的关键是这一过程是为何、如何发生的。博内菲尔德给我们提供的答案，不同于巴克豪斯和莱希尔特从纯逻辑的角度提供的答案。就是在这一问题上，博内菲尔德提出了与后两者完全不同的见

① Werner Bonefeld: *Critical Theory and the Critique of Political Economy. On Subversion and Negative Reason*，Bloomsbury，2014，p. 7.

解。博内菲尔德首先批判了巴克豪斯和莱希尔特所强调的价值形式辩证法内在的"主体"，是一种抽象的人类学主体，没有具体的规定性；[①] 而博内菲尔德则强调，社会对立才是价值规律的逻辑和历史前提，阶级和国家问题不可以和价值形式割裂开来。这样，区别于第一代探寻一个真正的马克思的理论努力，博内菲尔德其实继续延续了国家衍生论争中已经得到的结论，并在更为生动具体的维度上发展了政治经济学批判和批判理论关系这一问题，深化了新马克思阅读开启的批判主题，开启由新马克思阅读打开的对经济的物的巨大客观力量的批判。在这个意义上，这也是新马克思阅读第二代和第一代的一个重要区别：第一代的主要目标是寻找一个真正的马克思，重建对马克思的自己的理解；而第二代则沿着由第一代打开的问题域向前推进，思考现实问题。

前文已经清楚地展示出，博内菲尔德当然并不否认经济学范畴、价值形式的主体内涵，只是在他看来这种主体向度应当更为具体地限定为社会对立、阶级斗争等问题，否则这种主体性就会陷入空洞的人类学倾向。博内菲尔德再次提出了这个地道的新马克思阅读风格的问题——问题的关键并不是经济形式非理性的理性，而是它们的社会构成——为何这一人类社会再生产的内容会采取那一决定性的形式？[②] 这一问题与我们前文已经讨论过的社会实践的主体性向度相同。主体绝非空洞的主体，而是社会联系中的社会个体，"对于政治经济学批判来说，经济的本质（economic nature）并非经济学的本质（essence of economics）。经济

---

① Werner Bonefeld：*Critical Theory and the Critique of Political Economy. On Subversion and Negative Reason*，Bloomsbury，2014，p. 8.

② Ibid.，p. 24.

学的本质是社会，而社会则是出于社会关系中的社会个体"①。而社会关系中的社会个体，就是处于阶级中的社会个体。

博内菲尔德对"批判理论"的理解，更多的是将之作为一种关于阶级和阶级对抗的理论。在他看来，价值本身就是阶级对立的社会关系所采取的经济物的形式；也是基于阶级理论以及国家理论等政治角度，他拓展了"社会实践"的内涵。他批判巴克豪斯和莱希尔特，尽管剥去了传统的教条以及对社会的自然化的认识，并将马克思的理论工作认作经济客体颠倒为一个看起来的自然物批判，但是新阅读试图聚焦在价值形式上，建立一个关于资本主义交换关系的生动的现实的同时，这种交换关系中的具体问题，如利润等问题则被忽略了，巴克豪斯和莱希尔特似乎假定了一个没有利润的等价交换。但是"交换关系离开了抽象劳动，阶级与阶级对立的批判理论就无法建立起来"②。而脱离了现实社会关系，对价值形式的批判就成为逻辑的批判。

因此在《批判理论与政治经济学批判：论颠倒与否定的理性》的第二部分"价值：论社会财富与阶级"中，博内菲尔德深化了他的观点。我们可以从两方面考察他的观点：第一点，就是前文提到的从历史的角度出发，将原始积累、阶级对立视作价值形式得以产生的前提。问题首先集中在原始积累上。因为在博内菲尔德看来，"价值形式只有在原始积累得到理解的前提下才是清楚的"。而原始积累就建立在阶级的产生这一

---

① Werner Bonefeld: *Critical Theory and the Critique of Political Economy. On Subversion and Negative Reason*，Bloomsbury，2014，p. 27.

② Werner Bonefeld: *Critical Theory and the Critique of Political Economy. On Subversion and Negative Reason*，Bloomsbury，2014，S. 42.

前提之上，在这个意义上博内菲尔德说，"阶级是价值形式的前提"①。价值在逻辑上的前提是商品交换，然而商品交换本身具有一种历史性的前提，这就是原始积累；而原始积累，其实就是劳动者和劳动资料相分离，劳动力成为商品这一历史过程。没有这一"蕴含了一部世界史"的历史过程，对价值的探讨就不可能成立。原始积累构成了资本的概念，资本产生于两种不同的商品，货币和劳动力走到了一起。在此之前，一系列资本主义时代的概念，如贸易、交换、货币都是存在的，但是与资本主义时代的这些概念有本质的不同。这个不同的关键就在于是否存在劳动力成为商品这一历史过程。这也让我们理解了马克思向我们指出的人体解剖是猴体解剖的一把钥匙的原因。范畴被一定的历史过程赋予了全新的内容之后，尽管名还是那个名，但是实质已经不同了。区别于新阅读第一代所认为的马克思的批判包含了一种政治经济学范畴纯粹逻辑上的说明，博内菲尔德认为这些范畴表达了烙上历史烙印的关系。价值规律包含了制定法律的暴力力量及其观念——在其文明的形式中，它表现为一种经济强迫的自由。②

　　对于新马克思阅读第一代来讲，对历史分析和逻辑分析的区分是重建马克思批判理论的基础，这一点我们在第二章已经指出了。巴克豪斯和莱希尔特尤为强调逻辑的分析，而非历史的分析，在他们看来，历史的分析中隐含着将马克思对资本主义时期的研究作为普遍适用的规律强

---

① Werner Bonefeld：*Critical Theory and the Critique of Political Economy. On Subversion and Negative Reason*，Bloomsbury，2014，S. 79.

② Werner Bonefeld：*Critical Theory and the Critique of Political Economy. On Subversion and Negative Reason*，Bloomsbury，2014，p. 82.

加到全部人类历史过程上的危险。但是他们太过于强调一种逻辑的东西，甚至忽略了资本主义本身的历史形成过程。而博内菲尔德强调的是原始积累这一资本主义产生的历史过程，强调的就是阶级的产生过程，一个具有双重自由的阶级，一个一方面可以自由出卖自己的劳动力，而另一方面又一无所有的阶级——无产阶级的产生，方才是价值形式得以产生的前提。

　　而博内菲尔德在这一问题上对新马克思阅读第一代的推进的第二点，则是将阶级也视作资本主义颠倒的财富体系的客观范畴。"阶级是全部资本主义财富体系的批判的范畴，它以货币和更多货币之间的等价交换的形式来表现。现象是真实的。"[1]阶级本身也是和商品、货币、资本这些政治经济学范畴一同产生的"真实的范畴"，也是"批判的范畴"。之所以说阶级本身也是一个"范畴"，就是因为阶级的产生本身也是资本主义生产方式上的一种真实的形式。雇佣工人、资本家和地主三种阶级所对应的三个收入来源：工资、利润和地租。这种资本主义生产方式的"三位一体"结构，在外在形式上具有一种神秘化的外壳，似乎三种收入来源是天经地义的，是不同阶级提供不同的要素、做出不同的贡献所得，而阶级似乎也被赋予了更多的意识形态的外壳。社会学的研究中，就根据这些现象和经验来对阶级、阶层进行划分，没有将它们考察的对象视作特定社会关系的形式。在这个意义上，阶级也并非一个批判的范畴。

---

　　[1]　Werner Bonefeld: *Critical Theory and the Critique of Political Economy. On Subversion and Negative Reason*, Bloomsbury, 2014, p. 102.

那么这种"特定的"社会关系是什么呢？就是等价交换与剩余价值生产。在剩余价值生产过程中，工人被作为纯粹的经济资源，这里博内菲尔德使用了"人料"（human material）的概念；与此同时资本家和地主，同样不外乎是资本主义生产方式中不同要素的"人格化"而已。因此在这一客观的现实过程中，的确如早期熊彼特所指出的，一切对人的形而上学假设都烟消云散，所有人都成了资本主义生产过程的人格化化身。人成为资本这个绝对主体的延伸物，人的主体消解在资本的运动之中。这个意义上，博内菲尔德认为，对资本主义社会的批判，对阶级社会的批判，并不是在于建立一个更为公平的阶级社会。一个更为公平的阶级社会如西方的福利国家，只是对其内在矛盾的掩盖；而未真正变革资本主义生产方式的某些乌托邦探索，到头来不外是披上一层国家垄断资本主义的外衣的新的阶级社会。因此，博内菲尔德说："对阶级社会的批判只有在无阶级社会中才能找到积极的解决，而非在一个'更公平的'阶级社会中。"也是在这个意义上，博内菲尔德批判了以卢卡奇为代表的对阶级的理解方式——这种理解方式在西方左派那里始终有不少拥护者，认为阶级首先并非一个意识的范畴，而是社会客观化的颠倒形式的范畴。阶级意识无外乎是颠倒形式上生发出的观念结构而已，无法通过变革这种观念结构，通过唤醒无产阶级的阶级意识而实现社会的变革。工人是"人格化的劳动时间"的活的化身。阶级在本质上作为价值规律的对抗性人格化之间的关系而存在。需要指出的是，在阶级问题上的这一看法，博内菲尔德非常具有代表性。新马克思阅读第二代的海因里希与第三代的埃尔贝和斯文·埃尔默斯都持类似的观点。

三、反犹主义研究：政治经济学批判与社会理论跨学科研究个案

之所以在这里增加一个关于新马克思阅读的"反犹主义"问题的补论，一方面是因为这一问题构成了新马克思阅读第二代和第三代在社会现实问题研究上的一个重要焦点，不论是博内菲尔德，还是被博内菲尔德算作新马克思阅读成员的普殊同，也包括目前新马克思阅读的第三代埃尔贝，都着重在反犹主义问题上进行了探索。这些理论探索，甚至还直接与当代德国的激进左翼政治运动"反德意志"（Anti-Deutsch）密切联系在一起；另一方面，反犹主义问题也恰恰构成了从政治经济学批判的角度出发探讨社会理论和哲学理论的一个绝佳范例，进一步讲，这一问题也将法兰克福学派第一代的霍克海默和阿多诺与新马克思阅读运动联系在了一起。《启蒙辩证法》中对反犹主义因素的探讨，对于新马克思阅读第二代、第三代对反犹主义问题的研究具有重大的启发意义。

（一）剩余价值、"经济人"与大屠杀：《启蒙辩证法》中的反犹主义

与西方历史上的反犹主义相比，资本主义时代之后的反犹主义具有完全不同的内在机制。这一机制，其实马克思在《论犹太人问题》中已经粗略而极其精准地指出了。现实的经济抽象运动的人格化之中就蕴含了反犹主义的因素，换句话讲，犹太人无外乎是资本主义内在危机的一个人格化。这是霍克海默和阿多诺对反犹主义的基本判断，而这一判断在新马克思阅读的传统中得到了进一步深化。

对反犹主义的探讨是《启蒙辩证法》中一个非常重要的主题。但是对

这一问题的探讨，建立在对法西斯主义兴起的现实根源之上。法西斯主义之所以成为西方资本主义乃至西方文明的一个漏洞，其根本原因并不在于一竿子打回到古希腊的西方文明、西方理性传统的症结，而是正如对启蒙和神话的探讨一样，就在于现实的以"等价形式"表现出的社会关系本身。"等价形式"之所以作为"形式"，就是掩盖了其本质上的不平等，也掩盖了剥削的本质。这也就是马克思在《资本论》中力图证明的东西——剩余价值。经济学的方法体现在对法西斯主义本质的探讨中是这样的：在法西斯主义的鼓吹手那里，他们所做的一切恰恰是为了反对金融资本家的剥削与统治，然而他们所推行的新的治理手段中，却将资产阶级的治理手段发挥到了极致，也就是将对劳动效率的追逐发挥到了极致。在法西斯主义的体系中，人更加作为单纯的"劳动力"和"物"而出现。写作反犹主义这一部分的霍克海默在《启蒙辩证法》里指出，"法西斯主义拒绝一切绝对命令，因而与纯粹理性更加一致，它把人当作物，当作行为方式的集合……但是，集权制度却任计算原则畅行无阻，并且唯科学是从。它的准则就是粗暴残酷的劳动效率（Leistungsfähigkeit）"①。霍克海默向我们指出了"劳动"这一概念的历史流变，以及资本主义对劳动的追捧。劳动，从一种被统治者强迫进行的，到了近代突然发生了改变，"在重商主义时期，专制君主却摇身一变，成了大工场主，生产劳动也变得高雅起来。作为资产者的统治者最终脱去了他们作为贵族的华丽衣裳，换上了平民的土布衣衫。他们为了更加合理地支配人们，宣称

---

① ［德］马克斯·霍克海默、［德］西奥多·阿道尔诺：《启蒙辩证法》，渠敬东、曹卫东译，58页，上海，上海人民出版社，2006。

劳动并不是下贱的事情。……不管他们怎么说，他们都是想为自己辩解；而资本家的这一生产劳动已经变成了一种意识形态，它彻底掩盖了劳动契约的真实本质以及经济体系的贪婪本性"①。资产阶级宣扬劳动创造价值，劳动光荣，因为创造着剩余价值的劳动恰恰是维系资本主义巨兽生存的根本活动，却回避了生产关系的剥削本质。如此这般，奥斯维辛集中营大门上方钢铁焊成的"劳动创造自由"（Arbeit macht Frei）就是完全可以理解的事情了。纳粹主义的意识形态宣传，恰恰彻底揭露了资本主义的本质逻辑。

也正是从资本主义的本质逻辑出发，作为生产力存在的人必然是被漠视的人，个人（Individuum）一定要消失在生产过程中成为"人格"（Person），这是资本主义的必然结果。在极权主义的领袖和强权的绝对地位对面，是无数成为符号的人。人成了被纳入计算投入与产出公式中的"企业人"："经济理性，这种得到了极高赞誉的工具原则，逐渐占领了经济学最后剩下的一片领土：企业和人如出一辙"②。在这样的结构中，工人阶级和资产阶级融入一种同一性之中，他们都是"经济人"（homo economicus），无产阶级出卖劳动力换得生活资料，通过培训技能以换取更多的回报，这一切与一个企业主的行事逻辑并无二致，工人也是在实现着"经济人"的理想类型。③ 正因如此，极权主义和自由主义天然对接了起来，身处美国的霍克海默和阿多诺敏锐地注意到了纳粹德国和美

---

① ［德］马克斯·霍克海默、［德］西奥多·阿道尔诺：《启蒙辩证法》，渠敬东、曹卫东译，158—159页，上海，上海人民出版社，2006。

② 同上书，187页。

③ 同上书，188页。

国本质上的同质性："在美国，人的命运与经济命运之间根本没有区别。人也就是由他的财产、收入、地位和前途构成的。反映经济状况的外部特征与经济的内在本质在人的意识中完全是一码事。"①行文至此，我们竟然发现了《启蒙辩证法》与福柯的生命政治学惊人的相通之处。②

然而只要有人在为他人劳动，"享受"（Genuß）也便一定要与劳动剥离，奥德修斯的隐喻恰恰是霍克海默和阿多诺对主奴辩证法的改写。塞壬动人的歌声只可以由被束缚住手脚的奥德修斯来倾听，而被蜡封住耳朵的水手，则只有划桨前行。换言之，被剥夺了享受的劳动，为他人而进行的劳动，雇佣劳动，就一定伴随着剥削。无论纳粹德国如何虚伪地推崇工人阶级的地位，资本主义内在的剥削体系都无法被消弭，这一原则最终在特殊的历史境遇中，极端到造就了大屠杀。形式的平等背后是法西斯国家这一"巨兽"对一切资源的源源不断的吸收，这一事实无法改变，那么就只有在宣传策略上树立起一个敌人——犹太人。阿多诺在1940 年写给霍克海默的信里说道："我们已经熟识的无产阶级所遭受的一切，如今正以更可怕的程度落到了犹太人身上。"③《启蒙辩证法》则更进一步道出了这样的残酷真相："犹太人实际上不只是单个人的阴谋诡

---

① ［德］马克斯·霍克海默、［德］西奥多·阿道尔诺：《启蒙辩证法》，渠敬东、曹卫东译，195 页，上海，上海人民出版社，2006。

② 福柯本人曾说过，"当我认识到法兰克福学派所具有的所有这些优点之后，我真的是懊悔不已，想自己本应该更早地了解他们，研究他们……如果我年轻时就接触到法兰克福学派，就会被深深吸引住，此后的一生就不再做别的事情，就一门心思做他们的评注者"。Michel Foucault："Adorno, Horkheimer, and Marcuse：Who is a'Negator of History?'"，in *Remarks on Marx*，New York，1991，pp.119-120. 中文引自李康译稿。

③ 转引自［瑞士］埃米尔·瓦尔特-布什：《法兰克福学派史》，郭力译，129 页，北京，社会科学文献出版社，2014。

计的替罪羊，而且是更广义上的替罪羊，因为所有阶级在经济上所遭受的不公正待遇都强加在了他们身上。"①正因如此，作为资本主义丑恶真相的替罪羊的犹太人，便成了资本主义极端化化身的纳粹屠戮的对象。真相就在那里，当它被谎言遮蔽时，谎言也就是它的展现。

在《启蒙辩证法》中所探讨的反犹主义问题，构成了法兰克福学派批判理论的重要主题之一，而建立在马克思《资本论》中的基本判断上对反犹主义的探讨，也奠定了批判理论研究反犹主义问题的基本框架。反犹主义问题，因此构成了批判理论在政治经济学批判和社会理论的跨学科研究上的一个经典问题。这一问题，也成为新马克思阅读第二代、第三代的重要研究主题，其研究方法，也被新马克思阅读当代的代表人物所坚持和贯彻。

（二）作为资本主义生产方式人格化的犹太人：博内费尔德的反犹主义研究

博内菲尔德在《批判理论与政治经济学批判：论颠倒与否定的理性》的最后一部分，也将目光集中在反犹主义的问题上。他指出，作为批判理论，政治经济学批判不是对经济范畴的人格的批判。因为在资本主义生产体系中，具体的人格只是一个个数字而已，他们被作为一定量的"人料"而投入到经济的计算之中。人的形象被视作形而上学的抽象。主体消失了，每个数字都是资源。因此犹太人这些被视作"没有价值的'人

---

① ［德］马克斯·霍克海默、［德］西奥多·阿道尔诺：《启蒙辩证法》，渠敬东、曹卫东译，159 页，上海，上海人民出版社，2006。

料'"也将被毫无顾忌地清除。这就是问题的根本。政治经济学的批判，因此是对经济范畴产生的社会根基的批判，这一点，恰恰可以运用在对反犹主义的分析上。博内菲尔德指出：反犹主义其实是对资本主义的仇恨的转移。[1] 资本主义有其内在无法化解的矛盾，价值形式就是这种矛盾在现象上调和的产物，它作为资本主义社会的细胞，必然发育为贪婪的吞噬生命的巨兽。只是谁将被吞噬，则是历史进程中种种偶然决定的了。在这个意义上，博内菲尔德指出，反犹主义设定了一种劣等人。这个劣等的"他者"可以在经济上被剥削，在政治上做替罪羊。作为种族主义的反犹主义者往往设定自身是一个"有根的"力量，有自己独特的民族的根与传统，而将一个劣等的民族设定为无根的处于游荡中又具有巨大力量的存在，也就是说，它随时都可能出现在社会的某个角落，伴着种种罪恶。在反犹主义者眼中，犹太人就是这样一个种族。[2] 犹太人被视作"无根的"和"不正常的"，尤其关键的是，犹太人作为了货币和金融的抽象财富的人格化。然而，"他们的力量却无法具体的定义；这是一种抽象的、不可捉摸的、不可见的理论。反犹主义并不涉及任何具体的个人"[3]。反犹主义实质上是关于犹太人的谣言，谣言得以产生和散布的社会土壤，才是全部问题的关键。而这种社会土壤，就是资本主义生产方式内在矛盾在金融体系上的展现，占据金融行业从业者多数的犹太人，则成了这一看不见的体系的看得见的对象。

---

[1] Werner Bonefeld: *Critical Theory and the Critique of Political Economy. On Subversion and Negative Reason*, Bloomsbury, 2014, p. 205.

[2] Ibid., p. 199.

[3] Ibid., p. 200.

第四章　批判理论的政治经济学批判奠基 ｜ 251

　　我们看到，博内菲尔德和普殊同在反犹主义的研究上有很大的相似性，这种相似性，说到底就是对马克思政治经济学的批判，对马克思价值形式理论资源的运用。这种基于马克思价值形式理论对反犹主义产生的解释，深刻继承了法兰克福学派批判理论的传统，并且在思想的深处，呼应了马克思《论犹太人问题》中的观点：资产阶级社会就是一种犹太精神统治的社会，对犹太人的攻击其实就是对资本主义社会的攻击。这种解释方式，也是对唯物主义认识论的运用，与从神学、宗教学和文化的角度解读反犹主义的观点，形成了特别鲜明的对比。其实在反犹主义问题研究上，已经集中表现出了新马克思阅读第二代、第三代的政治学理论。这种政治学理论的基本特征就是"资本的无名统治及其人格化"。米夏埃尔·海因里希和英格·埃尔贝，都将资本逻辑的统治及其在现实中的人格化衍生所带来的矛盾和冲突作为在政治领域的主要探讨对象。

　　然而不得不说的是，和马克思的政治经济学批判主题一样，反犹主义的主题，也是哈贝马斯乃至后来的霍耐特所代表的"新批判理论"脉络极少涉及的问题。为何"新批判理论"不关注这一问题呢？我想原因大约有两点：一是哈贝马斯的理论工作直接面对 20 世纪 60 年代之后的西方福利社会，他本人更未曾经历法兰克福学派第一代所经历的刻骨铭心的创伤，他对于这个主题，其实是无感的。二是更为关键的一点。哈贝马斯对马克思政治经济学批判也是无感的。战后德国学界的主流力主重建德国在思想上的自信，从而侧重回归传统，马克思在这种理论尝试中仅仅被当作了德国传统的一个并不十分重要的对象。新马克思阅读的代表人物同样未曾亲身经历反犹主义的创伤，但因为他们专注于马克思政治经济学批判的批判理论张力，必然会走向这一问题的探讨。

本章小结

能在很窄的地方，挖到特别深的东西，是学术研究应有的境界。新马克思阅读在价值形式理论的研究上就是如此。而能够从价值形式这个很小的入口，发掘出更深更广的思想内容，离不开立足于价值形式理论，对政治经济学批判和批判理论的结合。棋从断处生，价值形式作为结合点，即为断处。马克思的思想之所以始终具有如此巨大的爆破力，也正因如此。新马克思阅读对政治经济学批判内涵的重新理解，为政治经济学批判赋予社会理论和哲学理论的内涵，不论是面对批判理论思想史，还是面对当代激进理论，都具有极为关键的作用。

一方面，从思想史的角度来面对批判理论，新马克思阅读对批判理论与政治经济学批判二者的深度衔接，大大帮助了我们对法兰克福学派"批判理论"内涵进行重新理解。何谓批判理论？批判理论与马克思的继承和发展是什么关系？通过本章的讨论，我们清楚地看到了批判理论有深刻的政治经济学批判的根基，它与马克思的思想因此紧密联系在一起。当然，对二者关系的探讨甚至还需要一本专著才能完成。法兰克福学派在政治经济学批判上对马克思的发展甚至是曲解，都是可以继续探讨的。但是我想不容否认的是，强调批判理论所具有的政治经济学批判的根基，大大丰富和深化了批判理论的内涵，增强了批判理论的生命力、思想张力。而这一问题，在新马克思阅读的推动下，也日益被学界更多的人所重视。目前就职于法兰克福大学社会研究所的迪尔克·布劳恩施泰因的博士论文《阿多诺的政治经济学批判》，就在这一问题上做出了重要的探索。如果说批判理论传统是一座人类思想史的大厦，那么政治经济学批判乃是支撑整个大厦的钢筋。有了这一钢筋，可以将整个批判理论的脉络厘清楚，同时又能够为我们审视当代激进理论提供极为重要的帮助。

另一方面，新马克思阅读对批判理论和政治经济学批判的衔接，对于当代社会批判理论来说，将爆发出无穷的理论潜力。正如博内菲尔德指出的，作为新马克思阅读第一代的巴克豪斯和莱希尔特并未充分激活他们的理论探索所具有的潜力。这种潜力在哪里？除了在国家衍生以及在反犹主义问题上的探索外，通过价值形式问题的研究，还可以和例如福柯所凸显的生命政治学批判进行连接，这一点，其实已经显现在新马克思阅读对反犹主义问题的探讨上了。普殊同提出的"资本主义的生物学化"的观点，就将反犹主义这一特殊的社会历史问题，拓展成为整个资本主义社会所无法避免的潜在威胁。资本内在的逻辑及其在现象上的拜物教，将内在不可解决的矛盾转移到某一特殊族群之上从而制造大屠杀的恐怖；而更进一步讲，如博内菲尔德指出的，资本主义的商品生产方式，就是将人的形而上学的形象，那个被哲人们沉思、被诗人们讴歌的生命，化为被编码的数字，作为冷冰冰的"人料"投入生产流水线之中。我们看到，从立足于价值形式理论的政治经济学批判——批判理论的角度对生命政治学的研究，具有远远大于当代某些激进思想力量的穿透力。

除生命政治学批判之外，新马克思阅读立足价值形式对政治经济学批判和批判理论的衔接所打开的理论张力，还可运用于诸如犬儒理性批判的问题上。所谓犬儒理性，其实就是价值形式在意识形态上的一种反应。齐泽克列举的马克思所说的"他们不知道，但是他们这么做了"，与"他们知道这一切是错的，但是他们依旧为之"这两种阶段，不过是同一句话的两种说法，因为问题的关键不在于他们知道不知道，而在于他们是如何去做的——在价值结构、交换原则统治的世界中，所有的人都将会按照那个客观的现实的原则去做出选择，因为，正是这一价值形式的、拜物教的社会结构在为人思考。同样，在这种结构里，疯子和英雄都不再存在。如福柯所考察的，疯子被排除在"正常人"的社会外，被关进了难以飞越的疯人院；而英雄，正如黑泽明《七武士》里所描绘的那样，无奈地走向了末路。

本章的内容，正是对导言中所提出的问题更进一步的解答。法兰克福学派从来不是一种单纯的文化批判理论的代言人，而是有深刻的政治经济学批判的根基的，只是这一根基在霍克海默和阿多诺甚至马尔库塞那里，在多重转化的语境中，似乎并不那么直观了。价值形式理论作为法兰克福学派政治经济学批判的根基始终贯穿在法兰克福学派传统之中，这一传统，到了新马克思阅读这里，被作为一个明确的独立的线索拉出来加以研究，因此问题也变得明朗了。英美学界对法兰克福学派政治经济学批判的低估，在新马克思阅读的推动下也逐渐得到了改观。但是如今在德国理论界出尽风头的"新批判理论"那里，这一传统反而完全被忽视了，这是巴克豪斯和莱希尔特等人，乃至众多出师于阿多诺和霍克海默的学者们所痛心疾首并不断抨击的。

在下一章，我们将在对新马克思阅读运动总体理论梳理的基础上，回到导言中提出的问题，即考察新马克思阅读运动在法兰克福学派批判理论传统中的定位问题。

第五章

新马克思阅读与后阿多诺时期的法兰克福学派批判理论

　　我们通过前面三章的内容，论述了新马克思阅读在三个方面的理论探索。这三个方面，可以宽泛地理解为以价值形式理论为核心的政治经济学批判与哲学、政治学及社会理论三个方面的关系，这三个方面充分体现了新马克思阅读从法兰克福学派批判理论中提取的价值形式的辩证法所具有的巨大理论张力。在本章，我们重新回到思想史之中，来面对这样一个问题：如何定位新马克思阅读进行的理论探索在法兰克福学派批判理论的谱系中所拥有的位置？

　　阿多诺于 1969 年 8 月 6 日溘然长逝后，法兰克福学派便在某种意义上画上了句号。然而批判理论所灌溉的苗圃中，年青一代再吸收了这些思想的养分之后，也生发出不同的花朵，如今也结出了不同的果实。新马克思阅读也是批判理论的苗圃中生长出的一株奇异花木。但毋庸讳言，它绝非一个典型的代表。我们中国学界所熟知的以哈贝马斯、奥菲、霍耐特、维尔莫等人为代表继承了社会研究所衣钵的一批人，以及在德国学界始终占据重要一席的以蒂克、施威蓬豪伊泽父子、德米洛维奇等人为代表的与前者分庭抗礼的某种意义上的"传统"批判理论，影响力一直在巴克豪斯和莱希尔特之上。那么，在后阿多诺时代，如何评价和审视法兰克福学派批判理论的发展呢？如何定位和评价新马克思阅读对法兰克福学派批判理论的继承和发展呢？在本章，我们将主要解答这一问题。

一、后阿多诺时期法兰克福学派批判理论的格局

以往我国学界对法兰克福学派批判理论发展史的考察，更多侧重历时性的纵向分期、划代来进行比较，这样的方式非常有助于我们理解批判理论不同时期所关注的重大主题的变迁，是思想史研究的经典范例。但同时，这样的把握方式往往忽略了横向的共时性的视角，也就欠缺对批判理论的发展中所呈现的不同思想路径的比较。法兰克福学派的批判理论从来就不是同质性的，在第一代代表人物中就已经有非常鲜明的差异；新马克思阅读向我们揭示的"价值形式的辩证法"的政治经济学批判

路径，其实也并不能涵盖第一代代表人物的全部。① 这种异质性在法兰克福学派的第二代这里则更为鲜明。

(一)哈贝马斯：批判理论"并无统一的体系和范式"

哈贝马斯在1984年对批判理论进行回顾时所作的《法兰克福学派影响史三论》(*Drei Thesen zur Wirkungsgeschichte der Frankfurter Schule*)中，就已经非常清楚而直接地指出了批判理论传统内部的这种异质性。其实哈贝马斯自从进入法兰克福学派，就不认为法兰克福学派"有什么堪称体系的批判理论"②。在《法兰克福学派影响史三论》一文中，哈贝马斯甚至质疑了法兰克福学派第一代作为"学派"的合法性，认为这一研究传统并没有真正的一致性，然而恰恰这种"虚假的同一性"(fiktive Einheit)③成为这一研究传统产生重要影响的第一点重要原因，而第二点原因，则在于这一研究传统的跨学科性质。而且，重要的是哈贝马斯指出，这种跨学科性在第二代这里也鲜明地表现出来，哈贝马斯列举了从事工业社会学的布兰德(G. Brand)，从事经典唯物主义的阿尔弗雷德·施密特，从事分析科学理论的阿尔布莱希特·维尔默和施耐德

---

① 这一点其实是以哈贝马斯为代表的研究派别与施威蓬豪伊泽等人以及新马克思阅读之间的分歧。后两者认为存在一种批判理论的基本理论框架，并将这一理论框架建立在霍克海默和阿多诺以交换原则和价值形式批判为基础的政治经济学批判理解上，然而哈贝马斯否认这一点。

② ［德］罗尔夫·魏格豪斯：《法兰克福学派：历史、理论及政治影响》(下)，孟登迎、赵文、刘凯译，716页，上海，上海人民出版社，2010。

③ Jürgen Habermas：Drei Thesen zur Wirkungsgeschichte der Frankfurter Schule, in A. Honneth(Hrsg)，*Die Frankfurter Schule und die Folgen*，Berlin，1986，S. 8.

巴赫，以及从事系统理论的奥菲和从事结构主义的奥弗曼（U. Oevermann）等。在第三个论点中，哈贝马斯更为全面地指出了批判理论这一学派身份的瓦解。在"并不存在特定范式"的批判理论中，他归纳了五个发展方向，它们分别是：一是对由"启蒙辩证法"和"否定辩证法"开启的理性批判的发展延续和对借助于交往理论而对理性的拯救；二是对阿多诺的美学理论的补充和发展；三是批判社会理论的发展，关于这一点，哈贝马斯指出，是在阿多诺去世后重新回到了索恩-雷特尔的思考上，在此之上开启了对商品拜物教和异化劳动的研究；四是对由阿多诺在人格分析和文学理论研究中的微观的和总体质性的案例分析的方法论思考；五是对法兰克福学派史的历史学研究，哈贝马斯说，这一研究动向恰恰显示出正统批判理论研究路径的困境。①

　　哈贝马斯在 20 世纪 80 年代中期的归纳总结，已经较为全面地概括了法兰克福学派批判理论的格局。当然，哈贝马斯是倾向于对批判理论的格局做一种"无范式"的解读的，也就是说，法兰克福学派历史上并未形成明确的范式，到了第二代同样也没有明确的范式。对批判理论拥有某种范式的拒绝，描绘了法兰克福学派批判理论发展的客观理论现象，但仅仅是现象。这种态度或许有哈贝马斯的"私货"，因为否认了这种范式的存在，就为他的路径提供了开放的空间和在法兰克福学派传统上的合法性。但是另一方面，哈贝马斯对批判理论的"无范式"的指认，很大程度上也与霍克海默对 20 世纪 30 年代批判理论探索的态度有关，这一

---

① 　Jürgen Habermas: Drei Thesen zur Wirkungsgeschichte der Frankfurter Schule, in A. Honneth(Hrsg), *Die Frankfurter Schule und die Folgen*, Berlin, 1986, S. 11-12.

点，我们在本文第一章已经做过探讨。霍克海默为权衡研究所与联邦德国时局之间的关系，刻意向公众和学生们隐藏了 20 世纪 30 年代集中以《社会研究杂志》和《启蒙辩证法》等文献代表的经典批判理论探索，这恰恰使哈贝马斯得出了法兰克福学派没有什么成体系的理论的结论。

（二）施威蓬豪伊泽对批判理论主体间性范式转向的批判

施威蓬豪伊泽 2012 年撰写的"批判理论"词条中[①]，同样为后阿多诺时期的法兰克福学派批判理论格局进行了一个划分，他的划分没有哈贝马斯那么全面，但却紧扣主要特征。在他看来，在批判理论的最新发展中，社会的主体间性（Intersubjektivität）得到了强调，也就是强调主体的相互间的承认，在劳动和交换关系中存在的自治和相互义务的可能性的条件。就是在这种社会的主体间性之中，新一代批判理论试图在这种内居于社会化中的互惠原则（Prinzip der Reziprozität）上，探讨理性和自由的可能性。这一特征其实是对阿多诺《否定辩证法》中所讲的"内在于交换原则中的理性"的阐发。阿多诺批判隐藏着实质不平等的交换原则所带来的同一化，但是阿多诺同时也强调，如果因为交换原则的弊端就完全否定交换原则，那么就同样抛弃了交换原则中积极的东西。这些积极的东西，恰恰是后阿多诺时代所倚重的关键。[②] 只是在方法上，这一

---

① 关于施威蓬豪伊泽对"批判理论"的基本定义，可参见本书第 27 页。

② 阿多诺开始强调交换原则中蕴含的理性因素的重要性，很可能是在 20 世纪 60 年代之后。当时阿多诺认识到，交换原则作为资本主义的统治性原则是同一性强制的根本逻辑，是应被批判的，但如果完全否定了它，则将其中蕴含的积极的内容，如平等、自由同样也否定掉了，带来的只会是独裁与暴政。

时期的批判理论更多将经验主义和实用主义引入进来，与欧陆的哲学传统相结合。施威蓬豪伊泽将沿着这条路径的阐释方式划分为三个方向，第一个方向，就是以 20 世纪 70 年代后的哈贝马斯为代表的交往行为理论，这一理论方向贴近于韦伯的社会学方法。哈贝马斯宣告了一种"交往理论的范式转向"，力图拯救霍克海默和阿多诺所批判的理性中的合理性因素。而第二个方向，则是以阿尔弗雷德·罗伦策①为代表的，将心理分析理论解释为一种主体间性和社会化理论（Sozialisatiaonstheorie），以及一种反省科学的典型范例。在此之上，罗伦策提出了一种深层诠释学的方法。施威蓬豪伊泽提出的第三个方向，就是霍耐特所开辟的一种经过改良的黑格尔式的马克思主义。霍耐特的观点，概而言之就是认为建立在谅解和主体间相互承认基础上的行为的可能性条件，是将人从特权与不公解放出来的社会形式。② 显然，这三个方向都与由哈贝马斯所奠定的范式有关。

　　施威蓬豪伊泽其实是带着批判的目光审视批判理论的"主体间性"理论范式转向的。主体与主体间性的理论与规范性问题密切联系在一起。施威蓬豪伊泽指出，立足于外在规范的尺度来使批判理论的真理和有效

---

① 阿尔弗雷德·罗伦策（Alfred Lorenzer），1922 年出生于乌尔姆，2002 年逝世于意大利佩鲁吉亚。心理分析学家，社会学家。1954 年在图宾根大学获博士学位，后从事心理分析工作。1963—1969 年就职于法兰克福大学弗洛伊德研究所，开始将心理分析与社会学研究相结合，并通过教职资格论文，在此期间与哈贝马斯交往颇深。1974 年受聘为法兰克福大学社会化理论教席教授。他是跨学科心理分析的先驱，注重将心理分析与生物学和社会学相结合。

② Gerhard Schweppenhäuser: *Kritische Theorie*, in: *Historisch-kritisches Wörterbuch des Marxismus*（*HKWM*），Bd. 8/I, Argument, 2012, S. 212-215.

性具有信服力从一开始就被霍克海默所否定；阿多诺同样也指出了规范性问题离不开历史的多元维度的分析。脱离了这一点，规范理论很容易退回到黑格尔已经批判过的二元性之上，也就是事实与决断，认识与价值的二元论之上。因而施威蓬豪伊泽坚持，批判理论应当是对社会自身的批判，是对社会特定否定的清晰结构；批判理论应当建立起批判和理论的具体联系。主体间性的范式，也不应放弃对一个社会的总的主体的建构（Konstruktion eines gesellschaftlichen Gesamtsubjekts）。① 所谓社会的总的主体，也就是价值规范与生成价值规范的社会机体的辩证统一。

在批判理论是否有一个特定的传统这个问题上，哈贝马斯和施威蓬豪伊泽的观点已经有重大的差异。而从思想史上看，批判理论两个方向的分岔，更具体体现在他们及他们各自所代表的批判理论的理解方式对阿多诺一个判断的不同理解之上。这就是阿多诺关于交换原则、商品形式的理解所提供的分岔口。《启蒙辩证法》中，交换原则、商品形式、价值形式，构成了他们对启蒙和理性传统批判的现实根基。交换原则与商品形式问题贯穿着阿多诺对批判理论的基本理解。而这一点，可能受到两方面的影响，一个是波洛克和霍克海默的影响，另一个则是阿尔弗雷德·索恩-雷特尔的影响。波洛克所提出的国家资本主义批判深刻影响了法兰克福学派的议题，而与之相比我们一直忽略的，是他对马克思货币哲学的研究。波洛克通过对马克思一系列"物的现实存在的范畴"，也

---

① Gerhard Schweppenhäuser: *Kritische Theorie*, in: *Historisch-kritisches Wörterbuch des Marxismus*(HKWM)，Bd. 8/I, Argument, 2012, S. 217-218.

就是在商品、价值和货币的研究上，指出了这一系列经济学范畴连接了现实的生产关系和法律和文化的表现形式。[1] 这一思想非常深刻地影响了批判理论的基本范式。此外，索恩-雷特尔对阿多诺的影响也是深远的，阿多诺关于交换原则和思维形式的关系的思考，在 20 世纪 30 年代就在索恩-雷特尔的影响下成型。[2]

阿多诺曾说，他后来的一切大部头著作都是《启蒙辩证法》的注脚。[3] 这一点在交换原则和商品形式问题上同样有所体现。阿多诺 1965 年出版的《否定的辩证法》中同样也得到了延续。但是，在此时，阿多诺已经表现出了一种微妙然而十分关键的转折。在《否定的辩证法》中，阿多诺做了这一表述：

> 如果人们抽象地否定了这一原则，如果人们为了不可还原的质的更高的荣誉而断定对等不再是理想的原则，那就是为倒退回古代的不公平寻找借口。自古以来，交换原则的主要特点是，不相等的东西以等价的名义被交换，剩余劳动被无偿占有。假如可比较性作为一个尺度范畴被简单地取消，那么内在于交换原则的理性——当然是作为意识形态，但也是作为前提——将会让位于直接占有，让

---

① Friedrich Pollock：*Zur Marxschen Geldtheorie*，in：*Archiv für die Geschichte des Sozialismus und der Arbeiterbewegung*，Jg. 13，Hrsg. von Carl Grünberg，Leipzig，1928，S. 195.

② [德]阿尔弗雷德·索恩-雷特尔：《脑力劳动与体力劳动：西方历史的认识论》，谢永康、侯振武译，104 页，南京，南京大学出版社，2015。

③ [德]格尔哈特·施威蓬豪依塞尔：《阿多诺》，鲁路译，50 页，北京，中国人民大学出版社，2008。

位于暴力，在今天就是让位于垄断集团赤裸裸的特权。①

在这段话中，我们已经可以看到，阿多诺对交换原则的认识已经从之前彻底的否定和批判，转向认识到其中有不可丢弃的理性内容。这一点，通过阿多诺去世前写作的一篇手稿《关于批判理论的详尽说明》(*Zur Spezifikation der kritischen Theorie*)得到更进一步证明。在这份可以称作"关于批判理论的提纲"中，阿多诺清楚地道出批判理论和马克思主义的关系，批判了斯大林体系马克思主义学说的教条性，并且强调了交换原则所扮演的角色。在这份提纲中，当论述马克思主义和批判理论的关系时，阿多诺说："马克思主义作为批判理论的意思是，它并不进行假设，并不是简单成为哲学。哲学的问题是开放的，而非通过世界观被预先决定的。"②此外，当论述批判理论作为一种唯物主义理论的特征时，阿多诺从物质需要的满足的角度论述了解放的图景，而这种解放，正是在超越"某种"交换原则上实现的："超越某种交换原则意味着同时实现它：任何人都不允许得到的比平均社会劳动的等价物还要少。"③阿多诺为何出现了这种转折呢？阿多诺开始意识到交换原则中蕴含的理性因素的重要性，是在 20 世纪 60 年代之后。

商品形式和交换原则，一方面，作为资本主义社会同一性强制与

---

① [德]阿多尔诺：《否定的辩证法》，徐崇温主编，张峰译，143—144 页，重庆，重庆出版社，1993。

② Theodor Adorno: *Zur Spezifikation der kritischen Theorie*, In: Benjamin Archiv, Berlin.

③ Ibid.

"被管理的社会"真实来源，是阶级压迫的来源，是资本主义社会的虚假总体性的现实根据；另一方面，这种商品形式和交换原则之中，还蕴含了理性的内容，即平等和自由的依据。其实交换原则、等价形式是资产阶级平等和自由的根据，马克思在《大纲》和《资本论》中也早已指出。例如在《大纲》中，马克思明确在交换的经济形式上探讨了自由和平等的来源："因此，如果说经济形式，交换，在所有方面确立了主体之间的平等，那么内容，即促使人们去进行交换的个人和物质材料，则确立了自由。可见，平等和自由不仅在以交换价值为基础的交换中受到尊重，而且交换价值的交换是以一切平等和自由产生的、现实的基础。"[1]《资本论》中，马克思也指出："劳动力的买和卖是在流通领域或商品交换领域的界限以内进行的，这个领域确实是天赋人权的真正伊甸园。那里占统治地位的只是自由、平等、所有权和边沁。"[2]当然，马克思这里所强调的平等、自由是建立在商品交换之上的资产阶级意识形态里的，但是，我们却找不到证据表明马克思因此就拒绝了这种平等和自由的形式。马克思始终承认资产阶级的历史进步性，而这种平等和自由的形式，应该属于马克思在一定历史条件下所接受和承认的部分。这种平等和自由，正是阿多诺在 20 世纪 50 年代末之后所强调的不可扬弃的东西，因为将交换原则和等价形式全盘否定，那么起码的平等、自由也将会被抛弃，所带来的将会是退回到前资本主义社会的赤裸裸的特权和暴政。

　　然而也就是交换原则和等价形式所蕴含的这种尖锐的矛盾性，构成

---

① 《马克思恩格斯全集》第二版第 30 卷，199 页，北京，人民出版社，1995。
② 《马克思恩格斯文集》第 5 卷，204 页，北京，人民出版社，2009。

了后阿多诺时代法兰克福学派批判理论两个不同方向的分岔口。

(三)后阿多诺时期批判理论的两个方向和三条路径

可以说，对阿多诺"内在于交换原则中的理性"这一判断的两个不同侧重，直接构成了后阿多诺时代批判理论发展的两个截然不同的方向。在这个分岔口，一批学者继续向左走，继续着对商品生产社会的社会形式、文化理论和意识形态结构的批判；而另一批学者则向右走，试图拯救交换原则之上的理性内容，在交往理论、社会心理、承认理论等理论层面上建立起克服不公与压迫的可能性空间。这两个方向风格迥异。因此，我们可以将后阿多诺时代的批判理论格局，依照对阿多诺"内在于交换原则中的理性"的不同阐发划分为左和右两个方向。在左的方向上，可以进一步划分为两条路径：其一是坚持经典批判理论的跨学科研究范式的路径；其二是专注于经典批判理论中的政治经济学批判的路径，也就是新马克思阅读。

1. 坚持经典批判理论政治经济学批判基础上的跨学科研究的路径

继续坚持由霍克海默和阿多诺所开辟的经典批判理论范式，以马克思的政治经济学批判为根基，在此之上展开跨学科研究的路径。这条路径其实是后阿多诺时代法兰克福学派批判理论的主要组成部分，其中以海尔曼·施威蓬豪伊泽(1928—2015)、阿尔弗雷德·施密特(1931—2012)、格尔哈德·布兰德(1928—1987)、罗尔夫·提德曼(1932—)、奥斯卡·内格特(1934—)、于尔根·李策特(1935—)、郝伯特·施耐德巴赫(1936—)、雷吉娜-贝克·施密特(1937—)、狄特·普罗科普(1941—)、德特勒夫·克劳森(1948—)、克里斯多夫·蒂克

（1948—　）、阿历克斯·德米洛维奇（1952—　）、格尔哈德·施威蓬豪伊泽（1960—　）等一大批学者为代表。这一理论分支更为忠实地沿着经典批判理论，特别是沿着阿多诺的经典批判理论所奠定的基本方向和未竟事业前进，在哲学、社会理论、文化、工业、美学、教育学、心理学等方面做出了重要的贡献，在德语学界的批判理论领域扮演了至关重要的角色。即便在今天，这一路径也是批判理论的重要代表，他们以《批判理论杂志》为平台，每年召开"批判理论研究学园"的研讨会，召集并继续培养了一大批年轻学者。必须承认的是，我国学界以往对这一路径的了解和研究相对都比较有限，然而这一路径的思想资源，却非常值得我们重视。在我们以上列举的这些思想家和学者中，很多都对批判理论的发展做出了巨大贡献，甚至可以说，没有这一批学者的努力，霍克海默、阿多诺、本雅明等经典批判理论的思想资源，也不会在当今德国产生如此深远的影响。如海尔曼·施威蓬豪伊泽，作为霍克海默和阿多诺大弟子的他，在坚守经典批判理论的范式上，在语言哲学、辩证法思想和美学理论上做了巨大贡献；又如阿尔弗雷德·施密特，一度作为阿多诺接替者的他，在历史哲学、历史唯物主义理论上做出了持久的探索，在整理、阐发霍克海默和阿多诺早期的批判理论研究上也具有不可替代的作用；此外，奥斯卡·内格特于社会哲学和政治哲学上在德国左翼学界影响巨大，于尔根·李策特则在辩证法思想上著作颇丰。可以说，这一路径是批判理论研究中绝对不可忽略的重要部分，今天，我们需要对之加以重视。但是与此同时，不得不承认的是，这一路径因其坚定的左翼立场，在 20 世纪 70 年代之后的德国学术界受到了不断挤压，外在地看，这一方向上的学者，大多已就职于法兰克福大学社会研究所之外的高校和研究机构中，然而这客观上也使得他们所坚持的经典批判理论路径得到了更大范围的传播。此外，这一路径对哈贝马斯所代表的方向持坚定的批判立场，这种立场，尤其以 1989 年出版的《非批判理论：反哈贝马斯》(*Unkritische Theorie*，*Gegen Habermas*)这一批判文集为代表。

2. 新马克思阅读路径

同处经典批判理论方向上的第二条路径，或者说在这个方向上走得最为纯粹的，就是新马克思阅读这一理论运动。新马克思阅读的代表人物，从作为奠基人的阿多诺的两位学生巴克豪斯和莱希尔特，到国家衍生论争的参与者，一直到第二代、第三代的代表人物，都对哈贝马斯代表的方向给予了尖锐批判。国家衍生论争的一个重要批判对象就是以哈贝马斯和奥菲为代表的修正主义国家理论；巴克豪斯老先生一直带着感性的嘲讽批判哈贝马斯表现出的对马克思的政治经济学批判的不屑。但是，我们不得不带着遗憾承认这一事实，就是这一路径中的学者，在 20 世纪 70 年代之后就日渐被排挤到法兰克福大学社会研究所的边缘，巴克豪斯因其慢吞吞的写作速度和固执的性格，几十年来始终是一名讲师；莱希尔特后来任职于不来梅大学，而在他们影响下的学者，如国家衍生论争的参与者们，也大多处于德国主流学术界的边缘。他们与前述的坚守经典批判理论的跨学科研究路径的学者关系尚密切，但他们与法兰克福大学社会研究所仅有思想上的继承，而很少有学术活动、组织上的联系。但是，非常值得我们注意的是，新马克思阅读这一路径却在新世纪以来得到了复兴，不论在德语学界还是在英语学界，近年来都有越来越多的学者转向关注这一思想路径，英国"历史唯物主义"书系近年来也开始组织翻译这一路径的相关文献。这其中的原因为何，不得不引起我们的重视。

3. 主体间性——交往行为理论路径

另一个向右的方向，当然是在世人看来最名正言顺的哈贝马斯、霍奈特所代表的方向，这一方向继承了法兰克福学派社会研究所的传统，他们作为批判理论的继承人在名和实上似乎都不容置疑。这个方向和路径，在前文施威蓬豪伊泽的归纳中已经提及。这个方向回避甚至拒绝商品形式和价值形式的分析，这一点，哈贝马斯很早就展现出了与阿多诺截然不同的态度。哈贝马斯在一次访谈中提及："当他（阿多诺）认为自己第一次对确认思维和商品形式之间的关系有了确切明晰的认识之后，他就过来告诉了我。而我恰好在这一点上保留看法，顺便提一下，我们当时展开了讨论，尽管我深知在这些问题上我并未给阿多诺留下任何印象。"①这一方向对理性的拯救、规范基础的奠定，以及平等和自由的捍卫，在理论上以哈贝马斯的交往行为理论的主体间性理论奠基。在这个意义上，交换原则、等价形式被替换为主体间性的交往行为。哈贝马斯整合近现代西方乃至英美的分析哲学、政治哲学的理论资源，在规范伦理、政治理论方向做出了重要的探索。这一方向，已经被人冠上了"新批判理论"的名号。其中的代表人物，除哈贝马斯和霍奈特之外，还有洛伦策（1922—2002）、阿尔布莱希特·维尔默（1933—　）、路德维希·冯·弗里德贝格（1922—2010）、克劳斯·奥菲（1940—　）、乌尔里希·厄

----

① ［德］哈贝马斯：《现代性的地平线：哈贝马斯访谈录》，188页，李安东、段怀清译，上海，上海人民出版社，1997。

菲尔曼(1940—　)、莱纳·福斯特(1964—　)①、拉尔·耶吉(1967—　)等一大批学者。但正如我国学界很早已经认识到的，这一理论分支中相当一批人早已告别了左派的立场，全面右转，沦为了资本主义世界体系的共谋者和捍卫者。这一点，也成为德国左翼思想界的广泛共识。

　　通过这样两个方向、三个路径的考察，我们得到了对后阿多诺时期法兰克福学派批判理论的一个全景式的审视。当然，这三个路径的划分绝非一刀切式的泾渭分明，一些学者如克里斯多夫·蒙克(1958—)，就游离于经典批判理论路径和哈贝马斯的路径之间；而另一些学者如罗尔夫·魏格豪斯，就转向了对法兰克福学派史的专门研究，也难以列入这三条路径之中。但通过这两个方向、三条路径的考察，起码可以得出这样的结论：后阿多诺时代的批判理论的格局要复杂得多，哈贝马斯所代表的方向并不能完全代表，或者说如果以他和他的学派为最主要的甚至唯一的代表，则会遮蔽甚至扭曲后阿多诺时代法兰克福学派批判理论的真实形象，忽略大量对于我们弥足珍贵的德国当代左翼思想资源。尽管如此，由哈贝马斯所开启的路径，是我们无法回避的理论事实，这条路径为何能够产生如此广泛的影响，而另一个方向上的两条路径却久久处于压抑之中，这是我们必须面对的问题。因此，我们非常有必要对哈贝马斯的理论探索进行一个批判性考察。

---

　　① 莱纳·福斯特(Rainer Forst)，1964年生，法兰克福大学政治系与哲学系教授。曾在法兰克福大学和哈佛大学学习哲学、政治学和美国学。1993年在哈贝马斯的指导下以"政治和社会正义理论"为题获博士学位。后先后执教于柏林自由大学和法兰克福大学，曾任霍奈特的助手。2012年获得德国官方学术领域最高奖莱布尼茨奖，2014年入选柏林-勃兰登堡科学院。被视作法兰克福学派第三代的代表人物。代表作有《正义的语境》(1994)、《辩护的权利》(2007)、《规范性与权力》(2015)等。

表1　后阿多诺时代法兰克福学派批判理论的两个发展方向和三条路径及其代表人物

经典批判理论的范式	后阿多诺时期批判理论的两个发展方向	三条路径	代表人物
霍克海默：批判理论的原型是政治经济学批判中批判。"当今的社会形式可以在政治经济学批判中把握。从商品的一般概念，可以在纯粹的思想建构中推出出价值这一基本概念。……按照这一逻辑意图它毋庸置疑是成功的，对所有经济、政治和文化领域的认识都可以通过那一原初的认识而被中介得到。" 代表作：《论当今哲学中的理性主义之争论》（1934）、《论真理问题》（1935）、《传统理论和批判理论》（1938）、《启蒙辩证法》（1946）	方向一：承认批判理论有确定的理论范式，坚守经典批判理论范式的方向，坚持对资本主义社会的批判立场。	路径一：坚持政治经济学批判基础上的跨学科研究，继续展开哲学、社会理论、文化、工业、美学、教育学、心理学等方面的批判研究	海尔曼·施威蓬豪伊泽（1928—2015）、阿尔弗雷德·施密特（1931—2012）、格尔德·布兰德（1928—1987）、罗尔夫·提德曼（1932—）、奥斯卡·内格特（1934—）、于尔根·李莱特（1935—）、郝密伯特·施耐德巴赫（1936—）、施密特·贝尔曼（1937—）、雷吉娜·普罗科普（1948—）、狄特·克劳森（1948—）、克里斯多夫·克里斯缪尼多夫（1952—）、格尔哈德·施威蓬豪伊泽（1960—）、克里斯多夫·蒙克（1958—）
阿多诺：历史唯物主义是对起源的回忆，批判理论的基础是对交换原则的等价形式的批判。"如果人们为了不可还原的质的更亮而断定对等不再是理想的原则，那更亮为倒退回古代的不公平寻找借口。"超越它"任何人都无允许被到的平均社会劳动的等价物这少。" 代表作：《启蒙辩证法》（1946）、《启蒙辩证法》（1966）、《关于批判理论的详细说明》（1969）	方向二：拒绝承认批判理论有确定的范式和体系，力图拯救理性传统，建立批判理论的规范立场，为民主政治基础，为民主政治提供理论支援	路径二：将经典批判理论的政治经济学基础提振出来，直接面向马克思文本，重建对马克思的理解，从而为批判推进行深层奠基·新马克思阅读 路径三：以交往行为理论、承认理论等的理论建构为基础，吸收分析哲学和实证主义等现代西方理论资源、定向主体间性理论论建构的路径，走向政治理论和伦理理论研究	汉斯-格奥尔格·马克豪斯（1929—）、海尔穆特·莱尔希特（1939—1970）；狄特·干（1943—）、维尔根·沃尔夫（1942—）、博内菲（1960—）、米尔斯纳（1934—）、穆默尔（1957—）、夏埃尔·海因里希（1957—）、英格·贝尔（1973—） 哈贝马斯（1929）、洛伦策（1922—2002）、阿尔布莱希特·维尔默（1933—）、路德维希贝格（1922—2010）、克劳斯·奥菲（1940—）、冯·弗里德里希希（1940—）、乌尔里希·普赖斯（1940—）、霍耐特（1949—）、耶西（1967—）、茱莉·福斯特（1964—）、拉尔·耶吉

二、哈贝马斯的得与失

哈贝马斯是理解把握法兰克福学派发展史的过程中绕不过去的一座大山。评判哈贝马斯绝非易事，却也是必须要做的事情。在对后阿多诺时期的法兰克福学派格局有一个了解，也提出了一个格局划分的尝试之后，接下来一个非常重要的任务，就是如何在这一异质性的思想格局之中，思考作为后阿多诺时期法兰克福学派形象代言人的哈贝马斯在理论上的得与失。对哈贝马斯的理论建树的审理，可以为我们提供一个理论参照，更为恰当地为同样生根于法兰克福学派批判理论的新马克思阅读寻找一个定位，也可以为我们把握和反思德国当代批判理论的发展提供重要的帮助。

(一)哈贝马斯对批判理论的推进与发展的特征

哈贝马斯对批判理论的推进和发展有两点重要特征。第一，就是他能够以开阔的视域吸收批判理论传统和现代科学理论的思想资源；而第二，则是他更为敏感地捕捉到了时代对于理论的需要。

出身于资产阶级家庭的哈贝马斯，从一开始就对左翼思想保有距离，但作为战后"再教育"的一代，他同时又对右翼理论也没什么好感。但进入大学学习阶段的哈贝马斯，还是接触并接受了马克思的理论。他一开始是借助卢卡奇从阅读《1844 年经济学哲学手稿》和《大纲》进入马克思的，最初关注的是异化和物化理论。因此对哈贝马斯来说，马克思首先是社会理论家、哲学家。而哈贝马斯对物化的理解，其实是在韦伯的合理化理论之上的。① 哈贝马斯直到阅读了保罗·斯威齐才意识到马克思还是一位经济学家，在经济理论上，他更多受斯威齐和琼·罗宾逊的理论的影响。

此外，哈贝马斯也坦陈，他和经历过纳粹恐怖的批判理论第一代在阅历上的差别，导致了思想上不可避免的分歧。自打进入法兰克福学派、哈贝马斯就断定批判理论根本没有什么称得上体系的东西，且这一判断哈贝马斯始终坚持，也使他在理论的建构上有很高的自信和自由的空间，正因如此，他才不会像坚守左的方向的批判理论路径那样，恪守经典批判理论基本立场和德国思辨传统的东西。对于哈贝马斯来说，并不存在什么"资产阶级科学"，一切理论资源都是可以拿来用的。他接受了美国的社会学和分析哲学，这一点就使他具备了和德国思辨传统截然不同的东西。这些是哈贝马斯能够集现代理论百家之长，创造出宏大理论体系的方法前提。

在哈贝马斯看来，阿多诺的"格言式的哲学说理方式"存在如下问题："首先，批判理论对社会科学的理论成果和分析哲学一直漫不经心，没有给予认真的对待……其次，它隐身在抽象的工具理性批判中，对我们这个十分复杂的社会做了微乎其微的经验主义分析。最后，它没有替自己的基本准则和地位提供一条确凿的理由。"② 此外，更广为人知的，

---

① 这里有必要指出的是，哈贝马斯是经由卢卡奇接触到"物化"（Verdinglichung）问题的，物化这一范畴在韦伯那里，其实使用的是"事务化"（Versachlichung）。这两个概念有着微妙的关系。

② ［德］哈贝马斯：《现代性的地平线：哈贝马斯访谈录》，李安东、段怀清译，17页，上海，上海人民出版社，1997。

是哈贝马斯对经典批判理论的三点批评：一是并没有提供坚实的"规范的基础"；二是坚持的是一种哲学的、来自黑格尔的真理概念，与科学的分析的真理概念有很大距离；三是从未公正地对待过资产阶级民主。① 对经典批判理论的三点批评意见，反衬出哈贝马斯对经典批判理论的三点发展和推进。

大体来讲，通过以"普遍语用学"为前提的交往行为理论建构起规范的基础，引入实证主义和分析哲学的方法论资源，将资产阶级民主政治纳入更为全面的现代性议题之中，这几个方面是哈贝马斯对经典批判理论最为重要的发展和推进。这三个方面，建立在哈贝马斯对"生活世界"(Lebenswelt)和"系统"(System)的二元主义划分的基础之上，这种二元主义划分所表现出的正是他对现代社会最新发展的认识。这种最新发展简而言之就是，随着技术和生产力的进步，劳动的时间被大大压缩之后，一种人与人的交往、交谈、对话、商谈的领域就凸显了出来，哈贝马斯借用胡塞尔的"生活世界"来描述这一公共领域的景象。也就是在这种生活世界中，交往行为理论获得了现实的基础。而"系统"则集中体现了韦伯意义上的"事务化"(Versachlichung)的内涵，也就是为保障社会生产而必然需要的经济制度和政治制度的系统。延续了韦伯的观点，哈贝马斯也认为以货币为中介的经济系统和以权力为中介的政治系统遵循着工具理性的原则，带来了侵蚀生活世界和人的自由的危险。而在晚期资本主义中，系统对生活世界的支配愈发严重，就会带来"生活世界的

---

① ［德］哈贝马斯：《我和法兰克福学派——J. 哈贝马斯同西德〈美学和交往〉杂志编辑的谈话》，张继武译，载《哲学译丛》，1984 年第 1 期。

殖民化",这也就是现代性的危机。为了克服生活世界的殖民化,哈贝马斯则重新回到了交往行为中的"理解"与"共识"上。①

　　哈贝马斯在批判理论上的巨大推进和发展,除了他能够以开阔的视域吸收众多思想资源加以整合外,另外一个非常重要的原因,就是他是一个能够更为敏锐地把握时代精神动向的人。哈贝马斯也是一名更能够看透时局,懂得用时代主流所能接受的语言言说的思想家。这一点,从一个方面讲是识时务;而从另一个方面讲,则不免被人视作谄媚。对此,巴克豪斯和莱希尔特分别在访谈时给笔者讲过两个故事。巴克豪斯说,他曾经在一次学术活动上,听到霍克海默所指非常明显地带着嘲讽说道:"那个人(即哈贝马斯)很懂得大家要听什么。"而莱希尔特也讲过这样一个故事:"我的一个不幸已故的朋友,海因茨·布拉克迈耶尔曾经给我讲过他和哈贝马斯之间的一个非常私人的交谈。哈贝马斯跟他说,人们必须按照能够在《时代周报》(当时还是一份严肃的左翼自由主义报纸)上发表的标准来写作。当时的《法兰克福评论报》已经被认为太左了,这会阻碍在大学的职业发展。"②不管怎样,识时务者为俊杰,哈贝马斯之所以取代阿尔弗雷德·施密特,超出其他传统批判理论范式的坚守者甚远,就在于他的理论建构同时满足了德国左派和右派的基本要求。哈贝马斯既批判资本主义社会中"日常生活的殖民化",又绝不提出

---

　　①　在这里哈贝马斯实际上向人们提供了两个层面的生活世界,一个作为超验的、普遍语用学意义上的,由符号和语言世界构成的生活世界;另一个则是经验层面的现实生活的生活世界。哈贝马斯试图用超验的生活世界克服经验的被殖民的生活世界。

　　②　分别援引自笔者与巴克豪斯的访谈(2015年12月21日,法兰克福)和笔者与莱希尔特的访谈(2016年2月23日,不来梅)。

任何带有激进色彩的解决方案，左右逢源，顺应了新自由主义时期德国的意识形态需要，哈贝马斯如今甚至已经成为德国的官方哲学家，原因就在于此。作为一名被霍克海默视为"太激进"的曾经的左翼学者，青年哈贝马斯其实对马克思主义的理解更接近正统马克思主义的一些基本观点。正因如此，哈贝马斯与更多受到卢卡奇传统的主体性革命辩证法的激进学生不同，① 他认识到，在经济高度发达，经济基础层面没有表现出根本矛盾的情况下，在社会和政治上的根本变革其实是不可能的。相对于激进学生和学者对资本主义的彻底批判，哈贝马斯采取的更多是一种修正主义的态度。他能够敏锐地捕捉到在生产力快速发展、福利国家基本建立、民主制度得以推行的德国，社会生活中所产生的深刻变化，这就是"生活世界"的形成，并在此之上，提出了他的交往行为理论。但是显然，哈贝马斯的理论建构也招致了不少批判。

（二）从政治经济学批判视角来看对哈贝马斯的批判

对哈贝马斯的批判并非新鲜事。早在 1968 年，奥斯卡·内格特就主编了文集《左派答哈贝马斯》②，回应了哈贝马斯对学生运动的指责，对哈贝马斯进行了批判。而福柯认为哈贝马斯的交往理论是一种"交往乌托邦"的责难，获得了广泛的认同。因为哈贝马斯的理论弱点显而易见，建立交往理性来克服生活世界的殖民化的愿景，具有浓厚的唯心主

---

① 卢卡奇在六八运动时的影响，特别是在德国，不亚于马尔库塞。学生运动两大领袖杜什克和克拉尔都视他为思想导师，曾拜访于他，精读他的著作。参见 Rüdiger Dannemann(Hrsg.)：*Lukács und 1968*, *Eine Spurensuche*. Bielefeld, 2009，S. 273，275。

② Oskar Negt(Hrsg.)：*Die Linke antwortet Jürgen Habermas*, Frankfurt, 1968.

义色彩，归根结底不过是一种意识形态的批判。现实生活中的矛盾对立，绝不会通过对话与商谈化解，相互理解并不等同于达成共识。

在这里，我们关注的是沿着批判理论路径的左的方向前进的学者，自然包括新马克思阅读对哈贝马斯的批判，这些批判恰恰集中聚焦在政治经济学批判的领域。哈贝马斯不懂也不想懂马克思政治经济学批判，是这个方向上的学者集中开火的地方。新马克思阅读对哈贝马斯及其路径所进行的批判是持久而坚决的。巴克豪斯和莱希尔特一再指出，哈贝马斯对马克思政治经济学批判表现出了彻底的无视态度。他对经济学的理解停留在早期的琼·罗宾逊和早期的熊彼特上。巴克豪斯曾这样明确指出哈贝马斯在政治经济学上的缺陷：

这些对价值理论的建构性理论思考对于哈贝马斯来说要么完全是陌生的，要么完全是无关紧要的。在他早期关于马克思理论的研究著作中，这位年轻的哲学家借助于政治经济学的权威，借助于熊彼特和琼·罗宾逊来拒绝马克思的价值理论，进而拒绝剩余价值学说，而对如下情况一无所知，即晚期的熊彼特已经对他消极的判断做出了自我批评的修订，而晚期的琼·罗宾逊尽管有她的保留，但还是再次靠近了马克思。在他的文献报告《论社会科学的逻辑》中，马克思的价值和剩余价值理论完全没有出现；哈贝马斯不动声色地和主观主义的新古典主义联系在一起，而新古典主义，阿多诺在他的演讲中以隐含的方式，甚至还在《否定辩证法》中一再以辛辣的口味进行过评论。①

对马克思政治经济学批判的忽视，给哈贝马斯的理论建构带来了什么样的后果呢？正如我们在第三章已经提及的，国家衍生论争中的穆勒和克里斯特尔早在 1970 年就从政治经济学批判的角度出发，指出了哈贝马斯和第二国际修正主义一样，根本问题在于割裂了生产和分配的关联，从而也割裂了经济和社会的关系，在政治上否定了革命的可能，而转向社会改良，并诉求基于资产阶级民主形式的多元民主。对于多元民主的认可，其实也正是哈贝马斯后来交往行为理论和商谈民主理论的前提。然而，"多元主义恰恰就是修正主义的国家理论"②。割裂了生产与分配，也便无视了生产中不可避免的劳资矛盾，而将注意力放在对政治意愿的塑造上。

由格尔哈德·鲍尔特③主编的《非批判理论：反哈贝马斯》文集，集

---

① Hans-George Backhaus：*Die Anfänge der neuen Marx-Lektüre*，in：*Dialektik der Wertform*，Freiburg，1997，S. 40.

② E. Fraenkel：*Strukturanalyse der modernen Demokratie*，in：AUS POLITIK UND ZEITGESCHICHTE，Beilage zur Wochenzeitung：DAS PARLAMENT，6. 12. 69，S. 13. 转引自 Wolfgang Müller，Christel Neusüß：Die Sozialstaatsillusion und der Widerspruch von Lohnarbeit und Kapital，*PROKLA*，Sonderband 1，1971，S. 25。

③ 格尔哈德·鲍尔特(Gerhard Bolte)，1957 年生，曾在汉诺威大学、吕内堡大学和卡塞尔大学学习教育学与哲学。代表作有《国家观念与自然历史：论黑格尔国家概念的启蒙辩证法》(1991)、《批判理论导论》(1994)、《从马克思到霍克海默》(1995)。

中了蒂尔克、罗尔夫·约翰内斯①、乌尔里希·索恩曼、海德·博恩特②、格尔哈德·施威蓬豪伊泽等人的七篇文章，较为有力地对哈贝马斯进行了批判。这几篇文章的批判侧重点各有不同，我们择选其中主要以政治经济学批判为立足点的文章进行考察。

在《反哈贝马斯》的导言中，此书主编鲍尔特集中站在政治经济学批判的视角对哈贝马斯猛烈开火。在鲍尔特看来，哈贝马斯背弃了批判理论的纲领，离开了需要根本变革的资产阶级社会概念，也离开了"作为主体的社会的观念"（Idee der Gesellschaft als Subjekt）。这些理论立场导致了哈贝马斯的深层谬误，鲍尔特指出，"因为他不想简单地承认资本主义是一个全球化的剥削关系，他也就没有从根本上审视资本主义，而是仅仅从联邦德国这一橱窗来审视资本主义，在这里找到他想要寻找的东西：富足、社会安定、自由、权利保障、民主"③。鲍尔特一针见血地指出了哈贝马斯的问题所在，他的理论所立足的社会，不过是联邦德国这一资本主义世界体系中的一个橱窗而已。缺乏全球化视域的哈贝马斯，看不到这些现代性的华丽展品的片面性。因此，鲍尔特说，哈贝马斯的"现代项目"和"西方文明"的傲慢的空话后面隐藏着一种狭隘的地

---

①　罗尔夫·约翰内斯（Rolf Johannes），1961 年生，出版人、学者。先后在汉堡和巴黎求学，后在海尔曼·施威蓬豪伊泽和阿尔弗雷德·施密特的指导下于法兰克福大学获博士学位。后担任 zu Klampen 出版社的负责人。

②　海德·博恩特（Heide Berndt, 1938—2003），女，德国城市社会学家、社会医学家。1959—1966 年求学于阿多诺，后曾就职于弗洛伊德研究所。1979 年受聘于著名女子学院柏林爱丽丝-所罗门学院，直至退休。海德被誉为"女中阿多诺"，代表作有《城市规划的社会图景》（1968）、《城市的本性》（1978）。

③　Gerhard Bolte(Hrsg)：*Unkritische Theorie*，*Gegen Habermas*，Lüneburg，1989，S. 9.

方性(Regionalismus)，即将联邦德国这一典范作为科学尊严的来源，仅仅看到了联邦德国的富足和自由，而忽视了资本主义积累的肮脏的也更为广阔的边缘地带。[①] 正因为哈贝马斯无法忍受也无法辩证地把握现代社会在物质上和思想上的潜力和它真实的样子之间的张力，他取消了批判理论的历史纲领，他转向寻找规范性的替代手段(norminative Ersatzmaßstäben)，逃往了交往理论和实证的伦理学。多么直戳要害的批判啊！如果无法把握资本主义的世界体系和全球化分工，仅仅能够看到这世界光鲜的一角，那这光鲜的一角不过也就是幻想而已。电影《黑客帝国》里的那句"欢迎来到真实的世界！"所昭示的就是这个道理。

鲍尔特进一步指出了哈贝马斯对批判理论思想传统的系统性偏移。批判理论的思想传统，包括以康德和黑格尔为核心的德国唯心主义、以马克思和恩格斯为核心的历史唯物主义和政治经济学批判，以及以尼采与弗洛伊德为核心的唯物主义心理学。而哈贝马斯的交往理论范式转换，将这些传统完全偷换了(我们前文已经提到了，在哈贝马斯眼里批判理论根本不存在什么范式，所以其实在他那里也无所谓打碎传统)，而将批判理论放置于以涂尔干和韦伯为代表的资产阶级社会学和以米德和帕森斯的行为和系统理论之上，[②] 行为和系统的二元化理论体系，用完全不同的理论资源替换了经典批判理论的议题。鲍尔特指出，哈贝马斯将资本增殖划入了系统理论的管辖范围，将阶级理论划入了行为理论的管辖范围。对于现存社会具有建构性的增殖和阶级结构之间的关联，

---

① Gerhard Bolte(Hrsg)：*Unkritische Theorie*，*Gegen Habermas*，Lüneburg，1989，S. 9.

② Ibid.

使政治经济学批判进入意识中的生产关系，这些都被哈贝马斯熟练地隐去了。[1] 学术的分工服务于对这些关系的遮蔽，哈贝马斯将经济与政治系统对于日常生活的侵蚀划分为互不相干的两个部分，从而也就以这种方式否定了资本主义经济的决定性地位。在这一点上，鲍尔特推进了穆勒和诺伊西斯对哈贝马斯的批判。

在罗尔夫·约翰内斯的《论被哈贝马斯分离为系统的世界》的文章中，同样也对哈贝马斯的"系统"的内在矛盾性进行了批判考察。约翰内斯指出了哈贝马斯生活世界和经济、国家子系统之间的分离，建立在晚期资本主义劳动与闲暇的分离之上。[2] 生产力的进步、劳动时间的大幅缩短，为闲暇与交往提供了前提，也为哈贝马斯的交往行为理论提供了根本前提。正因如此，约翰内斯也指出，在马克思那里，社会是作为一个整体被把握的，社会实践首先是劳动的过程，没有人的物质生活的生产和再生产，也便没有交往、政治、艺术与闲暇；在马克思那里，社会是一个不同环节共同构成的整体，然而却是建立在暴力和矛盾的生产和再生产之上的虚假整体。但是哈贝马斯对社会再生产的辩证的唯物主义的总体性概念是保持怀疑的，立足于发达资本主义社会之上的他，将劳动理解为"在根本上独白式的"被把握的"策略行为"的游戏方式，将其制定为一个与语言相对立的行为方式，将劳动和语言设定在同等地位上，从而也将社会划分为系统和生活世界对立。但是，这种划分显然丢掉了历史的维度，没有看到以交往活动为主的生活世界恰恰建立在生产力的

---

①　Gerhard Bolte(Hrsg)：*Unkritische Theorie*，*Gegen Habermas*，Lüneburg，1989，S. 10.

②　Ibid.，S. 40.

发展、闲暇时间的增多上，更不会看到劳动、生产和再生产对语言所代表的交往行为领域的决定性作用。约翰内斯还指出，在哈贝马斯的理解中，货币仅仅是"税收的中介"（Steuerungsmedium），而货币这一表现形式背后的隐藏的作为资本主义生产关系的总体性原则的价值的增殖，也消失在哈贝马斯的视野里。[①]

从政治经济学批判的角度对哈贝马斯进行的批判，也就是在阿多诺"交换原则中的理性因素"这一思考上继续沿着经典批判理论向左走的批判理论路径对其的批判。正是因为将视角聚焦在商品形式和资本逻辑的基本问题上，这一批判恰恰直击哈贝马斯的要害，这个问题其实是他无法也没有能力回应的。也正是在这一问题上，后阿多诺时期批判理论的左的路径，通过对哈贝马斯所代表的路径的批判，更深刻地挖掘出了批判理论的真正内核，这就是对商品生产社会中的价值规律基础，以及在此之上的价值形式分析和意识形态批判。这正是由新马克思阅读所揭示的。只有在这一路径上，才能坚守批判的指向，而非为其寻找合法性依据。因为价值形式背后所掩盖的资本主义社会的矛盾性，只要还是商品的生产和交换占据主导的，就无从克服。资本主义社会的神秘化和资本全球化的趋势或许在某些发达国家和地区暂时掩盖了这些矛盾，但是，正如当今涌入德国的难民让另一个世界展现在德国人面前一样，那个真实的世界，或早或晚，总是欢迎你的到来。

[①] Gerhard Bolte(Hrsg)：*Unkritische Theorie*，*Gegen Habermas*，Lüneburg，1989，S. 55.

三、新马克思阅读与德国当代的马克思研究

通过前两节对后阿多诺时代的法兰克福学派批判理论的格局进行一个整体性把握，对新马克思阅读在思想史上做出一个定位之后，在本节，我们将以新马克思阅读为坐标审视一下当代德国的马克思研究，并以当代德国的马克思研究为镜像，审视新马克思阅读理论探索的得失。

(一)新马克思阅读与德国当代马克思研究的相互审视

以新马克思阅读为坐标，审视当代德国、当代德语学界的马克思研究。20世纪70年代末，联邦德国的马克思研究迅速走向衰落之后，在整个20世纪80年代和90年代，德国的马克思研究都处于沉寂的状态。而这一状况在21世纪以来得到了改变，特别是在2008年之后，马克思日益受到更多人的关注，《马克思恩格斯全集》历史考证版第二版(MEGA2)工程继续得到推进，一批具有标志性的研究成果得到发表，如《西方的马克思》《全球马克思》；一些以马克思为主题的学术会议在主流学界召开，如2011年在柏林召开的"重思马克思：哲学、批判、实践马克思哲学的当代性"国际学术研讨会，等等。而在这一过程中，新马克思阅读也扮演了重要的角色。新马克思阅读在20世纪90年代末特别是21世纪以来日渐成为一个学术研究的凝结核，是德国学界公认的事实。在当代德国马克思研究中，不同的方向和尝试，都或多或少牵涉到新马克思阅读的问题域。

但是，在当代德国马克思研究中，也存在很多问题。这大体可以总结为两方面，一方面，是现代学术生产体制下，对马克思研究的平面化

和庸俗化；另一方面，则是忽视、贬低马克思的政治经济学批判的意义，将马克思打扮成一个无害的哲学家、社会学家或政治学家。

在英美学术生产体系日益渗透当代德国的人文学术研究之后，对马克思的研究，也日益呈现出某种"庸俗化"的倾向。这种庸俗化集中表现为对马克思的断章取义、不求甚解的解读，以及简单地将马克思的理论观点与某种理论比较和嫁接。如将青年马克思《1844 年经济学哲学手稿》中的异化思想和罗尔斯的正义论进行比较嫁接，或者将马克思《哥达纲领批判》中的思想和公平正义的问题联系起来进行讨论，等等，这些讨论仅仅从表面的表述出发，无视马克思思想的整体性和深层逻辑变迁，这无形中降低了马克思的思想高度。埃尔贝在《西方的马克思》中指出了当代德国对马克思的庸俗化解读，他指出："近十年来在媒体和文化领域兴起了一股带着迟疑的国际马克思复兴潮流，但这却不能够转换为一种科学研究的时尚。……与这种潮流相对，不可忽视的是在这潮流中对马克思的援引大多都是无果的和次要的……而这在学术领域也可以找到原因，我们至少在德国面对着这样的境况，在其中对马克思的阐释，面临着降低为亚学术兴趣的状况的威胁。尽管在'巨变'之后，《马克思恩格斯全集》历史考证版第二版的编辑得到了继续，并为科学探讨提供了源源不断的新材料，但是在学院内，马克思总体上仍处于边缘地位。对马克思阐释的平庸化的一个原因，就是对自 20 世纪 60 年代兴起的马克思阅读运动的忽视，这一运动在广度和深度上都大大拓展了对马克思著作的解读。"①正是这种庸俗化的解读，使新马克思阅读得到复兴，受到更多认真对待马克思思想的人的重视。

在当代德国马克思研究中，对马克思政治经济学批判的低估也是一个重要的特征。由哈贝马斯所开启的"新批判理论"对马克思政治经济学批判的无视，我们在前两节已经有所讨论。实际上，对马克思政治经济学批判思想的低估，与对马克思思想的肢解是同一个过程的不同表现而已。无视马克思经济学语境中的哲学话语变迁，仅仅在某一个学科领域内讨论马克思思想的某个方面，必然存在片面性。对马克思政治经济学批判的低估，还表现在对马克思一些基本判断的质疑上。例如拉尔·耶吉就认为马克思的资本主义危机理论和利润率下降规律已经受到质疑，而提出生活形式批判的主张。

霍耐特也认为马克思的历史-政治文本和政治经济学文本之间存在巨大的裂痕，两者之间被不同的行为逻辑所支配，因而无法建立起有机的联系。②霍耐特对马克思的这一责难，实际上早在作为新马克思阅读理论分支的国家衍生论争中就已经得到了答复，甚至可以说，在霍克海默对批判理论的理论轮廓描绘中，以及阿多诺关于"历史唯物主义是对起源的回忆"中，都已经做出了清楚的探索。马克思的政治经济学批判和哲学理论、政治理论及社会理论的关系，就是新马克思阅读的主题。

---

① Ingo Elbe：*Marx im Westen. Die neue Marx-Lektüre in der Bundesrepublik seit 1965*，Berlin，2008，S. 7-8.

② Axel Honneth：Die Moral im Kapital，Versuch einer Korrektur der Marxschen Ökonomiekritik，in：Rahel Jaeggi und Daniel Loick（Hrsg），*Nach Marx*，*Philosophie*，*Kritik*，*Praxis*，Berlin，2013，S. 350.

但是正如我们已经看到的，对这一问题的揭示，建立在对马克思文本的艰辛而深刻的耕耘之上。离开了对马克思文本的这种高度的重视，得出马克思的政治经济学文本和历史-政治文本之间存在裂隙（这种裂隙实际上也就是对资本主义的批判与规范的建构之间的矛盾）的结论，也便不奇怪。而为弥合这两者之间所谓的裂隙，解决这一问题，就要将政治经济学的基本概念历史化，从而政治学化。也就是赋予政治经济学概念以政治和伦理的内涵。但是资本主义的社会化是受到多方面的权力、利益和道德因素的影响的，是不确定的，因此就需要放弃这种马克思的归纳，而替换为资本主义的具体的社会学。我们看到，耶吉和霍耐特，都拒斥了马克思政治经济学批判的价值和意义，而主张从主体间性角度和规范伦理的角度剖析。

除以上两者外，安德里亚斯·阿恩特的研究也颇具代表性。阿恩特的博士论文研究列宁的辩证法，执教资格论文研究马克思。青年时期的阿恩特曾求学于波鸿鲁尔大学，受到科夫勒的影响，有左派的倾向。但是中年之后的他开始转向黑格尔和浪漫主义的研究，也日渐走近黑格尔而将马克思视作黑格尔的一个注脚。他重视马克思政治经济学批判中所运用的辩证法，但是，在他看来，这种辩证法不过是黑格尔本质辩证法的一种激进化了的具体运用。①

尽管新马克思阅读的确是思想史上一个并不算大的支流，但是它却成为 21 世纪以来德国马克思研究少有的理论增长点，不仅德语学界，

---

① Andreas Arndt: *Hegels Wesenslogik und ihre Rezeption und Deutung durch Karl Marx*, Vortrag beim Konferenz, "Materialistische Dialektik" in Berlin, 30. 10. 2015.

而且英语学界也有越来越多的人开始关注这一思想史的遗珠。然而在马克思研究这一主题在德语学界日益边缘化的大背景下，这一艰深的理论运动的处境，也有许多无奈。整个德国左翼思想界在 20 世纪 70 年代末之后迅速走向萎缩，自由主义在思想界大大挤压了马克思主义研究的生存空间。以马克思的经典政治经济学批判和国家理论为主要研究对象的新马克思阅读，已经难以获得大众读者，但是除此以外也不得不寻找一下这种境遇的内因。新马克思阅读的两个奠基人巴克豪斯和莱希尔特，从治学风格上看，都非常质朴老实，甚至呆板。巴克豪斯性格非常执拗，自他 20 世纪 60 年代一头扎进价值形式的辩证法问题中，就在这一问题里摸爬滚打了一辈子，始终将视域集中在政治经济学领域内，数十年一直在一个问题、同样的研究对象上不断推敲研磨；莱希尔特尽管在处世上温润很多，但在学问上，也并没有在马克思的政治经济学批判这些经典问题上有更大的拓展。这样的问题，到了新马克思阅读的第二代米夏埃尔·海因里希和狄特·沃尔夫那里同样非常鲜明地表现出来，他们都没有在马克思的政治经济学批判、马克思和黑格尔的辩证法问题上迈出太多的步伐。在第二代中，只有博内菲尔德因为身处英国的不同语境之中，才能够意识到新马克思阅读在研究领域上的偏狭。他指出巴克豪斯和莱希尔特并没有释放出新马克思阅读所具有的思想张力。

批判理论之所以能够在 20 世纪爆发出如此巨大的思想力量，其原因恰恰在于霍克海默成为法兰克福学派的掌门人后对跨学科研究方针的确立，这体现在政治经济学批判和社会、文化、心理等方面的结合。克里斯多夫·蒂克就指出了这一结合的必要性，面对 20 世纪二三十年代西方资本主义的经济危机和无产阶级革命两大主要事件，霍克海默确立的批判理论范式的关键在于：

> 揭示资本主义在经济上无济于事、反抗资本主义的力量在心理与社会上弱不禁风，并将这当作社会总体性危机的两个方面。对这两个方面来说，政治经济学批判至关重要，但对后者来说，仅有政治经济学批判，是不够的。要了解主体的反抗性力量弱不禁风、瘫软无力的情况，就要同样分析现代大众文化、大众文化的深层心理影响与审美影响及其哲学背景。简而言之，要将深受官方马克思主义诟病的资产阶级文学以及像弗洛伊德、尼采、叔本华、康德这些思想家的思想纳入政治经济学批判的范围，以便深化政治经济学批判，并反过来利用政治经济学批判来充分发挥上述文学与思想的社会批判性爆破力。①

蒂克说得太好了。如果仅仅停留在政治经济学批判上，那批判理论就不成为批判理论了。批判理论的巨大张力，就体现在将政治经济学批判的"道"化进哲学、文学、社会文化等方面的具体批判研究之中。这一点，巴克豪斯和莱希尔特其实是清楚的，巴克豪斯早在《价值形式的辩证法》一文中，就已经明确提及对价值形式辩证法的确立，是为意识形态批判和经济学与社会理论的结合提供的有力支点。然而他们二人在这方面的研究并没有太多推进，虽说这使他们的研究具备了独特性，是新

---

① ［德］格尔哈特·施威蓬豪伊塞尔等：《多元视角与社会批判：今日批判理论》（上），鲁路译，203 页，北京，人民出版社，2010。

马克思阅读成为新马克思阅读的原因，但也是他们的影响未能扩展开的原因。

(二)新马克思阅读第二代和第三代的特征

本书分专题研究了新马克思阅读，且主要侧重于第一代的理论贡献，这是受制于本书的研究目的和方法策略。但是在专题探讨的同时，也不可忽视新马克思阅读第二代、第三代的贡献。受限于主题，这里仅仅对第二代和第三代理论探索的特征进行一下描绘。

较之于第一代，自新马克思阅读的第二代开始，都更为侧重从价值形式理论的视角阐释政治理论。这与国家衍生论争这一重要背景关系密切。博内菲尔德对资本主义阶级关系的探讨和海因里希对资本主义社会统治形式的研究，也构成了新马克思阅读第三代的主题。英格·埃尔贝、斯文·埃尔默斯等人，就已经将新马克思阅读提供的理论资源与西方政治哲学的经典问题进行嫁接。埃尔贝 2015 年的新书《无名统治的范例：自霍布斯到阿伦特的政治哲学》就已经将视域转向了西方政治哲学史，从以生产、价值为核心的政治经济学批判的视角出发，审视西方政治哲学思想史变迁中的历史唯物主义根源。

除了太过于束缚在马克思的政治经济学批判及在此之上的国家理论和法权理论外，新马克思阅读第一代思想理论中潜在的人本主义也是其理论的一个弱点。巴克豪斯和莱希尔特所反对的对象之一，恰恰是太过依附青年马克思哲学文本的人道主义马克思主义解读模式。他们基于成熟马克思的政治经济学文本所做出的阐释，依然无意中掉进了这个陷阱，这或许是巴克豪斯和莱希尔特本人都未曾意识到的。这种潜隐的人本主义体现在哪里呢？博内菲尔德敏锐地捕捉到了这一点："根据巴克豪斯的观点，对拜物教的批判将经济学范畴破译为人的基础。这将人的内容显现为一个看起来在现实世界之外的经济的东西。这一观点，尽管隐含在它批判的意图之中，却依然付出了代价。人类学的立场并非批判的立场。作为一般的'人'并不做任何事情。……作为一般的人因此也无法将自己异化在价值形式之中。"①博内菲尔德对以巴克豪斯（其实也包括莱希尔特）为代表的新马克思阅读第一代进行批判。巴克豪斯要为价值形式赋予主体的向度，然而他所赋予的这个主体却是一个脱离了具体的政治形式、生产方式的抽象的主体。其实，这里体现的正是巴克豪斯和莱希尔特的方法来源上的复调性，他们一再强调继承自阿多诺的辩证法思想，其实只是阿多诺 20 世纪 60 年代的通俗化的讲法，他向青年学生们讲述的，更多只是德国传统辩证法的"基本功"。而这恰恰在思想深层与青年卢卡奇契合起来。值得关注的是，这一点到了新马克思阅读的第二代这里，有了很大改观。博内菲尔德恰恰作为第二代的代表人物批判巴克豪斯的隐性人本主义的思维结构；而海因里希则吸收了法国结构主义的很多理论资源，当分析马克思在价值问题上所做出的科学革命时，他着力强调借助于对价值的研究，马克思克服了费尔巴哈意义上的人类学的路线。② 其实在这里，正体现出了新马克思阅读第二代的鲜明特

---

① Werner Bonefeld：*Critical Theory and the Critique of Political Economy. On Subversion and Negative Reason*，Bloomsbury，2014，p. 8.

② Michael Heinrich：*Die Wissenschaft vom Wert. Die Marxsche Kritik der politischen Ökonomie zwischen wissenschaftlicher Revolution und klassischer Revolution.* Münster，2006，S. 122-127.

征，他们的视野更为广阔，对《资本论》及其手稿的把握也更为全面。海因里希不断强调读《资本论》必须读完全部三卷，对价值形式的理解离不开对剩余价值生产过程的剖析和对资本主义社会神秘化的三位一体公式的解密。

新马克思阅读第三代代表英格·埃尔贝、斯文·埃尔默斯和英格·施蒂策勒等人，以及与之关系密切的迪尔克·布劳恩施泰因和延·霍夫，在理论工作上的一个重要特征，就是开始对德国 20 世纪六七十年代以来的思想和理论资源进行总结性的研究。这里尤其以埃尔贝的《西方的马克思》和霍夫的《全球马克思》为代表，这两本著作侧重马克思的政治经济学批判，十分全面地总结了德国和世界的马克思研究。而布劳恩施泰因，也凭借其《阿多诺的政治经济学批判》一书，开展了对法兰克福学派批判理论的政治经济学基础的重新探索。还需要指出的是，正是新马克思阅读的第三代学者们，开始将新马克思阅读这一理论传统推向前台，介绍给世人。新马克思阅读的第三代以"70 后"学者为主体，他们的理论工作如今正进行得如火如荼，他们也是当今德国马克思研究最活跃的群体。新马克思阅读这一理论探索的凝结核，是否可以在未来爆发出巨大的思想穿透力，或许就将由这一代人决定。

(三)新马克思阅读：一道思想史的裂痕

最后，我们有必要对新马克思阅读在思想史研究上的意义做一个判断和展望。新马克思阅读这一理论运动的存在，如果做一个比喻的话，就是一道思想史上的裂痕。沿着这个裂痕摸索，我们可以惊奇地发现思想史阐释的一个独特的景象。

顺着这道思想史的裂痕向上追溯，我们可以触碰到康德和黑格尔的哲学思想。构成康德在哲学史上的"哥白尼革命"的关键的先天综合判断及"视差之见"，由阿尔弗雷德·索恩-雷特尔和柄谷行人所发掘和阐释，而他们两者都是在价值形式的论域内进行。我们甚至都没有必要如索恩-雷特尔和沃尔夫冈·穆勒那样，将价值形式的探讨继续追溯到古希腊，将古希腊的存在哲学和商品货币的定义联系在一起，就已经足够可以看到这种理论关联的巨大思想张力了。而在黑格尔那里，从黑格尔的《耶拿实在哲学》笔记到《法哲学原理》所建立起来的他对资产阶级社会的研究，也成为我们理解他精神哲学体系迷宫的一本指南。

沿着这道裂痕，我们还可以打开苏东学术界 20 世纪 50 年代之后"后斯大林时代"的《资本论》辩证法思想研究的大门。从罗斯多尔斯基到维戈茨基、图赫舍雷尔、伊林柯夫和泽勒尼，这些学者在重重桎梏中进行的探索，受到了世人的肯定，他们中的伊林柯夫和泽勒尼也成为世界级的学者。这些思想资源同样值得我们如今认真对待。甚至，如果我们向后看，英语学界的"新辩证法学派"，法语学界的阿尔杜塞、居伊·德波、日本马克思主义有久留间鲛造和以宇野弘藏为代表的"宇野学派"、以尼寺义弘为代表的对价值形式理论的研究传统也都向我们展现出来。

这些思想史上的一条条线索，都展露在新马克思阅读这场理论运动之上。但是，由新马克思阅读为我们揭示出的问题域所具有的思想爆破力还远没有被激发出来。福柯的生命政治学批判，立足分析的重要对象就是德国新自由主义，这恰恰就是新马克思阅读的价值形式分析，特别是国家衍生论争所面对的对象；而由斯洛特戴克所提出的"犬儒理性批判"思想，其实也就是新自由主义条件下交换原则成为统治，商品形式、价值形式渗透进观念领域的反映。大卫·哈维的地理唯物主义，同样离不开对劳动价值论的探讨。维利里奥的速度政治学，也深刻植根于对《资本论》的解读中。新马克思阅读与激进思想的碰撞，将会在新的时期迸发出更耀眼的光芒。这目前只是我们的理论愿景，希望这一天能够到来。

本章小结

在本章，我们试图通过对后阿多诺时代法兰克福学派批判理论格局的探讨，为新马克思阅读这一理论运动寻找一个思想史的定位。在这一探讨中，我们看到新马克思阅读所走的路径，正是在经典批判理论方向上，将批判理论的政治经济学基础，结合对马克思文本的重新阅读而凝练出来的。本章还评析了由哈贝马斯所开启的主体间性-交往行为理论的路径，对哈贝马斯所开启的路径之所以具有如此深远的影响，以及他所代表的路径在理论根基，以及他在政治经济学理解之上存在的问题进行了分析。当面对由马克思开辟的资本主义批判理论时，新马克思阅读坚持对资本主义社会毫不妥协的批判立场并寻找一个规范的根基；是做一只牛虻，还是做一只蜜蜂，这对矛盾很多时候或许不是单纯的理论问题，而是立场和视角的问题了。

在本章中，我们还在德国马克思研究的具体语境中探讨了新马克思阅读的理论独特性及其问题。新马克思阅读所高度强调和倚重的基于马克思文本解读的政治经济学批判和价值形式理论研究，在当代德国马克思研究中仍具有鲜明的特征，这也是当代德国马克思研究中常常被忽略的角度。与此同时，新马克思阅读太过偏狭于这一领域，也使其难以爆发出更大的思想张力。在全球资本主义完全不同的社会历史背景之下，将新马克思阅读所提供的理论视角和当代激进理论相结合，比如和生命政治、犬儒理性和空间政治乃至速度政治理论的结合，将是在全新语境下激活新马克思阅读提供的理论资源的重要契机。此外，从思想史研究角度来看，新马克思阅读所开辟的价值形式理论的研究，同样具有独特的价值。

从思想史和马克思主义哲学体系的整体性角度评判新马克思阅读，则留待在本书的结论章进行。

第六章 | 结 论

在本书中，我们通过近年来在国外左翼理论界日益成为焦点的价值形式讨论，揭示了新马克思阅读这一理论运动的历史与发展，并着重强调了在既往研究中所忽视的法兰克福学派批判理论的政治经济学批判这一传统，从而借助新马克思阅读揭示了法兰克福学派的政治经济学批判这一线索。此后，我们考察了新马克思阅读兴起的社会历史和思想史背景，在此之上，围绕价值形式的辩证法的理论建构、作为新马克思阅读理论分支的国家衍生论争，以及新马克思阅读为批判理论所做的政治经济学批判奠基这三个核心主题分三章展开了论述。这三个核心共三章，大体围绕着新马克思阅读所探讨的政治经济学批判的哲学方法问题、政治经济学批判与国家形式问题、政治经济学批判与社会理论问题这三个方面进行解答。在第五章，我们通过对后阿多诺时代法兰克福学派批判理论的格局，以及对哈贝马斯的理论探索的评述，为新马克思阅读做了一个思想史定位。新马克思阅读是一个在思想史上如涓涓细流的理论运动，它所围绕的问题也是马克思政治经济学批判中一个看起来最为基础的小问题，然而，就是这个研究了小问题的理论运动，为我们提供了大量可供深入研究的问题域。这或许就是新马克思阅读的生命力和魅力所在，也是当今能够在德国学界得到复兴，并已经走出德语学界，走进英语学界的重要原因。在结论中，我们将探讨新马克思阅读与西方马克思主义的政治经济学批判的关系问题，新马克思阅读运动的理论局限以及新马克思阅读运动的积极意义。

（一）新马克思阅读与西方马克思主义的政治经济学批判

通过对新马克思阅读的研究，我们首先可以重新审视一下西方马克思主义传统中的政治经济学批判问题，特别是佩里·安德森对西方马克思主义发展逻辑的判断。安德森第一个从学术史的角度系统研究西方马克思主义，他的《西方马克思主义探讨》于 1976 年发表，迅即在英美学界引起了强烈的反响。因此，在英美学界对西方马克思主义理论传统的研究也很快成为显学。安德森《西方马克思主义探讨》在 1981 年译介到中国后，成为中国学界了解西方马克思主义的最重要参考文献之一。安德森对西方马克思主义基本发展线索的梳理，即将西方马克思主义理解为由卢卡奇、柯尔施和葛兰西到法兰克福学派的发展脉络，成为后世理解把握西方马克思主义传统的基本共识。而这本书所提出的观点中，最为重要的就是他对西方马克思主义发展逻辑的判断。

安德森对西方马克思主义发展逻辑的基本判断是西方马克思主义从早期的卢卡奇、柯尔施和葛兰西，到后来的法兰克福学派，以及列斐伏尔、萨特等人，在形式上出现了重要的转移。他认为，"随着欧洲马克思主义越来越不把经济或政治结构作为其理论上关注的中心问题，它的整个中心从根本上转向了哲学"①。形式上的转移带来了研究主题上的变化，这种变化就是离开了经典马克思主义的政治经济学和阶级理论，走向了哲学和文化研究。安德森认为，西方马克思主义逐渐在理论上脱离了重大的经济或政治问题，将关注的焦点放在了远离经济基础的最顶端的上层建筑领域——文化上了。②

安德森对待西方马克思主义发展逻辑的观点，有他自身的理论探索，以及他所处的英国马克思主义发展中的特殊理论和实践需要的背景。他对发生在欧洲大陆的西方马克思主义的审视，带着对英国本土马克思主义路线问题的思考，他所解读的西方马克思主义，其实是一种"英国化"的西方马克思主义。在他看来，英国马克思主义更加需要的并非理论，而是立足于现实无产阶级之上的"战略"，他对英国马克思主义的看法，也折射在对西方马克思主义的审视之上。③ 除此以外，安德森的判断也与他本人的托洛茨基主义立场，以及受阿尔都塞影响的结构主义观点有关，正因如此，他更加注重从经济和政治的结构出发来审视资

---

① ［英］佩里·安德森：《西方马克思主义探讨》，高铦、文贯中、魏章玲译，65页，北京，人民出版社，1981。

② 同上书。

③ 关于这一问题，我国学者孙士聪进行了较为深入的探索，参见孙士聪：《走出佩里·安德森的"西马"——重读〈西方马克思主义探讨〉》，载《中国图书评论》，2014年第12期。

本主义的最新变化，也是从这一视角来看，西方马克思主义无疑在形式上是学院化、哲学化的。在他看来，正因为脱离了无产阶级革命实践，方才使得西方马克思主义的探索走向了理论化和学院化，使得"马克思主义理论同资产阶级之间的理论关系"的问题，替代了"马克思主义同无产阶级之间的关系"的问题。①

安德森的观点非常具有代表性。但是他的判断本身却在思想史上造成了这样的效果，人们更多关注了西方马克思主义的"哲学"与"文化"的批判，而西方马克思主义的政治经济学批判及对国家、法律方面的批判则在很大程度上被忽视了。② 作为英美学界第一个研究法兰克福学派史的人物，马丁·杰伊也从另外的角度在理论上支援了佩里·安德森。杰伊是英美学术界第一位全面系统研究法兰克福学派史的学者。正是他的研究，使得法兰克福学派的理论传统正式进入英美学界的视域内。在他的《辩证的想象》中，对法兰克福学派的历史，特别是研究主题进行了全面的梳理。在他的梳理中，同样没有关注法兰克福学派的政治经济学传统，在他写作这本书的同时，在联邦德国进行的法兰克福学派第二代的政治经济学研究，也没有进入他的视域之内。而在杰伊 1984 年出版的《马克思主义与总体性》中，将卢卡奇从黑格尔那里引入的"总体性"范畴作为贯穿西方马克思主义的核心范畴，将西方马克思主义的发展阐释为

---

① ［英］佩里·安德森：《西方马克思主义探讨》，高铦、文贯中、魏章玲译，72 页，北京，人民出版社，1981。

② 如张隆溪，"对于阿多诺和别的很多西方马克思主义者，马克思的政治经济学似乎在 60 年代末已经基本失去现实意义，而《手稿》中的异化和消除异化的共产主义理想社会憧憬，则保持着巨大的吸引力"。引自《张隆溪文集》（第二卷），第 171 页。他的观点来自马丁·杰伊：Martin Jay：*Adorno*，Cambrige，1984，pp. 82-84。

围绕总体性范畴的不同理论建构。

　　侧重于哲学的研究，以及在哲学上勾勒出黑格尔主义的"总体性"逻辑，往往又和对西方马克思主义的人本主义、存在主义的阐释密切联系在一起，和对青年马克思的《1844年经济学哲学手稿》《德意志意识形态》等文本的解读联系在一起。这些多重的渊源交织在一起，使得西方马克思主义的思想形象被塑造成了纯粹书斋中的，以探求哲学理论、文艺理论为旨趣，不关心现实的经济和政治根基的小资产阶级理论潮流。通过对新马克思阅读运动的研究，由安德森和杰伊所建构的这种对西方马克思主义的理解框架就遭到了挑战。新马克思阅读运动，将对作为法兰克福学派批判理论基础的价值形式分析的研究进行到底，进而又在价值形式辩证法上，分析了资本逻辑与国家形式的辩证关系，在此之上，为法兰克福学派的批判理论奠定了政治经济学批判的基础。新马克思阅读运动向我们指出了政治经济学批判在批判理论范式中的决定性地位。在今天的语境中，也重申了理解当代资本主义最新变化，批判当代资本主义社会根本矛盾和弊病的理论方法，只有借助一开始所奠定的政治经济学批判。

（二）新马克思阅读运动的价值形式分析的理论局限

　　新马克思阅读这一理论范式绝称不上完美。这一理论范式所暴露出的问题，主要表现在四个方面：第一，太过偏重于对价值形式的分析，而忽视了对剩余价值理论的阐发；第二，在对价值形式的分析过程中，太过重视交换环节，而忽略了生产环节的决定性地位；第三，新马克思阅读所强调的价值形式的辩证法，将《资本论》解读为一本逻辑学的著作，而失掉了历史的视角；第四，新马克思阅读尽管在反思资产阶级国家形式问题上做出了积极的探索，但总体来讲，欠缺对资本主义社会、文化和意识形态的多维度批判与把握。这四个方面展开来看：

一是没有剩余价值的生产这一前提，就不会有价值形式问题的凸显，甚至可以说，就并不存在价值形式。新马克思阅读的开拓者巴克豪斯和莱希尔特，在阅读《资本论》文本上存在重要的缺陷，这就是他们太过关注《资本论》第一卷，甚至是第一篇。马克思在"商品和货币"篇中通过对价值形式的剖析，所表达的是资本主义社会的最抽象结构。然而这一最抽象的结构，是建立在剩余价值生产这一资本主义社会的"动力学"根源之上的。只有在生产力成为商品，剩余价值生产的公式建立起来之后，资本主义社会方才会如着了魔一般，将万物商品化，将一切人，一切物都吸入商品的逻辑之中。这更进一步涉及价值的实现和资本主义社会三位一体公式等具体化的展现。正是剩余价值的生产这一资本主义商品生产方式的关键特征，使得全部资本主义社会的主要生产部门都依赖对劳动力的剥削，也使得工资、利润、地租这一神秘的三位一体公式得以形成。剩余价值生产因此是价值形式的历史和逻辑前提。但是，新马克思阅读却一味从价值形式出发，从价值形式的逻辑发展中推导出资本和剩余价值的环节，这其中存在重大的问题。莱希尔特将剩余价值理论直接放在了"资本"这一价值形式之中进行探讨，巴克豪斯则几乎很少谈剩余价值生产。新马克思阅读第二代代表海因里希已经明确意识到这一问题并对第一代提出了批判，但他却在逻辑和历史的方法问题上坚持了第一代的观点。

二是在忽视了剩余价值学说的同时，新马克思阅读在对马克思政治经济学批判的阐释中，生产力的线索完全被忽略掉了。新马克思阅读拒绝生产力线索，说到底是为了拒绝正统马克思主义[海因里希将其称之为"作为世界观的马克思主义（Weltanschaungsmarxismus）"①]的基础——上层建筑的原理（Basis-Überbau Theorem）。新马克思阅读拒绝正统马克思主义的原理体系，反对在这种原理体系中的简单的决定和反映关系，以及这种原理体系所确立起来的本质论倾向。新马克思阅读认为马克思的哲学建构完全建立在对资本主义社会的认识上，将这一认识用作普遍的适用的真理体系，是有问题的。但是，离开了生产力的线索，也就离开了历史本身。面对发达资本主义社会的新马克思阅读，表现出了西方学界常常表现出的错误，他们将自己所面对的西方世界当作全部，正因如此历史的维度就消失了，生产力的线索也就不重要了。但是问题在于，一方面，作为处于现代化进程之中的中国（乃至更为广大的第三世界国家），必然遭遇前资本主义和资本主义等不同的社会形态，社会形态之间的过渡的问题。对于这些问题的思考，对我们自身道路的探索都离不开生产力的线索。新马克思阅读说到底还是仅仅面对发达资本主义社会，因此他们早已遗忘了历史的过程，批判也就局限于意识形态批判、物化与拜物教批判、国家形式问题等，但是脱离了生产力的批判，就看不到剥削的存在，生产力水平的不平衡是决定剥削存在的关键。对不同水平的生产力和生产方式的占有，是人类不同社会发展形态之间的内在差异和决定性因素，看不到这一点便无法提出普遍性的超越

① Michael Heinrich：Weltanschauungsmarxismus oder Kritik der politischen Ökonomie? in：*grundrisse* 3/2002，S. 27-39.

路线。

三是太过偏重于逻辑的解读，而忽视了历史的视角。价值形式成为统治形式的关键，在于劳动力商品的出现，这是使资本主义的商品生产区别于历史上一切商品生产的关键。"劳动力的卖和买，比起其他很多商品来倒是一种在历史上发展起来的现象。"[①]正如马克思所说，仅仅是这一过程，就包含了一部人类史。马克思的政治经济学批判区别于其他一切经济学家的关键，就在于他将历史的和逻辑的考察方式有机地融合在一起。这一点，即便马克思的批判者熊彼特也给予了高度的评价。他指出："以往经济学家也都要涉猎经济史上的问题……但他们的做法往往是把理论研究和历史机械地混杂在一起，经济史时常被割裂开来，在经济理论中仅仅起着说明或在可能的情况下验证结果的作用。而马克思却把二者化学地结合在一起，也就是说他使经济史成为论证工作的一部分用以产生结论。"[②]马克思历史和逻辑方法的统一，也正是由罗森塔尔、伊林柯夫等苏东学者深入阐发了的。历史的分析以逻辑的分析为前提，逻辑的分析以历史的分析为立足点和补充。二者须臾不可离。

四是新马克思阅读这一理论范式抽取、凝练了法兰克福学派批判理论的理论根基，即价值形式问题。但是在进行了抽取和凝练的同时，也使得这一理论探索失掉了原本在霍克海默和阿多诺所奠定的以跨学科研究为主要特征的，更为富有活力的哲学和社会理论批判的魅力，而在某

---

① ［英］伊恩·斯蒂德曼，［美］保罗·斯威奇等：《价值问题的论战》，陈东威译，262 页，北京，商务印书馆，2016。

② Joseph Schumpeter：*Capitalism，Socialism and Democracy*，London and New York，2003，p. 44.

种程度上显得艰涩和枯燥。巴克豪斯在写作《价值形式的辩证法》时，就已经明确意识到对探索价值形式的辩证法，是为一种社会理论和经济学的连接提供契机，也为意识形态批判提供了重要中介，但是他在这一问题上研究太有限。后来的国家衍生论争，乃至到第二代的海因里希和第三代的埃尔贝这里有所改观，但总体来看，新马克思阅读这一理论探索和战后德国的理论研究一样，总体上是一种扎实的、老老实实的学术研究，而非思想的突破。新马克思阅读要在今天重获生机，需要将它所成功凝练出的批判理论的"最宝贵的财富"和当代激进理论相结合，从而使之爆发出更大的理论张力。

还需要展开来讲的问题是，生产和交换的关系问题必须要被认真对待。生产的线索直接不等于生产力的线索，即便新马克思阅读探讨价值形式、商品、货币和资本，他们依然自视是从生产的角度来看待资本主义社会的。我们也看到了，国家衍生论争的参与者们，对修正主义和改良主义的批判，就是指责他们停留在分配环节，而未能进入生产环节中。那么，更为关键的问题来了，生产和交换的关系是什么呢？其实这一点新马克思阅读的理论家们没有给出确切的答案。这里，或许柄谷行人的回答为我们提供了绝佳参考。尽管柄谷行人立足于康德哲学，这一点，与极为侧重黑格尔辩证法的新马克思阅读有关键的区别，但是他们在马克思的价值形式的重要性上却殊途同归。柄谷行人指出，马克思价值形式理论的关键突破，就建立在对李嘉图的生产的视角和贝利的交换的视角的超越上，这种超越的路径，就是由康德天才地奠定的视差跨越。在柄谷行人看来，康德借助于视差跨越，克服了经验论和唯理论的矛盾，马克思借助视差跨越，克服了以唯理论为方法的李嘉图学派和以经验论为基础的贝利的学说，将生产和交换的维度综合起来，从而确立了价值形式(货币和商品的"形式")这一基点。① 柄谷行人很具启发性地指出了生产和交换的密切关系，资本主义商品生产的特殊性就在于，它是由价值形式组织起来的，没有货币交换这一普遍化的中介，也就没有资本主义的商品生产。这也正是价值形式这一"真实的抽象""客观的思维形式"将资本主义现实把握于自身的概念所蕴含的深刻哲学内涵。新马克思阅读其实为我们揭示了法兰克福学派乃至西方马克思主义在政治经济学批判上的底牌，这就是价值形式和交换环节。整个法兰克福学派乃至西方马克思主义，对马克思政治经济学批判的理解，都建立在交换环节上。对资本主义的批判，是这种理论架构的根本。反对生产力的线索，其实反对的是第二国际和苏联正统马克思主义的历史本质论、决定论。

(三)新马克思阅读运动的理论价值

在评述了新马克思阅读的问题之后，通过对新马克思阅读这一理论运动的研究，本书得出如下五点结论。

第一，新马克思阅读运动的产生和复兴是西方社会历史发展的内在要求，它为我们分析发达资本主义社会的统治形式提供了重要的理论资

---

① ［日］柄谷行人：《跨越性批判——康德与马克思》，赵京华译，162—164 页，北京，中央编译出版社，2011。柄谷行人指出，"从重视货币的马克思的观点来看，贝利和古典派同样忽视了货币。贝利忘记了一个单纯的事实，即商品只有在货币的媒介之下才能相互产生关联"。"马克思接受了贝利对李嘉图的批判，同时也批判了贝利。他要追溯的是贝利和李嘉图都没有放到眼里的价值形式，即促使某种物成为货币和商品的'形式'(价值形式)。"

源。新马克思阅读产生的时代背景非常关键，巴克豪斯和莱希尔特对马克思的"新读物"的发现绝非一个简单的学术事件，任何一个学术问题脱离了社会历史的洪流都不会成为问题。第二次世界大战之后，欧洲各发达国家都已经从战后的阵痛中恢复过来，经济的繁荣、福利国家制度的建立、消费社会的兴起以及民主制度的成熟，都使社会矛盾日渐隐蔽化，马克思当年所面对的赤裸裸的剥削关系已经不再直观可见。然而与此同时，"经济人""企业人"的形成也从另一个角度表明，资本对于每一个个体生命的操控更加无微不至。马克思曾经所关注的价值形式这一幽灵般的存在物，更加细密地覆盖着西方社会的每一个角落。在这种资本主义社会的全新统治形式下，在这种"抽象的统治"面前，马克思主义的批判能力何在？这可以说是新马克思阅读最重要的价值。通过价值形式批判和国家形式的批判，新马克思阅读实际上向我们揭示出形式上平等自由的统治形式所掩盖了的社会真实矛盾。马克思思想在今天的革命批判中的意义，也不再像正统马克思主义话语体系中用尽办法去揭露一种公开的露骨的不平等的剥削压迫形式，而是要通过批判指出它为何恰恰在形式上是平等的，这种形式上的平等是如何产生的，它背后真实的机制究竟是怎样的。新马克思阅读的研究，也为我们在今天审视新自由主义意识形态上的霸权提供了重要的参考。

第二，政治经济学批判传统在法兰克福学派传承中从未中断。对新马克思阅读的研究，可以让我们在很大程度上对在英美乃至我国占统治地位的，认为西方马克思主义哲学总体上退向文化研究和哲学的观点提出挑战。通过对作为晚期法兰克福学派的新马克思阅读以价值形式理论研究为核心，恢复马克思《资本论》中的辩证法思想，将对价值形式的研究还原到社会关系研究之中的观点的研究，更促使我们重新思考法兰克福学派早期的格罗斯曼的资本主义崩溃理论、波洛克的货币理论研究和计划经济研究，乃至基希海默和诺依曼对法西斯主义的经济基础进行的研究。法兰克福学派早期和晚期的政治经济学研究遥相呼应。然而就像一条绳索的两端露出地面，拉起了这两端便也看到了整条线索一样，我们发现，确立霍克海默和阿多诺批判理论范式的《启蒙辩证法》，其中也恰恰运用了一种经济学的方法，而这一点许多人都已经向我们清楚地指出，我们却始终没有对这一问题提高重视。也正是从这一角度，可以确定，在法兰克福学派的发展传承中政治经济学研究的传统从未中断。

第三，新马克思阅读是后阿多诺时期法兰克福学派的一个重要支流。新马克思阅读运动在 20 世纪 60 年代中期产生，深深受到以阿多诺和霍克海默为代表的社会理论的影响。在新马克思阅读运动的代表人物巴克豪斯看来，他所做的工作，很大程度上就是沿着批判理论的传统进行的，是为批判理论的哲学基础进行的奠基工作。阿多诺始终对政治经济学的理论有一定的关注，这是一个已经被学界所日渐了解的事实；而霍克海默在设定批判理论的纲领时明确将其基础放在马克思的政治经济学批判之上，本文也已经重点强调。据巴克豪斯说，阿多诺在去世之前，曾经明确说"价值理论是批判理论最宝贵的财富"，从这里也可以看出，新马克思阅读的研究探索，在一定程度上也与阿多诺的研究形成了互动。从思想史来看，新马克思阅读作为晚期法兰克福学派的一个支流已经被德国学界所广泛接受；但与此同时另外一个问题就必然凸显出来：巴克豪斯所代表的路径与哈贝马斯所代表的路径，对于法兰克福学派来说各自承担了什么样的角色？我们在第五章对这个问题进行了深入的探讨。立足于马克思主义的立场审视法兰克福学派批判理论的发展格局，我们有必要区分清楚其不同方向和不同路径的意义和缺憾，特别是要重视其中坚持左派立场的理论探索。正因如此，新马克思阅读这一理论运动的意义尤其重大。

第四，批判理论离不开政治经济学批判的基础。在承认了政治经济学传统在法兰克福学派的发展过程中从未中断过之后，一个非常重要的理论问题就必将浮上思想的地平线：如何审视批判理论和政治经济学批判的关系问题。我们在第四章专门探讨了这一问题。这一问题也是如何将法兰克福学派与马克思的思想联系起来的关键问题。理解这一问题，首先要对马克思的政治经济学批判的内涵及性质有一个转换性的理解，马克思的政治经济学批判表征了一种作为主观-客观实在的社会构成理论，正如巴克豪斯所指出的，青年马克思在哲学上进行的批判尽管在很大程度上被视作抽象思辨的残余，但是也恰恰构成了马克思批判方法的初步尝试，而这一批判方法在马克思正式写作政治经济学批判时得到了完整的运用。政治经济学批判本身具有一种二重性，它同时就是对资本主义社会的批判。正是在政治经济学领域的价值形式问题上，等价形式(Äquivalenz)、辩证的矛盾概念、二重化(Verdopplung)、表现形式(Erscheinungsform)等一系列概念构成了社会关系矛盾的把握概念，批判理论必须由政治经济学批判来奠基，这也就是新马克思阅读运动为我们提供的最为重要的理论贡献。也只有在此之上，一系列跨学科的批判尝试，如文化、心理、文学艺术乃至建筑和空间的批判才拥有坚实的根基。资本主义最新发展情况下，经济基础已经完全与政治结构和意识形态同一化，从而使他们的理论研究也恰恰构成了一种话语转换，面对这种全新的图景，新马克思阅读为我们提供了一个有力的理论工具。

第五，有必要重估马克思的价值理论在马克思主义哲学体系中的地位。我们已经清楚，新马克思阅读运动的主要理论工作就是在马克思的价值形式理论方面做出的研究。这带来如下两个问题：一是如何理解马克思思想形成史中的价值问题；二是如何理解马克思主义哲学中的价值理论。马克思在《德意志意识形态》中初步确立的以生产话语为基础的历史唯物主义基本原理体系，如何在马克思对资本主义的研究中得到具体的运用？对这一问题的解答，显然也涉及对青年马克思和晚年马克思思想发展的把握问题。马克思在 1857 年重启政治经济学研究之后，首先在价值问题上付诸了大量笔墨，某种程度上，整个《1857—1858 年经济学手稿》都是围绕交换和货币等一系列价值问题进行探索的，更不必说之后的《1861—1863 年经济学手稿》，其主题就是对剩余价值学说史的梳理。更进一步讲，马克思最初确立的政治经济学研究的庞大计划，最终在生前完成的就是对资本的研究。在这个意义上，我们如何来理解马克思的价值研究呢？价值研究是否仅仅是一种单纯的经济研究？它所具有的哲学内涵是什么，又如何来理解经济研究的意义？通过对新马克思阅读的研究，我们发现马克思的价值形式问题同马克思历史唯物主义之间的关系十分密切，和索恩-雷特尔一样，新马克思阅读的价值形式和国家形式研究，其实恰恰也构成了一种基于价值问题的社会认识论思想。阿多诺所讲的"历史唯物主义是对起源的回忆"，如何克服物化，祛除商品、货币、资本、国家拜物教的魔力，让那个范畴的体系建立的海市蜃楼显现出来，这是社会现实真实起源的回忆。所以，价值形式分析，可以帮助我们拓宽马克思的哲学认识论的维度。

　　说到这里我们不得不提我们的近邻日本马克思主义学界，日本的马克思主义学者们，也正是在 20 世纪 50 年代到 70 年代之间，在马克思的价值理论方面做出了重要的探索，形成了一个独特的传统。宇野弘藏、久留间鲛造、平田清明、伊藤诚、平子友长，还有我们更为熟悉一些的广松涉和望月清司等，他们在马克思价值理论方面的探索，画下了日本马克思主义传统研究中浓墨重彩的一笔。日本的价值理论研究，同样兴起于资本主义全面繁荣的 20 世纪五六十年代，而在价值理论问题上的探索，也大大推动了日本马克思主义哲学的发展。在今天，中国的改革开放已经进行了四十余年，在社会的变革和时代的需要下，我国学界重新展开对《资本论》哲学的研究，将新马克思阅读这一理论运动的资源介绍到我国，或许将会成为我们审视中国现实，重思马克思主义哲学思想体系的契机。

新马克思阅读运动年表

年份	政治、历史事件	理论事件
1964 年		巴克豪斯(1929—)、莱希尔特(1939—)的读书小组发现了《资本论》德文第一卷第一版。 同年,哲学家列奥·科夫勒(1907—1995)在左翼学生的争取下,于波鸿鲁尔大学获得教席。科夫勒思想上深受青年卢卡奇和奥地利马克思主义的影响,在与民主德国官方意识形态发生冲突后,1950 年去往联邦德国,对联邦德国战后的马克思主义哲学传播产生了重要影响。 同年,哈贝马斯(1929—)进入法兰克福大学社会研究所任教。
1965 年		巴克豪斯在阿多诺的研讨班就价值形式的辩证法问题作专题报告。
1966 年	社会民主党与基民盟联合执政。	受巴克豪斯影响,法兰克福学生运动领袖,汉斯-于尔根·克拉尔(1943—1970)在阿多诺的研讨班上作"马克思价值分析的本质逻辑"的报告。 同年,苏联学者帕舒卡尼斯(1891—1937)的《法的一般理论与马克思主义》在联邦德国和德意志重新出版,由卡尔·柯尔施作序。 同年,阿多诺的《否定辩证法》出版。

续表

年份	政治、历史事件	理论事件
1967 年	1966 年秋至 1967 年夏，联邦德国遭遇成立以来的第一次经济危机。总理艾哈德下台。	《资本论》第一卷发表一百周年研讨会在法兰克福大学召开。会议由阿尔弗雷德·施密特（1931— ）和奥斯卡·内格特（1934— ）组织。恩内斯特·曼德尔（1923—1995）、伊林·费切尔（1922—2014）和普兰查斯（1936—1979）等人参会，罗尔曼·罗斯多尔斯基（1898—1967）也提交了报告。
1968 年	德国学生运动进入高潮，以法兰克福和西柏林为运动中心。4 月 11 日，德国学生运动领袖杜什克遇刺重伤。	巴克豪斯在阿多诺的指导下硕士毕业，毕业论文题目为"产品的商品形式和货币形式的社会结构"。同年，在阿多诺就巴克豪斯的毕业论文和恩内斯特·西奥多·摩尔（1928— ）的谈话中，指出"价值理论是批判理论最宝贵的财富"。同年，莱希尔特在阿多诺的指导下硕士毕业。毕业论文选题为"恩格斯的价值理论"。同年，罗斯多尔斯基的遗著《马克思〈资本论〉的形成》以德文发表，大大推动了德语学界的《大纲》研究。
1969 年	阿多诺去世。社会民主党人勃兰特当选总理。	《价值形式的辩证法》一文发表在阿尔弗雷德·施密特主编的《马克思的认识论文集》，此书数次重印，在德国左翼思想界产生很大影响。
1970 年		莱希尔特在伊林·费切尔的指导下获博士学位，博士论文题目为"论马克思资本概念的逻辑结构"。同年，阿尔弗雷德·索恩-雷特尔（1899—1990）的《脑力劳动与体力劳动》第一版出版。
1971 年		莱希尔特任法兰克福大学教授。同年，鲁道夫·沃尔夫冈·穆勒（1934—2017）和克里斯特尔·诺伊西斯（1937—1988）合著的《福利国家幻象与劳资矛盾》一文在《阶级斗争问题》杂志创刊号上发表，标志着国家衍生论争的开始。
1972 年		勃兰特总理联合各州通过"对激进公务员的雇佣禁令"（Radikalenerlass），有激进思想的学生进入大学担任教职的可能性被堵死。
1973 年	西方经济危机"石油危机"爆发。霍克海默去世。	同年，巴克豪斯等人主编的《社会：马克思理论研究》辑刊出版，该辑刊共出版 12 辑，持续到 1979 年。在此刊创刊号序言中，申明要在马克思的政治经济学批判之上重新理解整个马克思思想，反对对马克思的人道主义的解读模式。苏联学者伊萨克·鲁宾（1886—1937）的《马克思价值理

续表

年份	政治、历史事件	理论事件
		论文集》的德文版发表，大大推动了联邦德国的马克思价值理论研究。 同年，弗拉托沃和胡伊斯肯在《阶级斗争问题》杂志发表《论资产阶级国家的推论问题》。
1974 年		在《社会》辑刊的第 1 辑巴克豪斯发表了他的《马克思价值理论重建材料》第一部分，该文章作为他的博士论文而写作，但最终未能完成。在《材料》一文第三部分（1978 年），巴克豪斯第一次使用了新马克思阅读的术语。 布兰克、于尔根斯、卡斯滕迪克在《阶级斗争问题》发表《论关于资产阶级国家形式和功能的最新讨论》。 同年，柏林自由大学阿尔特法特带领的"阶级分析项目"出版《表象与国家：对最近的国家衍生批判》。
1975 年		*MEGA2* 第一部分第一卷出版。
1976 年		诺伯特·考斯泰德在《社会》辑刊上发表《关于资产阶级国家的最新马克思主义讨论：导论—批判—结果》。 同年，英国学者佩里·安德森（1936— ）发表《西方马克思主义探讨》。该书是第一部系统研究西方马克思主义的著作，其中提出了西方马克思主义告别政治经济学和政治理论等经典领域，退到纯粹哲学和文化理论的著名判断。
1977 年	改良主义宣告失败。	约翰·郝洛维（1947— ）和索尔·皮西奥托（1942— ）发表《资本、危机和国家》一文，第一次向英语学界介绍了联邦德国的国家衍生论争，并将这一论争称作"资本逻辑路径"。
1978 年		莱希尔特在阿尔弗雷德·索恩-雷特尔的帮助下获得不来梅大学的教职。 郝洛维和皮西奥托主持编译的《国家与资本——一场马克思主义的争论》文集发表，选编了多篇国家衍生论争中最具代表性的论文。
1979 年	撒切尔执政，标志西方资本主义全面进入新自由主义阶段。	
1980 年		巴克豪斯《价值形式的辩证法》翻译为英文发表在《第十一条提纲》(*Thesis Eleven*)杂志上。

续表

年份	政治、历史事件	理论事件
1983 年		普殊同(1943—2018)在伊林·费切尔的指导下在法兰克福大学以"作为必然性的当下：对马克思劳动和时间批判的再理解"为题获博士学位。普殊同被一些学者(博内菲尔德)划进新马克思阅读传统中。 同年，哈贝马斯重返法兰克福大学。
1985 年		Ça ira 出版社在弗莱堡成立。成立者约阿希姆·布鲁恩(1955—)深受阿多诺与新马克思阅读的影响。该出版社出版、再版了大批价值形式理论研究的书籍。该出版社也是德国左派政治组织"反德意志"的重要平台。
1990 年	两德合并。	阿尔特法特和霍夫曼在《社会文本》杂志发表英文文章《西德的国家衍生：作为马克思主义国家理论问题的经济与政治的关系》，是对国家衍生论争的第一篇系统回顾。
1991 年	海湾战争。	西蒙·克拉克(1946—)主编《国家争论》文集，第一次在英语学界使用"国家衍生论争"这一术语并将巴克豪斯、鲁宾的思想资源作为先声。
1992 年		维尔纳·博内菲尔德(1954—)主编《开放马克思主义》辑刊第一卷"辩证法与历史"、第二卷"理论与实践"发表。标志着英语学界"开放马克思主义"这一理论标签的出场。巴克豪斯和莱希尔特为《开放马克思主义》撰稿，并对这一理论共同体有重要影响。同在这一理论标签之下的，还有西蒙·克拉克、约翰·郝洛维等人，约翰内斯·阿格诺力(1925—2003)和亨利·列斐伏尔(1901—1991)构成其理论资源。
1993 年		米夏埃尔·海因里希(1957—)在艾尔玛·阿尔特法特指导下以"价值的科学"为题获得博士学位。
1995 年		英格·埃尔贝(1973—)在波鸿鲁尔大学成立"红色鲁尔大学"的读书会，邀请巴克豪斯、海因里希、狄特·沃尔夫(1949—)等人参与。与斯文·埃尔默斯等人形成了"红色鲁尔的七零后一代"。
1997 年		巴克豪斯《价值形式的辩证法》一书发表，在序言中第一次将新马克思阅读明确为一个独特的解读模式。
2002 年		英国学者克里斯多夫·J. 亚瑟(1940—)出版《新辩证法与马克思的资本论》，在此书中提及巴克豪斯和莱希尔特的理论贡献。此书成为"新辩证法"学派的代表作，也标志着英语学界开始进一步关注价值形式理论。

续表

年份	政治、历史事件	理论事件
2008 年	世界金融危机。	埃尔贝在柏林自由大学由弗里德·奥托·沃尔夫（1943—）和柏林洪堡大学安德里亚斯·阿恩特（1949—）指导，以"西方的马克思：1965 年以来联邦德国的新马克思阅读"为题获博士学位。该著作是第一篇为新马克思阅读著史的著作，在德语学界产生重大影响，引起激烈讨论。标志着新马克思阅读在 21 世纪的重新出场。 　　同年，莱希尔特文集《新马克思阅读：社会科学逻辑批判》发表。
2011 年		博内菲尔德与海因里希主编文集《资本与批判：在新马克思阅读之后》发表。
2012 年		《马克思恩格斯全集》第二部分"《资本论》及其手稿"宣告出版完成。 阿尔弗雷德·施密特去世。施密特被一些学者(贝洛费奥雷和里瓦)认为同属新马克思阅读传统之中。
2014 年		博内菲尔德《批判理论与政治经济学批判》一书发表。
2017 年		德国学者迪特哈德·贝伦斯和柯内莉亚·哈夫纳撰写的《西方马克思主义》出版，这是德语学界第一本以"西方马克思主义"为专题的著作，其中对 20 世纪 70 年代以来的西方马克思主义最新发展做出了梳理和评析，其中就将德国的新马克思阅读作为一个重点问题加以考察。
2018 年		由 SAGE 出版集团出版的三卷本《法兰克福学派批判理论手册》中，巴克豪斯和莱希尔特的名字与哈贝马斯并列作为法兰克福学派第二代的代表。

附录二 │ 马克思主义国家衍生的六条纲领[①]

马克思主义小组　起草　李乾坤　译

一

马克思主义的国家理论将国家规定为"理想的总资本家"(ideellen Gesamtkapitalisten)。资产阶级国家因此首先被理解为资本的国家,只要它承担了对参与操作的私有财产的保护和保障。其次,它(资本的国家)是和总资本(Gesamtkapital)相对而承担这一切的。作为国家,它和私人所有者之间的竞争相分离。它维

① 原文题为"6 Thesen zur marxistischen Staatsableitung"。原文出处:theorieprax-islokal. org/imp/mg_staat. php, 2013。本文起草者"马克思主义小组"(Marxistische Gruppe),系联邦德国成立于1971年的一个左翼学生组织,该组织主要活动于慕尼黑和埃尔朗根-纽伦堡,于1991年宣告解散。其中埃尔朗根-纽伦堡的马克思主义小组积极参与了国家衍生论争。本文推测应为埃尔朗根-纽伦堡的马克思主义小组写作于20世纪70年代后期,在一定程度上反映了国家衍生论争在联邦德国左翼知识界的一般接受情况,非常具有代表性。

护着资本的存在目的。利润的增加以及在其中资本所追随的形式，也就是竞争。它对资本的支持因此并不适用于特定的资本家，而是——第三点——支持其"观念"的形式，即资本主义经济的原则。在资本主义国家，资本"观念"的存在是客观的——除了它在竞争中作为对手的"现实"存在之外。作为资本主义经济的政治主体，资本主义国家是资本的那些特殊的使用考量的抽象的实体化。在资本主义国家，服务于资本增长（经济增长）的效用性被扬弃了。

资本主义国家无目的性的表象，其作为服务于社会（多数人的）利益的纯粹政治形式，受到了如下的批判，这种颠倒的观点，即资本主义社会政治主体的同一性完全倒向特定的"资本派别"或"垄断集团"的利益。

二

资本主义生产方式的政治主体使得一切利益都成为私人利益：他承担起对私有财产的尊重和维护的义务，来允许对任何利益的追逐。在这其中他是激进的并且考虑公平的。不管特定财产的经济的本质是什么他都要求从每个人那里得到认可。生产资料的所有者和被排除在所有生活资料及生产生活资料的生产资料之外的所有者，根本不可能在他的肉体性（Leiblichkeit）（劳动能力）上得到同等的尊重，也不可能要求同等的尊重。这种被设定在自由中的利益的义务——在尊重私有财产的基础上，是两个所有者阶级利益对立的永恒化，同时是由国家进行的有利于资本的私人所有者的决定性阶级斗争。

三

决定了国家的阶级斗争包括，私有者之间竞争的必然的消极后果，在其私有财产之上不允许危害到资本的增长。以竞争的方式确证的私有财产的义务包括了补偿性的活动，这些活动按照私有财产（对生产资料或者劳动能力的所有）的经济的本质而得出不同的结果。对于资本的所有者来说，国家既维护平等竞争的前提（自然科学、通信、能源……），又确保在对"全部财富的源泉——土地和劳动者"资本主义的使用中带来的破坏不会危及货殖（Plusmacherei）（环境）。为了"源泉——劳动者"，国家致力于福利国家建设——受国家保护的因为资本带来的对劳动能力的损害，不允许破坏无产阶级对于资本的功能（社会保险、保健体系、保障住房、工会）。

宣告现在的福利国家处于危机之中，因为它无法克服失业，并且尽管有更高的需求，能提供的社会保障却持续下降，使得福利国家的规定走向终结，而且用一个它无法达成的目的来衡量它。既非资本主义中的失业失去作用，又非社会保障意味着在阶级中财富的再分配。如果说福利国家的原则，即为资本增长而做的对工人阶级可用性的保障，是由工人阶级自身资助的（羊毛出在羊身上——译者），那么福利国家的原则和由福利国家管理的现代贫困化的形式就没有矛盾。

四

资本主义国家优先履行其作为资本主义经济的主体的任务。它的优先性并不体现在偶然制定的它可以支配的权力中，而在于其权力的无条件的有效性，这种有效性作为生命的原则（Lebensprinzip）贯穿于一切资产阶级关系之中。一个民主的法治国家中，贯彻实施的权力因此作为双重的供应（Angebot）提供给私人主体的意志。一方面，所有由国家制定的条件——在这些条件下允许追求私人利益，获得了法律的形式，也就是一种非阶级的，普遍有效的决定，对谋取私人利益的许可（基本权利、民法）。既然这一许可始终同时也是对私人利益的限制，行使权利者也被要求作为由他制定的法律的保护者（刑法）。另一方面，资产阶级国家借助于民主的统治措施，定期地通过选票来证明其确定优先性（选举、言论自由、游行自由）。

五

既然阶级国家将其为私人所有者的贡献作为"理想的总资本家"，那么它与资本家阶级之间偶然的冲突就是不可避免的。资产阶级国家——对于它来说恰恰因为私有财产对其自身及其统治权是关键的，为了它的有效性可以筹措不只是作为工人阶级工资扣除的那一部分的国家内部和外部的财富。税收也是资本利润的扣除。它构成了资产阶级统治的必然的额外开支。因为对资本主义的财产秩序的保护和维持依赖国家的统治权，那么这些保护和维持也就不能因为它们所服务对象的目的而被相对化（税收、国债、国家信用/通货……）。

六

资产阶级国家从其自身来看，只是为了确保和扩大作为它全部目标的统治权。因为其权利在对外时受到限制，资本主义国家意识到，要通过政治努力来让整个世界向资本主义的活动敞开大门，而不是单单存在在那里。任何一个其他的统治者，如果像资本主义国家一样自身拥有对其领土的垄断性权力（Gewaltmonopol），那么对于它来说就是一个在原则上过分的界限了，因为资产阶级国家只有依据自身考量的统治权。在资本主义国家认识到界限的地方，它就开始冒险对外也作为"理想的总资本家"，将所有的考虑都放在胜负未定的力量关系上。资产阶级国家的军备，追求的是不依赖外交作为国家之间以利用为导向的互惠交往。在其中充当私人所有者之间竞争的守护者的竞争，也就是国家间的竞争，不仅在利润率的比较上，而且最终只是伴着统治权的手段，由暴力决定的，因此资产阶级国家在其世界范围内服务于资本主义的活动，也曾借助于首先破坏这种活动的方法来实现（贸易战、战争）。

附录三 | 与莱希尔特和埃尔贝的访谈

1. 与莱希尔特的访谈，2016年2月22日，不来梅

李乾坤：莱希尔特教授，新马克思阅读运动，不论对于英美研究者，还是对于中国学者，都是一个比较陌生的研究对象，在我的研究中，就发现关于您和巴克豪斯的生平的介绍还比较少，因此可否请您简单给我们讲述一下您的生平？包括您和巴克豪斯之间的关系

莱希尔特：我是刚开始在法兰克福学习社会学的时候认识巴克豪斯的。那是1961年，我们两个人对批判理论都还知之甚少。尽管我们去听阿多诺的课程，但是其核心的问题我们还并不理解，特别是在社会的客观性问题上。我还非常清楚地记得，我们当时

是怎样讨论这个问题的，并且如何尝试在马克斯·韦伯那里寻找答案——直到我们确定，阿多诺尽管对此谈了很多，但是他并没有提供确切的解决方案。只是他一再对政治经济学批判的提示，给了我们灵感，于是我们开始研究马克思的《资本论》。这样我们便明白了，阿多诺尽管援引马克思，但是他实际上向我们呈现出的是一种非常黑格尔主义的阅读方式。于是我们决定自己来研究这个问题，从此一头扎进马克思的经济学文献之中。

我在当时获得了一项富布莱特奖学金，因而有机会在美国待了一年，在那时我大部分时间并不是研究社会学，而是阅读马克思，并与巴克豪斯通信。在我回来之后我们继续讨论，我们的研究也在同学圈子中流传开了，一些同学例如汉斯-于尔根·克拉尔就经常来找我们，来"打探我们的底细"。我后来在阿多诺的课堂上作过一次报告，但是他不能很准确地掌握我的研究。包括霍克海默，我们曾经向他请教关于货币形式的一些问题，他也未能给出确切回答。

在这段时间，我在阿多诺的指导下通过了硕士学位论文答辩（论文是关于恩格斯的），而巴克豪斯据我所知是很晚才获得了硕士学位。

后来我在伊林·费切尔的指导下攻读博士学位，他给了我非常多的自由空间。他知道我研究的是什么，并清楚这一问题的重要性是怎样的。我集中在了《政治经济学批判大纲》，也就是所谓的《资本论》草稿上，并尝试描绘出其中的辩证的叙述。在这个问题上还没有什么研究文献，因而这也是对这一问题的第一个专题研究。论文的完成稿后来由欧罗巴出版社出版成书。我想这就是我们能够进入价值形式问题的领域的第一步。考虑到当时关于马克思《资本论》的研究，在这一问题上还没有太多非常有价值的文献，因此人们将我们的出版物称作一种"新阅读/新读物"（Neue Lektüre）是符合事实的。

　　在这个问题上我当然和巴克豪斯也做了很多讨论，但是他主要集中在另外的问题上，并在这段时间发表了许多文章。我们一度曾经打算共同撰写一本书，但是并未成形。我们的研究方式还是非常不同的。巴克豪斯有一段时间在大学获得了一份教职，和他的学生讨论他关心的那些问题。我在伊林·费切尔那儿得到了一个助理的职位，因而可以和学生们开研讨课，当然讨论的主题也自然是马克思理论的问题。1972 年我在不来梅大学获得了教席，此后，我和巴克豪斯的联系就只是断断续续的了。

　　李乾坤：关于雷德·索恩-雷特尔，您能给我们讲述一下您和索恩-雷特尔的私人关系吗？您二人是如何结交的？索恩-雷特尔的个性如何？

　　莱希尔特：我和索恩-雷特尔在法兰克福结识，我已经记不清是哪一年了。他当时住在哈泽尔贝格的家里，一开始是我主动给他打的电话，他邀请我去他家里，我们在一起聊了整整一个晚上。我当时已经读过他的书，他的书给我的启发不亚于当时阿多诺对我的启发。当时我们探讨了非常多的问题，但是我已经想不起来我们具体探讨了哪些问题。阿尔弗雷德随后在不来梅大学获得了这个教席，并在后来成了我所申请的这个教授席位的选聘委员会成员。我清楚地记得，他当时为我得到这个教席极力争取。我们在那之后还一起举办过一些学术活动，但是和他争论是非常困难的。遗憾的是后来我们的联系就越来越少了，对此我后来常常感到惋惜。一部分原因是我当时忙于大学的建设，另一部分原因则是，他对于我所研究的问题并没有特别的兴趣。他年长于我很多，并且有些固执。

李乾坤：您在阿多诺的指导下获得了硕士学位，您能否给我们讲一下您硕士论文的内容，以及阿多诺对您论文的评价？

莱希尔特：我的硕士论文是关于恩格斯的，得到的评价是"优秀"。在答辩中阿多诺想要考察一下我对马克思的理解，就问我马克思那里的"价值规律"是什么意思。我的回答：价值规律是社会的总劳动按照社会必要劳动时间的尺度的分配。在答辩这一天阿多诺已经非常累了，因为他那时已经参加过多场答辩活动了，因此他显然没有完全理解我的答案。因此他又问了一遍，是否可以给出一个更为简单些的定义。我就回答道："关于价值规律人们还可以这样说，就是商品作为等价物的交换。"这一阐释方式恰恰是阿多诺在他的讲座上不断提及的，对这一答案他很满意。因为他并不理解我的第一个答案，但是这一答案显然是从我对马克思的理解出发的，他就此结束了答辩，并给予了我很高的评价，说这正是他一直希望的优秀的答辩。因此五分钟之后我就离开了他的办公室，并得到了"优秀"的评价。

李乾坤：《脑力劳动与体力劳动》是索恩-雷特尔最重要的著作，这本书的写作持续了几十年。但是阿多诺和霍克海默对这本书，对索恩-雷特尔的研究计划却持完全不同的态度，阿多诺支持索恩-雷特尔的研究计划，霍克海默却反对。索恩-雷特尔在 20 世纪 30 年代试图加入法兰克福社会研究所，霍克海默明确拒绝了他，并在他给阿多诺的信中批评索恩-雷特尔的唯心主义倾向，且认为在他的理论中剥削的问题消失了。您如何看待霍克海默的态度呢？

莱希尔特：谢谢你提供的文献。这段时间里我也翻阅了一下文献，并在霍克海默的通信集中找到了你提供的书信。算上这封书信，在通信集中一共有 15 封涉及索恩-雷特尔，其中许多只是一些简短的评价，只有一些较为详细。但是我个人比较怀疑霍克海默的批判是否都站得住脚。因为霍克海默对马克思的掌握（这是我和巴克豪斯在和他的讨论中发现的）也并不是最好的。在价值形式这一细节问题上他从没有做过研究，更确切地讲，对他来说马克思的名字和唯物主义是一致的，谁要是不断批判马克思的话，那在霍克海默那里是得不到好果子吃的。作为富有的人和研究所的领导，霍克海默拥有很大的权力并也行使了他的权力。相反阿多诺则是一个谨小慎微的人，他无条件地听命于霍克海默。我在由霍克海默和阿多诺共同开设的研讨课上亲自体会过他们二人的性格和关系。阿多诺对霍克海默的态度是一种令人感到尴尬的恭顺，这在任何其他情况下都是不可能出现的。

李乾坤：说到剥削问题，就一定涉及"剩余价值理论"。价值形式理论和剩余价值理论之间是什么样的关系？您是如何看待这个问题的？

莱希尔特：剩余价值当然关系到剥削，只有在剩余价值生产之上剥削才可以成立。其成立其实就是"范畴的叙述"（Darstellung der Kategorien）。马克思从对价值概念及价值的量的维度开始讨论，从而走向对价值形式和一般的等价形式的讨论。在交换之中进行交换的只是等价物，那么利润从哪里来？它只有从生产中产生。但是在生产之中是如何完成的呢？通过活劳动所生产的额外的、可以进入交换中的等价物而完成。在交换中与它们相交换的是同样具有一定价值的作为商品的劳动力。劳动力商品的等价物与总的生活资料的等价物相交换。但是劳动者在生产过程中创造了更多的等价物，一种"价值上的剩余"（Mehr an Wert），这就是资本家可以投入循环之中的。简单讲，这就是价值和剩余价值的联系的内在结构。

我和巴克豪斯谈过你在奥尔登堡报告里关于价值形式和剩余价值关系的观点。巴克豪斯说，这是一个误会，因为没有资本概念价值形式就没法思考，它也就只有悬设在空中。巴克豪斯之所以没有更为深入地研究资本概念和剩余价值问题，是因为他更多地将注意力放在了价值概念和价值形式的问题式上了，并且在这种语境中他研究了整个资产阶级的货币研究文献。

李乾坤：阿多诺一直都对索恩-雷特尔持肯定态度。在阿多诺的著作中，他也不断地使用过"等价交换""等价原则"，甚至"价值形式"这些术语来探讨问题，这从《启蒙辩证法》到后来的《否定辩证法》都可以看到。但是对这些经济学范畴他从没有系统地探讨过。您是怎样看待这个问题的？阿多诺的这些经济学范畴是从哪里获得的启发，是索恩-雷特尔吗？

莱希尔特：我们可以这样推断，阿多诺通过对马克思经济学的思考而受到了启发。但是据我所知，在阿多诺的全部著作中从没有对马克思所研究的范畴的内在联系的系统思考，可以确定他和索恩-雷特尔就此讨论过，但是就我所掌握的文献来说，没有找到成文的东西作为依据。或许阿多诺也受到了霍克海默的"栽培"，因为霍克海默在这一问题上的确是一个正统的马克思主义者。而我相信阿多诺在这一问题的理解上是顺从于霍克海默的。

李乾坤：我想提的下一个问题关系到阿多诺和黑格尔的辩证法。阿多诺批判"总体性"和"同一性"的原则，他不止一次强调"总体是非真实的"。然而总体性原则恰恰是黑格尔强调的，也是黑格尔主义的马克思主义所强调的。此外，当阿多诺讨论辩证法时，他始终强调了"主客体的同一性"的原则，即辩证法不仅是对观念的研究，而且是对事物自身的研究。您如何看待辩证法的这两个层面？

莱希尔特：阿多诺将他的批判理论定义为一种"关于废除的理论，它随着它存在的条件一起消失"（Theorie auf Widerruf，die mit den Bedingungen ihrer Existenz verschwindet）。因此随着革命的实践（谁会是这种实践的主体呢，如果我们没有革命的无产阶级的话），资本主义及这种社会结构的客体性就会废除。但是如何来理解这一由人自身产生的社会客体性呢？既然有这种客体性，那么在非马克思主义的社会科学中就会体现出来。哈贝马斯所探讨的就是这一体系的本质特征，其他社会学家则在区分行为和体系。也就是说社会的系统特征被发现了，但是重要的问题是社会学是如何处理这种系统特征的。阿多诺正确地指出，这种体系是由人所创造的并且建立在独立化（Verselbständigung）之上的。这种独立化，马克思已经在对经济学范畴的辩证发展中描述了出来。它作为社会关系的物化而存在，同时是客观的和主观的。客观的角度作为独立化，而主观的方面则是指这种独立化是由人创造的。主体还具有这样的意义，即人无法洞穿这种独立化，人们把握范畴、货币形式、利润、利息、租金，不是作为价值和剩余价值的表现形式，而只能探讨它们作为物的物化关系。在这一意义上它们是主体，即超越了一种看似客观的世界，也就是主体性的特定的和缩减了的形式，这种主体性在这一形式中，正如从它所产生出的客体性一样将会消失。

李乾坤：您能讲一下您和巴克豪斯之间的差别吗？我注意到，巴克豪斯那里的关键词可能是"二重化"，而您的关键词则是"效用性"，索恩-雷特尔也讨论了效用性概念，在他那里，效用性就是"社会化"概念，您能谈一下这个问题吗？

莱希尔特：巴克豪斯对马克思《资本论》第一卷中价值实体的叙述所做的批判研究，也就是抽象劳动和价值的直接结合，也是我同样研究的问题。马克思以一种非常特殊的方式，在《政治经济学批判》原稿（Rohentwurf）的第一章并没有探讨价值问题，而是在第二章才讨论的。在我和巴克豪斯几天前的谈话中，在我看来正确地提醒了我，马克思无数次地使用了效用（Geltung）概念，但却没有解释过到底如何理解它。这也是我对马克思的叙述的批判，我认为，人们在黑格尔关于存在与效用的统一这一思想上，能够发展出现实的抽象这一概念，而无须同时研究抽象的人类劳动概念。这一思想我在过去已经做过一些探讨，但还没有做系统的思考。或许我还会做这一研究，但是这需要我先来看看那些与之相关的文章。也许我会重燃热情，再次进行这项研究。

李乾坤： 莱希尔特教授，作为阿多诺的学生，您及巴克豪斯、阿尔弗雷德·施密特和克拉尔等人的研究都重新走向了政治经济学，这完全不同于哈贝马斯和他的学生们，您是如何看待这一现象和这种区别的？

莱希尔特： 哈贝马斯从没有真正地对马克思，特别是对政治经济学批判感兴趣过。另外哈贝马斯的个人考虑关系到他教授的职业生涯。在这个问题上有一个小故事，我的一个不幸已故的朋友，海因茨·布拉克迈耶尔曾经给我讲过他和哈贝马斯之间的一次非常私人的谈话。哈贝马斯对他说，人们必须按照能够在《时代周报》（当时还是一份严肃的左翼自由主义报纸）上发表的标准来写作。当时的《法兰克福评论报》已经被认为太左了，这会阻碍在大学的职业发展。

阿尔弗雷德·施密特当时是阿多诺的助手，所有人当时都以为他会成为阿多诺的继任者。他后来也成为教授了，但却是在克服了很多反对的困难之后。巴克豪斯在当时发表的东西太少，因此后来也就没有再争取教授席位。我当时是伊林·费切尔的助手，当时法兰克福大学增加了一个教席，他帮我得到了这个教席。后来不来梅大学创建了，在筹办委员会中有许多左派。所以在第一年几乎所有的专业都有涉及马克思的课程，因此我就有机会被聘任到了不来梅。这在今天不可能了，马克思的名字没人再提了，对马克思的严肃研究，如今在大学也不可能了。

2. 与埃尔贝的访谈，2016 年 2 月 24 日，柏林①

李乾坤：埃尔贝博士，您是德国学界第一位系统研究新马克思阅读的学者，新马克思阅读运动也正是您博士论文的研究对象。首先，请您介绍一下您的大学生涯，以及您为何选择这一题目作为您的博士论文题目？其灵感来源在哪里？在您写作的过程中，遇到了哪些困难？

埃尔贝：我在波鸿鲁尔大学学习哲学时，就与一些同学成立了一个读书小组，这个读书小组主要阅读批判社会理论和马克思主义方面的书籍。在大学期间，鲁尔大学并不提供与马克思相关的课程。我们必须通过自学，并借助一些马克思研究者，如汉斯-格奥尔格·巴克豪斯、米夏埃尔·海因里希，以及狄特·沃尔夫②等人的交往，通过他们的指导来学习马克思的思想。我和我的同学们共同的目的就是拒斥德国共产党对马克思作斯大林式的理解，以及社会民主党对马克思的批判。因此在根基上，我们恰恰和新马克思阅读的开拓者们在 20 世纪 60 年代中期进行探索时有着同样的初衷。尽管对我们来说，历史情况和 20 世纪 70 年

---

① 本访谈以"新马克思阅读的当代书写——英格·埃尔贝访谈"为题发表在《郑州轻工业学院学报》2017 年第 1 期上。

② 狄特·沃尔夫（Dieter Wolf），1942 年出生，社会学家、信息技术学家，独立学者。1979 年在柏林自由大学获得博士学位，代表作有《黑格尔与马克思：绝对精神和资本的运动结构》(1979)、《黑格尔的市民社会理论》(1980)、《商品与货币：〈资本论〉中的辩证矛盾》(1985)。

代的联邦德国相比已经完全改变了，在这一时期，一个马克思研究者要想获得教授席位已然变得不可能了。目前，对我们来说尤其重要的是，将政治经济学批判和法兰克福学派（弗洛姆、霍克海默、阿多诺、马尔库塞）的批判理论相结合。特别是在对纳粹主义和反犹主义问题上，如果不对马克思和阿多诺的思想进行结合的话，是无法根本理解这些问题的。因而，对我来说重要的是，参与到当时在德国左派中广泛开展的反犹主义批判（但不限于此）之中。

我的博士论文后来是在柏林自由大学的弗里德·奥托·沃尔夫教授①和柏林洪堡大学的安德里亚斯·阿恩特教授②的指导下完成的。在我撰写博士论文期间有幸得到了罗莎·卢森堡基金会的资助，没有这笔资助的话，我很难最终完成这项研究。

李乾坤：在您的博士论文《西方的马克思》中，您将新马克思阅读运动作为与"传统马克思主义"和"西方马克思主义"相并列的一个独立传统，这一做法，我相信不论对中国学界，还是对西方学界的很多学者来说，都是需要很大勇气的，当然这也是一个很富开创性的做法。您能不

---

① 弗里德·奥托·沃尔夫（Frieder Otto Wolf），1943年生于基尔，哲学家，柏林自由大学哲学系荣誉教授，德国人道主义协会主席。早年曾求学于阿尔都塞，代表作有《转途：马克思主义危机中的政治理论》（1983）、《激进哲学：对启蒙与解放的探讨》（2002）。

② 安德里亚斯·阿恩特（Andreas Arndt），1949年生于威尔海姆斯哈芬，哲学家，柏林洪堡大学神学系教授，国际黑格尔协会主席。主要从事黑格尔哲学和马克思哲学，以及施莱尔马赫研究。代表作有《马克思：对其理论发展的探讨》（1985）、《辩证法与反映：理性概念重建》（1994）、《历史与自由意识：论黑格尔与马克思的自由辩证法》（2015）。

能阐释一下，新马克思阅读运动最独有的特征是什么？换句话讲，您是如何定义新马克思阅读运动后？

埃尔贝：新马克思阅读之所以可以作为一个相对独立的马克思主义传统，是因为它发展出了政治经济学批判的一个特定方法，以及对认识对象的理解方式——这里首先批判的是恩格斯开创的对马克思著作的阐释方式。从新马克思阅读的范式来看，恩格斯将马克思的叙述方式阐释为经验式的，也因此将马克思的价值理论降低到了李嘉图的水平上，也就是一种价值理论上的自然主义。新马克思阅读将恩格斯对马克思的这种阐释指认为一种总和性的，即将其包括于马克思主义的西方马克思主义传统之中，并特别指出，在马克思自己的著作中，可以发现一种介于古典传统和科学革命之间的矛盾。

在内容上，新马克思阅读坚持价值实体和价值是财富生产历史的特定形式，而非一种超历史的、为所有人类社会奠定基础的现象。新马克思阅读指出，马克思那里的商品、货币和资本表述了一种系统性的联系：剩余价值理论、货币理论和价值理论之间是不能分离的。

国家衍生是 20 世纪 70 年代联邦德国的独特思想现象，在这一讨论中，新马克思阅读批判了列宁主义的和社会民主党的国家理论。列宁主义尽管分析了资产阶级国家的阶级属性，却没有解释清楚为何这一作为"中立的"法律国家可以得到制度化。社会民主党首先将社会国家视作无产阶级的保护机关，却没有揭示出社会国家与阶级统治之间的关系。新马克思阅读主张回到《资本论》和《1857—1858 年经济学手稿》，认为资产阶级国家因为与商品、财富形式存在内在纠葛，从而必须采取一种外在于经济的、公共的权力结构，一种"并不从属于特殊，而是超越一切的，针对一切的权力"（帕舒卡尼斯语），并且同时依靠这种中立的权力——这是对私有财产等类似东西的保障——再生产资本主义的社会结构和阶级统治。此外，社会国家尽管要作为无产阶级的保护机构，但同时也是资本的再生产形式，这一点，鲁道夫·沃尔夫冈·穆勒和克里斯特尔·诺伊西斯已经指出了。

新马克思阅读也重建了马克思的革命理论。这里尤其要指出的一点是马克思《资本论》使得与制度相一致的思想和行为的阐释成为可能。

新马克思阅读虽然从事经济学批判，但并不表明——正如在西方马克思主义的讨论之中还在频繁进行的——它作为决定性的、客观的最终与历史哲学的论证模式兼容。这尽管在新马克思阅读中进行了讨论，然而却证明的是，传统马克思主义历史概念的经典元素，如贫困化理论、自动化生产力进步模式、将无产阶级作为清醒的即告别了资产阶级意识形态的阶级，这些正是在马克思早期著作中可以发现的。在早期著作中，马克思已然开始将其原创性的科学成果在一种政治经济学批判的结构中拓展开。因此，传统马克思主义革命理论的支柱并不牢靠：阶级斗争是在内在于资本的结构化强制中进行的，并首先是在处于虚假意识形态的拜物教形式之中进行的。一种绝对的贫困化并非资本主义的必然元素，生产力并非历史的推动力量，而是生产关系发展了生产力。当然，对于新马克思阅读来说，没有无产阶级的革命也是不可能的。它的观点只是，社会的视角不能够系统地从个别无产阶级的现实利益中发展出来，马克思主义因而也不是"无产阶级的意识形态"。

李乾坤：中国学界对西方马克思主义的研究，在过去三十多年里已经取得了很大进展。我相信，对新马克思阅读还很陌生的大多数中国读者来说，许多人一定会非常关心这一问题：西方马克思主义和新马克思阅读之间的关系是怎样的？因为很有趣的事情是，新马克思阅读的开拓者大多是阿多诺的学生，阿多诺在既往的研究中显然是被视作西方马克思主义的。而西方马克思主义恰恰批判的是正统马克思主义与第二国际社会民主党对马克思的解读。

埃尔贝：西方马克思主义批判传统马克思主义的历史决定论，强调资本主义社会的再生产和变化之中的主体的作用，并且探索将社会心理学和文化的因素作为在西方革命缺席的原因。在这一问题上，新马克思阅读与西方马克思主义是截然不同的。在西方马克思主义中，对经济学批判和政治理论的具体研究并不占据中心位置，它大多还停留在抽象的哲学和文化理论领域。在西方马克思主义的代表人物那里，并没有对《资本论》的具体研究。不论是卢卡奇，还是布洛赫抑或葛兰西和阿多诺，都是如此。特别是他们非批判地接受了恩格斯在国家和政治经济学批判上的立场，并将之作为前提。与之相反，新马克思阅读的中心议题就是对政治经济学批判中的范畴体系进行研究，不仅批判恩格斯的解读，再次将国家问题作为分析的核心对象。当然，新马克思阅读也将资本主义的社会心理学和文化作为次要的主题来研究。

李乾坤：新马克思阅读运动作为一种思想潮流，当然有特定的产生环境。您是如何看待这个问题的？新马克思阅读运动的兴起有着什么样的社会条件和背景？

埃尔贝：新马克思阅读实际上是对马克思著作进行解释的一条新路径，这种路径首先是在 20 世纪 60 年代中期形成的（有苏联的两位先行者：叶甫根尼·帕舒卡尼斯和伊萨克·鲁宾）。其在联邦德国的背景是缘于左派学生运动；其时代背景是对共产主义的信仰因持续的、国家福利化的战后资本主义繁荣而动摇，以及在越战期间反共产主义共识的破裂。此外，新马克思阅读的代表人物也因德国大学在战后的大规模扩建而获益。自 20 世纪 60 年代中期始，德国新建、扩建了许多大学，这为左派学者提供了大量的位置。新马克思阅读可以被理解为对马克思主义的科学解读，并始终坚持立足于学术领域。新马克思阅读的代表人物有一个共同观点，就是他们都认为迄今为止的研究对马克思主义基本概念的理解都有很大局限，因此需要一种与正统的马克思列宁主义和西方社会民主党的马克思主义不同的、新的解读方式。

在这一过程中，阿多诺的学生如阿尔弗雷德·施密特、汉斯-格奥尔格·巴克豪斯、海尔穆特·莱希尔特、于尔根·李策尔特和海尔穆特·布兰特尔等是非常关键的代表人物。除此以外，还有完全独立于阿多诺的，例如理论家约阿希姆·希尔施、菲特·米夏埃尔·巴德尔[①]等人，也为新马克思阅读做出了贡献。新马克思阅读的核心活动地点，曾是柏林、法兰克福和不来梅。

---

① 菲特·米夏埃尔·巴德尔(Veit Michael Bader)，1944 年出生于乌尔姆，阿姆斯特丹大学社会与政治哲学荣誉教授。

李乾坤：在 20 世纪六七十年代，一个有趣的思想史现象是，在德国和法国学界同时开展了对《资本论》的重新阅读。在德国，是以阿多诺的学生为核心，而在法国则是以阿尔都塞的学生为核心。对德法这两个思想潮流进行对比研究，阿历克斯·德米洛维奇教授和弗里德·奥托·沃尔夫教授都已经开始尝试了。对此，您可以发表一下自己的见解吗？

埃尔贝：法国结构主义的马克思主义开端于 1965 年阿尔都塞和朗西埃共同主编的《读〈资本论〉》。在此之后，《资本论》研究就超出法国而拓展到了联邦德国。阿尔都塞在《资本论》中想要得出一种与马克思的自我评注相对立的辩证法，并在此过程中驳斥了恩格斯关于《资本论》的"经验主义"，以及概念的、逻辑的、历史的、展开的统一这些论题；朗西埃有力抨击了恩格斯对价值和剩余价值这些本质范畴的经验主义解释，并且批判了恩格斯在历史发展领域对财富形式的解释中，对概念的抽象层次的解释的转变。阿尔都塞和朗西埃后来的思想发展，对新马克思阅读没有再产生什么影响，他们走向了一种愈加明确的后现代方向。

李乾坤：您的《西方的马克思》一书可以被视作德国马克思研究领域自 2000 年以来的一个独特事件，它在德国这片日益变得平静的学域激起了众多的讨论。当然，也有很多学者批判了您在这本书中对新马克思阅读传统建构的努力，如卡尔·莱特尔和克里斯多夫·海宁。您是如何看待这些批判的呢？

埃尔贝：很遗憾，大多数批判者从来没有真正试图理解新马克思阅读的立场。就此而言，这些讨论更多是作为令人有些恼火的，并被证明为是一些（少数一些）参与者的极端的无视。

批判来自不同的方面。卡尔·莱特尔的主要观点是：阶级斗争就是全部，阶级关系的经济形式是完全无意义的。他将新马克思阅读称作一种"循环马克思主义"，因为他认为在新马克思阅读这里，处于核心位置范畴罪行的是价值形式而非生产。这种说法不仅是无法自洽的，而且显示出莱特尔甚至落后于马克思。因为在马克思那里恰恰是关于特定形式的，也就是市场和价值中介的形式，它采取了在资本主义中的阶级统治，从而使得一种结合动力学得以成立，这种动力学强迫所有阶级和个人处于一种资本的价值增殖逻辑（Verwertungslogik）下。莱特尔是完全不理解这些的，他站在一种强烈的活力论的（vitalistisch）和受到后现代影响的传统中，这种传统将革命主体的作用视作到处都存在。克里斯多夫·海宁的批判我也不能理解和赞同。他对我的著作的阐释是不公平的，并且宣称，我没有解释清楚形式概念。然而关于形式概念我已经在不同的层次上非常系统地加以阐释了，尤其是在论述海尔穆特·布兰特尔那里。批判的总体基调也是从德国共产党的角度出发的，批评新马克思阅读是一种"结构主义"，它没有提供更为革命的改变，并且是学院化的。在这一点上，也显示出德国左派们对我的看法，就是一种彻底的对科学和理智的敌对。

李乾坤：埃尔贝博士，这么说，您也将自己算作新马克思阅读运动的一员了？

埃尔贝：这是一定的。在思想内容上，我首先是站在米夏埃尔·海因里希和狄特·沃尔夫的立场上的，然而我同时也从事被新马克思阅读视作边缘的领域，例如对反犹主义的批判。普殊同和米夏埃尔·海因里希也试图在反犹主义问题上进行经济学批判和意识形态批判的衔接。但是我的观点是，除此以外我们还必须考虑弗洛姆和阿多诺的社会心理学的视角。

李乾坤：新马克思阅读主要关注的是马克思的晚期著作，如《资本论》《1857—1858 年经济学手搞》等。那么新马克思阅读是如何看待马克思的早期著作，如《1844 年经济学哲学手稿》和《德意志意识形态》等著作的呢？我们知道，阿尔都塞在他的《保卫马克思》中集中探讨了这一主题，新马克思阅读和阿尔都塞在这一问题上的观点有何不同呢？

埃尔贝：新马克思阅读当然也研究马克思的早期著作，而且研究得很细致。新马克思阅读的代表人物恰恰对早期和晚期著作的关系进行了非常广泛的著作史的研究，最早在海尔穆特·莱希尔特那里，他的《论马克思资本概念的逻辑结构》（1970）一书就有大量篇幅探讨马克思的早期著作；同时，在革命理论方面，阿里克萨·摩尔也做过研究。社会主义研究小组在这一问题上还曾对《1844 年经济学哲学手稿》和《德意志意识形态》写过评注（1980，1981）。米夏埃尔·海因里希在《价值的科学》（1991）中同样也探讨了早期和晚期的著作。从内容上来讲，新马克思阅读对此问题没有一个一致的立场。一些人强调马克思早期著作和晚期著作的一致性，另一些人则强调马克思早期著作和晚期著作的断裂性。然而需要强调的是，他们认为许多马克思列宁主义的通行教条，较之于晚期著作，更多还是在马克思的早期著作中出现的。这也表明，在对马克思的解读上，不论是列宁主义还是多数西方马克思主义者都没有达到马克思《资本论》的水平。换句话说，马克思将他在 1857 年之后的晚期著作视作一个学习过程，这一过程影响并导致了马克思在个别定理上做出了决定性的改变。另外，还有对马克思晚期著作中价值形式分析的一些变化进行的批判。这些讨论太过复杂，很难在这里简单概括。

李乾坤：新马克思阅读首先关注的是马克思的价值形式理论。众所周知，马克思在《资本论》和《剩余价值学说史》中，着墨更多的是剩余价值理论，这也被恩格斯称作马克思的两大发现之一。那么在新马克思阅读的语境中，您是如何看待价值形式理论和剩余价值理论之关系问题的？

埃尔贝：价值形式理论非常重要，因为传统马克思主义没有认识到，并非马克思的剩余价值理论而是他的"构成价值的劳动"概念，才导致马克思与斯密和李嘉图根本决裂。价值实体在马克思那里是高度历史化的和社会化的，而在斯密那里则是超历史的和人类学的。在价值理论和剩余价值理论的关系上，一方面，剩余价值是价值的一种形式；另一方面商品交换和价值中介作为经济的特征化形式只有在资本主义阶级关系下才是存在的。于尔根·李策尔特（1973）和海尔穆特·布兰特尔（1989）将《资本论》（商品—货币—资本章）中叙述的发展作为向阶级关系的形势分析的下降，视作价值形式的基础。在《资本论》中这些看起来显得简单的范畴，是以总体的社会化的方式及其现实化为中介的，因而是非常复杂的。这是与恩格斯清晰的、简单的商品生产的观念相对立的。因此 W-G-W 的循环形式并非简单商品生产的一个历史阶段，而只是对资本主义的总体生产过程进行分析的抽象概念层次。在这个意义上对新马克思阅读的批判，认为新马克思阅读是一种循环马克思主义，完全是一种臆测。

李乾坤：埃尔贝博士，我了解到，自 20 世纪 90 年代，您就在波鸿鲁尔大学建立了一个"红色鲁尔大学"的读书组织，您的一些同学也在马克思研究领域做出了许多探索。您是否可以对当前德国的马克思研究状况做一个介绍？

埃尔贝：在联邦德国，和所有人看到的表象完全相反，马克思研究日益在大学受到挤压，仅有一些完全孤立的马克思或马克思主义研究者在德国的大学拥有位置，绝大多数不得不接受那种受限制的教职，或者以编外的身份在大学勉强度日。可是在更广泛的公众领域，马克思又重新成为探讨的对象，大学生群体对马克思也有很大的兴趣。然而当学术领域的哲学家们研究马克思时，多数只是在以激进批判的形式来面对马克思，也没有对过去四十多年里的马克思研究进行认真回顾。对马克思和马克思主义的学术研究很遗憾地再次陷入了政治性的泥沼中。此外，一些政治上的左翼组织，也不愿承认这些学术化的马克思主义者的政治意图。这是一种荒诞的情形。

李乾坤：您的新书是关于政治哲学的，您在其中探讨政治经济学了吗？您对政治经济学批判和政治理论之间的关系如何看待？在此意义上，您如何看待哈贝马斯和霍奈特的研究？

埃尔贝：我的这本书，通过对近代以来的契约论（霍布斯、洛克、康德），20世纪的反自由主义政治哲学（施密特、凯尔森），以及批判理论的要求（马克思、阿多诺、弗洛姆、萨特、哈贝马斯、阿伦特）的分析，研究了资本主义所有权和统治关系的特征。从马克思和弗洛姆以及阿多诺出发，我将资本（而非资本家）的批判概念作为一种独立化的社会关系的统治。同时也追问了个体的、直接的统治在国家管理的资本主义中处于什么样的位置，以及这些问题在解释极权时和法西斯主义关系中的大逃亡时，具有什么样的潜力。

我激烈地批判了哈贝马斯的立足点。在我看来，他没有抓住资本主义统治关系的根本特点，对马克思做了灾难性的错误解读，并建构了一种完全向资本主义投降的理论。我在2012年的一个学术会议上向哈贝马斯陈述了我的批判，哈贝马斯直接拒绝了在内容上给予回答。哈贝马斯及其学派（我将霍奈特也算在其中）试图推动批判理论成为社会民主的、认同资本主义的工程，并且相信这样的幻象：能够给予资本主义一副"人"的面孔。对国家主义、法西斯主义和反犹主义的批判，与对资本主义的政治经济学分析一样，都是哈贝马斯和他的学派根本不关心的。这一流派对我们当下最需要回答的问题没有给出任何答案。

李乾坤：埃尔贝博士，非常感谢您耐心细致的回答。

索　引

参考文献

（一）主要外文参考文献

马克思恩格斯文献

1. Karl Marx：*Ökonomische Manuskript* 1857—1858，MEGA2，II/1. 1，
   Berlin：Akademie Verlag，2006.

2. Karl Marx：*Ökonomische Manuskript* 1857—1858，MEGA2，II/1. 2，
   Berlin：Akademie Verlag，2006.

3. Karl Marx：*Das Kapital*，Erster Band（Hamburg 1867，1890），
   MEGA2，II/5，II/10，Berlin：Dietz Verlag，1983.

其他作者文献

4. Adorno，Theodor（1957）：*Einleitung zu Dem Positivismusstreit in
   der deutschen Soziologie*，Darmstadt/Neuwied 1972.

   —— （1958）：*Einführung in die Dialektik*，Berlin 2015.

   —— （1966）：*Negative Dialektik*，Frankfurt. a. M.

   —— （1969）：*Zur Spezifikation der kritischen Theorie*，In：Benja-
   min Archiv，Berlin.

5. Altvater, Elmar/Hoffmann, Jürgen (1990)：*The West German State Derivation Debate*：*The Relation betweeen Economy and Politics as a Problem of Marxist State Theory*, in：Social Text Nr. 24.

6. Anders, John-Friedrich (2011)：*Wie Marx nicht gelesen warden sollte-Zur Kritik der neuen Marx-Lektüre*. In：grundrisse, Nr. 37, 2011, S. 47-56 (zit. nach den Onlie-Texten：www. grundrisse. net).

7. Arthur, Chris (2004)：*The New Dialectic and Marx' Capital*, Brill, Leiden-Boston.

8. Backhaus, Hans-Georg (1969)：Zur Dialektik der Wertform, in：A. Schmidt (Hrsg.), Beiträge zur marxistischen Erkenntnistheorie, Frankfurt a. M. , S. 128-152.

——*Dialektik der Wertform*, Freiburg：Ça ira Verlag, 1997.

—— (1974)：Materialien zur Rekonstruktion der Marxschen Werttheorie 1, in：Gesellschaft. Beiträge zur Marxschen Theorie1, Frankfurt a. M. , S. 52-77.

—— (1975)：Materialien zur Rekonstruktion der Marxschen Werttheorie 2, in：Gesellschaft. Beiträge zur Marxschen Theorie3, Frankfurt a. M. , S. 122-159.

—— (1978)：Materialien zur Rekonstruktion der Marxschen Werttheorie 3, in：Gesellschaft. Beiträge zur Marxschen Theorie11, Frankfurt a. M. , S. 16-117.

—— (1992)：Hans-George Backhaus：*Between Philosophy and Science*：*Marxian Social Economy as Critical Theory*, in：Open Marxism, Volum1, London.

—— (1997): Dialektik der Wertform. Untersuchungen zur Marx-
schen Ökonomiekritik, Freiburg.

—— (1997a): Die Anfänge der neuen Marx-Lektüre, in: ders. : Di-
alektik der Wertform, Freiburg.

—— (2000): Über den Doppelsinn der Begriffe " Politische
Ökonomie" und "Kritik" bei Marx und in der Frankfurter Schule, in:
Stefan Dornuf/Reinhard Pitsch (Hrsg.), Wolfgang Harich zum
Gedächtnis. Eine Gedenkschrift in zwei Bänden, Bd. 2, München
2000, S. 12-213.

9. Blanke, Bernhard, Jürgens, Ulrich, Kastendiek, Hans (1974):
   *Zur neueren marxistischen Diskussion über die Analyse von Form
   und Funktion des bürgerlichen Staates. , In: PROKLA* 14/15.

10. Bolte, Gerhard (Hrsg.) (1989): *Unkritische Theorie. Gegen
    Habermas*, Lüneberg.

11. Bonefeld, W. , Gunn, R. , Psychopedis, K. （Ed.) (1992) . *Open
    Marxism*, vol. 1: Dialectics and History. London: Pluto Press, 1992.

12. Bonefeld, W. , Gunn, R. , Psychopedis, K. （Ed.) (1992) . *Open
    Marxism*, vol. 2: Theory and Practice. London: Pluto Press, 1992.

13. Bonefeld, W. , Holloway, J. , Psychopedis, K. （Ed.) (1995) .
    Open Marxism, vol. 3: Emancipating Marx. London: Pluto Press,
    1995.

14. Bonefeld, Werner (2014): *Critical Theory and the Critique of Po-*

litical Economy. On Subversion and Negative Reason，Bloomsbu-ry.

15. Braustein，Dirk（2011）：*Adornos Kritik der Politischen Ökonomie*，Bielefeld.

16. Clarke，Simon（Ed. ）（1991）：*The State Debate*，Basingstoke and London.

17. Elbe，Ingo（2008）：*Marx im Westen. Die neue Marx-Lektüre in der Bundesrepublik seit* 1965，Berlin.

—— （2015）：*Paradigmen anonymer Herrschaft. Politische Philosophie von Hobbes bis Arendt*，Würzburg.

18. Ellmers，Sven（2007）：*Die formanalytische Klassentheorie von Karl Marx. Ein Beitrag zur "Neuen Marx-Lektüre"*，Bochum.

19. Findeisen，Uwe F. （2015）：*Die Marxsche Kapitalismuskritik-und was die neue Marx-Lektüre（nicht）dazu beiträgt*，in：Johannes Schillo（Hrsg. ）：Zurück zum Original. Zur Aktualität der Marx-schen Theorie. Hamburg.

20. Göhler，Gerhard（1974）（Hrsg. ）：*Georg Wilhelm Friedrich Hegel. Frühe politische Systeme. System der Sittlichkeit. Über die wissenschaftlichen Behandlungsarten des Naturrechts. Jenaer Realphilosophie*. Frankfurt a. M. /Berlin/Wien.

21. Haug，Wolfgang Fritz（1978）：*Westlicher Marxismus? Kritik eines notwendigen Versuches*，*die marxistische Theorie zu historisieren*. In：Das Argument 110，20. Jg. ，S. 484-502.

—— (2006)：*Kapitallektüre*. In：Historisch-kritisches Wörter-buch des Marxismus，Bd. 7/I，Hamburg 2008，S. 323-348.

—— (2006)（mit Vesa Oitinnen）：*Kapitallogik*. in：Historisch-kritisches Wörterbuch des Marxismus，Bd. 7/I，Hamburg 2008，S. 348-359.

—— (2013)：*Das "Kapital" lesen-aber wie？Materialien*，Hamburg.

22. Heinrich，Michael (1991)：*Die Wissenschaft vom Wert. Die Marx-sche Kritik der politischen Ökonomie zwischen wissenschaftlicher Revolution und klassischer Tradition*. Münster 2006.

—— (2005)：*Kritik der politischen Ökonomie-Eine Einführung*，Stuttgart.

—— (2008)：*Wie das Marxsche Kapital lesen？* Bd. 1. Schmetter-ling Verlag，Stuttgart.

—— (2013)：*Wie das Marxsche Kapital lesen？* Bd. 2. Schmetter-ling Verlag，Stuttgart.

23. Heinrich，Michael/Bonefeld，Werner (2011)（Hrsg.）：*Kapital & Kritik：Nach der "neuen" Marx-Lektüre*，Hamburg.

24. Hirsch，Joachim (2002)：*Tote Hunde wecken？ Interview mit Joachim Hirsch zur Staatstheorie und Staatsableitung*，in：Arranca 24.

25. Hoff，Jan：*Marx global. Zur Entwicklung des internationalen Ma-rx-Diskurses seit* 1965. Berlin 2009.

—— (2010)：*Marx in Germany*，in：*Socialism and Democracy*，

27：3，S. 175-180.

26. Holloway, John/Picciotto, Sol（1977）：Capital, Crisis and State, in：*Capital and Class*, vol. 1 no. 2.

—— （1978）（Ed. ）：State and Capital：A Marxist Debate, London.

27. Horkheimer, Max（1935）：*Zum Problem der Wahrheit*, In：*Zeitschrift für Sozialforschung*, Folge. 4，München 1980.

28. Jäger, Michael（1994）：*Ableitung*, in：Historisch-kritisches Wörterbuch des Marxismus, Bd. 1，Argument-Verlag, Hamburg, S. 33-36.

29. Jünke, Christoph（2007）：*Sozialistisches Strandgut Leo Kofler-Leben und Werk*（1907—1995），Hamburg.

30. Kofler, Leo（1955）：*Dialektik und Geschichte. Zur Methode der dialektischen Geschichtsbetrachtung*, Darmstadt 1970.

31. Korsch, Karl（1932）：Geleitwort zur neuen Ausgabe, in：Das Kapital, Berlin 1932，nachdruckt in Köln 2009.

32. Kostede, Norbert（1976）：*Die neuere marxistische Diskussion über den bürgerlichen Staat. Einführung-Kritik-Resultate*. In：*Gesellschaft. Beiträge zur Marxschen Theorie* 8/9，S. 150-196.

33. Krahl, Hans-Jürgen（1971）：*Konstitution und Klassenkampf. Zur historischen Dialektik von bürgerlichen Emanzipation und proletarischer Revolution. Schriften, Reden und Entwürfe aus den Jahren* 1966—1970. Frankfurt a. M. 2008.

34. Kurz, Robert（2012）：*Mehr! Grundrisse zu einer Transformation*

der Kritik der politischen Ökonomie, Berlin.

35. Reichelt, Helmut (1970): *Zur logischen Struktur des Kapitalbe-griffs bei Karl Marx*, Freiburg, 2001.

—— (1983): *Zur Dialektik von Produktivkräften und Produktionsverhältnissen. Verrsuch einer Rekonstruktion*, in: H. Reichelt, R. Zech (Hrsg.), Karl Marx, Produktivkräfte und Produktionsverhältnisse, Frankfurt a. M. , S. 7-59.

—— (1996): *Warum hat Marx seine dialektische Methode versteckt*? In: Beiträge zur Marx-Engels-Forschung Neue Folge 1996. Geschichte und materialistische Geschichtstheorie bei Marx, Hamburg.

—— (2008): *Neue Marx-Lektüre. Zur Kritik sozialwissenschaftlicher Logik*, Hamburg.

36. Reitter, Karl (2015) (Hrsg.): *Karl Marx-Philosoph der Befreiung oder Theoretiker des Kapitals? Zur Kritik der "neuen Marx-Lektüre"*. Wien.

37. Rubin, I. I. (1924): *Essays on Marx' Theory of Value*, Montreal-New York, 1973.

38. Flatow, Sybille, Huisken, Freerk (1973): *Zum Problem der Ableitung des bürgerlichen Staates*, In: *PROKLA* Nr. 7.

39. Schmidt, Alfred (1969) (Hrsg.): Beiträge zur Marxsche Erkenntnistheorie. Frankfurt a. M.

40. Schwarz, Winfrid (1987): Zu neueren Diskussionen um die Wert-

formanalyse im "Kapital" von Marx in BRD, in: *Beiträge zur Marx-Engels-Forschung*, Heft 21.

41. Schweppenhäuser, Gerhard (2012): Kritische Theorie, in: *Historisch-kritisches Wörterbuch des Marxismus* (*HKWM*), Bd. 8/I, Hamburg, S. 212-215.

42. Smith, Tony (1990): *The Logic of Marx's Capital. Replies to Hegelian Criticisms*. Albany.

43. Sohn-Rethel, Alfred (1970): *Geistige und körperliche Arbeit. Zur Epistemologie der abendländischen Geschichte*. Revidierte und ergänzte Neuauflage, VCH, Weinheim 1989.

44. Wallat, Hendrick: *Theoriegeschichte der neuen Marx-Lektüre*. http://www.rote-ruhr-uni.com/cms/IMG/pdf/Theoriegeschichte_der_neuen_Marxlekture.pdf, 2016/12/20.

45. Walter, Euchner/Schmidt, Alfred (1968) (Hrsg.): *Kritik der politischen Ökonomie heute 100 Jahre Kapital*, Frankfurt am Main.

46. Wolf, Dieter (1979): *Hegel und Marx. Zur Bewegungsstruktur des absoluten Geistes und des Kapitals*, Hamburg.

47. Pollock, Friedrich (1928): *Zur Marxschen Geldtheorie*, in: *Archiv für die Geschichte des Sozialismus und der Arbeiterbewegung*, Jg. 13, Hrsg. von Carl Grünberg, Leipzig.

48. Postone, Moishe: *Time, Labor and Social Domination: A Reinterpretation of Marx's Critical Theory*, New York/Cambridge: Cambridge University Press, 1996.

—— (1991)：*Nationalsozialismus und Antisemitismus*，*ein theoretischer Versuch*，in：Kritik & Krise，Nr4/5，Freiburg.

49. Projekt Klassenanalyse（1974）：*Oberfläche und Staat*：*Kritik neuerer Staatsableitungen*（*Altvater*，*Braunmühl u.a.*，*Flatow/ Huisken*，*Läpple*，*Marxistische Gruppe Erlangen*）. VSA，Westberlin.

50. Müller，Wolfgang/Neusüß，Christel（1970）：Die Sozialstaatsillusion und der Widerspruch von Lohnarbeit und Kapital. In：Sozialistische Politik Nr. 6/7. Ebenfalls abgedruckt in PROKLA Sonderheft 1，1971.

—— (1977) *Geld und Geist. Zur Entstehungsgeschichte von Identitätsbewußtsein und Rationalität seit der Antike*. Frankfurt a. M.

51. *Marx-Engels Jahrbuch* 2004—2012/2013，Berlin：Akademie Verlag.

（二）主要中文参考文献

中文译著

1. 《马克思恩格斯全集》第一版第 1—50 卷，人民出版社 1956—1985 年版。

2. 《马克思恩格斯文集》第 1—10 卷，人民出版社 2009 年版。

3. 《马克思恩格斯全集》第二版第 30 卷，人民出版社 1995 年版。

4. 《马克思恩格斯全集》第二版第 31 卷，人民出版社 1998 年版。

5. 《马克思恩格斯全集》第二版第 42 卷，人民出版社 2016 年版。

6. ［德］马克思：《资本论》德文第一版，经济科学出版社 1987 年版。

7. ［英］李嘉图：《政治经济学及赋税原理》，郭大力、王亚楠译，北京联合出版公司 2013 年版。

8. ［德］黑格尔：《法哲学原理》，范扬、张企泰译，商务印书馆 1961 年版。

9. ［德］黑格尔：《精神现象学》，先刚译，人民出版社 2013 年版。

10. ［德］黑格尔：《逻辑学》，梁志学译，人民出版社 2002 年版。

11. ［苏联］帕舒卡尼斯：《法的一般理论与马克思主义》，杨昂、张玲玉译，中国法制出版社 2008 年版。

12. ［苏联］苏联科学院经济研究所编：《政治经济学教科书》（上、下册），人民出版社 1955 年版。

13. ［英］伊恩·斯蒂德曼，［美］保罗·斯威奇等：《价值问题的论战》，陈东威译，商务印书馆 2016 年版。

14. ［英］米克：《劳动价值学说的研究》，陈彪如译，商务印书馆 1962 年版。

15. ［苏联］伊里因科夫：《马克思〈资本论〉中抽象和具体的辩证法》，孙开焕、鲍世明译，山东人民出版社 1993 年版。

16. ［苏联］罗森塔尔：《马克思〈资本论〉中的辩证法问题》，冯维静译，生活·读书·新知三联书店 1957 年版。

17. ［苏联］维·索·维戈茨基：《〈资本论〉创作史》，福建人民出版社 1983 年版。

18. ［德］瓦·图赫舍雷尔：《马克思经济理论的形成和发展（1843—1858)》，马经青译，人民出版社 1981 年版。

19. ［捷克］金德里希·泽勒尼：《马克思的逻辑》，荣新海、肖振远译，中共中央党校科研办公室 1986 年版。

20. ［苏联］弗·阿凡纳西耶夫：《马克思的伟大发现——劳动二重性学说的方法论作用》，李元亨译，山东人民出版社 1991 年版。

21. ［德］曼弗雷德·缪勒：《通往〈资本论〉的道路——1857—1863 年马克思资本概念的发展》，钱学敏等译，山东人民出版社 1992 年版。

22. ［英］佩里·安德森：《西方马克思主义探讨》，高铦、文贯中、魏章玲译，人民出版社 1981 年版。

23. ［英］佩里·安德森：《当代西方马克思主义》，余文烈译，东方出版社 1989 年版。

24. ［匈］卢卡奇：《历史与阶级意识》，杜章智等译，商务印书馆 1992 年版。

25. ［德］卡尔·柯尔施：《马克思主义和哲学》，王南湜、荣新海译，重庆出版社 1989 年版。

26. ［德］卡尔·柯尔施：《卡尔·马克思》，熊子云、翁廷真译，重庆出版社 1993 年版。

27. ［德］霍克海默，［德］阿道尔诺：《启蒙辩证法：哲学断片》，渠敬东、曹卫东译，上海人民出版社 2003 年版。

28. ［德］阿多尔诺：《否定的辩证法》，张峰译，重庆出版社 1993 年版。

29. ［德］阿多尔诺：《哲学的现实性》，王凤才译，载《国外社会科学》，2013 年第 1 期。

30. ［德］霍克海默：《霍克海默集》，曹卫东编译，远东出版社 2004 年版。

31. ［德］伊林·费彻尔：《马克思与马克思主义：从经济学批判到世界观》，赵玉兰译，北京师范大学出版社 2009 年版。

32. ［德］阿尔弗雷德·施密特：《历史与结构》，赵培杰译，重庆出版社 1993 年版。

33. ［德］阿尔弗雷德·施密特：《马克思的自然概念》，吴仲昉译，商务印书馆 1988 年版。

34. ［德］阿尔弗雷德·索恩-雷特尔：《脑力劳动与体力劳动》，谢永康、侯振武译，南京大学出版社 2015 年版。

35. ［德］马尔库塞：《理性与革命》，程志民等译，重庆出版社 1993 年版。

36. ［法］阿尔都塞、［法］巴里巴尔：《读〈资本论〉》，李其庆等译，中央编译出版社 2001 年版。

37. ［法］阿尔都塞：《保卫马克思》，顾良译，商务印书馆 2010 年版。

38. ［法］阿尔都塞：《意识形态和意识形态国家机器》，李迅译，载《当代电影》，1987 年第 3 期。

39. ［法］阿尔都塞：《意识形态和意识形态国家机器（续）》，李迅译，载《当代电影》，1987 年第 4 期。

40. ［法］居伊·德波：《景观社会》，王昭风译，南京大学出版社 2007 年版。

41. ［法］鲍德里亚：《符号政治经济学批判》，夏莹译，南京大学出版社 2015 年版。

42. ［德］哈贝马斯：《交往行为理论》第一卷，曹卫东译，上海人民出版社 2004 年版。

43. [德] 哈贝马斯：《现代性的哲学话语》，曹卫东等译，译林出版社 2004 年版。

44. [德] 哈贝马斯：《我和法兰克福学派——J. 哈贝马斯同西德〈美学与交往〉杂志的谈话》，张继武译，载《世界哲学》，1984 年第 1 期。

45. [德] 霍耐特：《为承认而斗争》，胡继华译，上海人民出版社 2005 年版。

46. [美] 马丁·杰伊：《法兰克福学派史（1923—1950)》，单世联译，广东人民出版社 1996 年版。

47. [德] 魏格豪斯：《法兰克福学派史：历史理论及政治影响》（上、下卷)，赵文、刘凯等译，上海人民出版社 2010 年版。

48. [德] 格·施威蓬豪依塞尔等著：《多元视角与社会批判：今日批判理论》（上、下卷)，鲁路、彭蓓译，人民出版社 2010 年版。

49. [美] 弗里德里克·詹姆逊：《晚期马克思主义》，李永红译，南京大学出版社 2008 年版。

50. [美] 弗里德里克·詹姆逊：《辩证法的效价》，余莉译，中国社会科学出版社 2014 年版。

51. [德] 罗莎·卢森贝：《政治经济学史》，李侠公译，生活·读书·新知三联书店 1959 年版。

52. [日] 尼寺义弘：《黑格尔推理与马克思价值形式论》，邓习议、张小金译，中国戏剧出版社 2007 年版。

53. [日] 柄谷行人：《跨越性批判：康德与马克思》，赵京华译，中央编译出版社 2011 年版。

54. ［美］凯文·安德森：《列宁、黑格尔和西方马克思主义：一种批判性研究》，张传平等译，南京大学出版社 2012 年版。

55. ［意］理查德·贝洛菲尔，罗伯特·芬奇：《重读马克思：历史考证版之后的新视野》，徐素华译，东方出版社 2010 年版。

56. ［斯洛文尼亚］齐泽克：《意识形态的崇高客体》，季广茂译，中央编译出版社 2014 年版。

57. ［斯洛文尼亚］齐泽克：《视差之见》，季广茂译，浙江大学出版社 2014 年版。

58. ［斯洛文尼亚］齐泽克：《延迟的否定：康德、黑格尔与意识形态批判》，夏莹译，南京大学出版社 2016 年版。

59. ［美］大卫·哈维：《资本社会的 17 个矛盾》，许瑞宋译，中信出版社 2016 年版。

60. ［美］大卫·哈维：《跟大卫·哈维读〈资本论〉》第一卷，刘英译，上海译文出版社 2014 年版。

中文著作

61. 徐崇温：《西方马克思主义》，天津人民出版社 1982 年版。

62. 彭信威：《中国货币史》，上海人民出版社 1958 年版。

63. 张一兵：《马克思历史辩证法的主体向度》，南京大学出版社 2002 年版。

64. 张一兵：《回到马克思——经济学语境中的哲学话语》，江苏人民出版社 2013 年版。

65. 张一兵：《无调式的辩证法想象：阿多诺〈否定的辩证法〉的文本学解读》，生活·读书·新知三联书店 2001 年版。

66. 张一兵：《文本的深度耕犁：后马克思思潮哲学文本解读》（第 1 卷），中国人民大学出版社 2004 年版。

67. 张一兵：《文本的深度耕犁：后马克思思潮哲学文本解读》（第 2 卷），中国人民大学出版社 2008 年版。

68. 张一兵主编：《资本主义理解史》1—6 卷，江苏人民出版社 2009 年版。

69. 张一兵主编：《当代国外马克思主义哲学思潮》（上、中、下），江苏人民出版社 2012 年版。

70. 唐正东：《斯密到马克思》，南京大学出版社 2001 年版。

71. 顾海良：《马克思劳动价值论的历史与现实》，人民出版社 2002 年版。

72. 张亮：《崩溃的逻辑的历史建构：阿多诺中早期哲学思想的文本学解读》，江苏人民出版社 2014 年版。

73. 张亮，熊婴编：《伦理、文化与社会主义：英国新左派早期思想读本》，江苏人民出版社 2013 年版。

74. 衣俊卿主编：《新马克思主义评论》（第一辑），中央编译出版社 2012 年版。

75. 尹树广：《国家批判理论——意识形态批判理论、工具论、结构主义和生活世界理论》，黑龙江人民出版社 2002 年版。

76. 尹树广：《20 世纪 70 年代以来西方马克思主义国家批判理论》，黑龙江人民出版社 2003 年版。

77. 丁建弘：《德国通史》，上海社会科学院出版社 2012 年版。

中文期刊

78. 杨德明：《西德新自由主义述评》，《世界经济》1979 年第 4 期。

79. 曹国卿：《论西德新自由主义》，《世界经济文汇》1983 年第 3 期。

80. 韩毅：《论德国国家垄断资本主义制度的起源及形成》，《辽宁大学学报》1990 年第 3 期。

81. 刘莘：《结构主义与历史主义》，《重庆师范大学学报》1987 年第 4 期。

82. 顾海良：《西方马克思主义经济学发展的主要趋势及其基本特点》，《教学与研究》1997 年第 12 期。

83. 马拥军：《西方马克思主义政治经济学批判的意义》，《哲学动态》2012 年第 10 期。

84. 邰丽华：《西方马克思主义"去经济学化"现象反思》，《当代经济研究》2013 年第 1 期。

85. 姚大志：《哈贝马斯：交往活动理论及其问题》，《吉林大学社会科学学报》2000 年第 6 期。

86. 王凤才：《从批判理论到后批判理论（上）——对批判理论三期发展的批判性反思》，《马克思主义与现实》2012 年第 6 期。

87. 王凤才：《从批判理论到后批判理论（下）——对批判理论三期发展的批判性反思》，《马克思主义与现实》2013 年第 1 期。

88. 周嘉昕：《真实的抽象：从阿多诺到齐泽克》，《马克思主义与现实》2014 年第 4 期。

89. 王璐：《西方学者关于马克思劳动价值论百年论争研究综述》，《财经科学》2004 年第 4 期。

90. 孙士聪：《走出佩里·安德森的"西马"——重读〈西方马克思主义探讨〉》，《中国图书评论》2014 年第 12 期。

91. 汪民安：《福柯与哈贝马斯之争》，《外国文学》2003 年第 1 期。

92. 鲁绍臣：《〈资本论〉与抽象统治：当代价值形式学派的贡献与反思》，《现代哲学》2015 年第 6 期。

93. 魏小萍，[德] 米歇尔·海里希，刘祝环：《马克思的劳动价值论及其同古典经济学的四个决裂——德国柏林工业与经济学院海里希教授访谈》，《马克思主义研究》2012 年第 7 期。

94. 胡大平：《20 世纪西方马克思主义思潮的节奏和变奏》，《东南大学学报》2012 年第 3 期。

95. 张亮：《法兰克福学派的批判理论与政治经济学》，《天津社会科学》2009 年第 4 期。

96. 张亮：《霍克海默与法兰克福学派的理论创新道路》，《学术月刊》2016 年第 5 期。

97. 张义修：《当代德国马克思研究的总体格局与五种模式》，《山东社会科学》2015 年第 10 期。

98. 李乾坤：《新马克思阅读运动：当代德国马克思研究一种新纲领的探索》，《山东社会科学》2015 年第 10 期。

99. 李乾坤：《理性走向自我否定的现实根源：析〈启蒙辩证法〉中的政治经济学方法》，《求是学刊》2016 年第 3 期。

后　记

　　本书是在本人 2017 年 5 月通过答辩的博士学位论文的基础上修改完成的。这里首先将原论文的"致谢"部分呈现如下，作为本书形成过程的原初记录。

　　回想我的求学之路，竟然走过了一个轮回：七年前大约此时，我的本科毕业论文所关心的问题，就是由霍克海默所奠定的批判理论范式，究竟是不是一种单纯的文化批判和哲学批判，它与马克思所奠定的历史唯物主义的关系究竟是什么。如今，在这篇博士论文中，这个问题已经得到了解答。我是在 2014 年春天发现了新马克思阅读这个理论传统的。2015 年 3 月，在得到我的导师张异宾教授的肯定后，我饱含热情地扎进了这个深深吸引我的课题之中。2015 年 10

月1日，我在国家留学基金委的资助下奔赴德国洪堡特大学开始为期一年的公派访问研究。德方合作导师阿恩特教授也对我这项研究表示了支持，并为我安排了研讨课。在这一年里，我搜集了大量的文献，亲身拜访了巴克豪斯、莱希尔特、海因里希、埃尔贝等新马克思阅读三代代表人物，通过他们的口述打通了这一思想史研究的诸多关键环节。在这一年里，我还分别在奥尔登堡大学的德国"批判理论研究学园"研讨会，豪格教授的研讨小组和阿恩特教授的研讨班上，分别对我研究的提纲、主要判断和核心概念进行了汇报，得到了德国学者的不少非常有帮助的建议。此外，与德米洛维奇、胡布曼、鲁达、罗扬等学者的交流，也让我更为全面地认识了当代德国左翼学界的历史和现状。在德国期间的这些经历，决定性地推动了我的研究。

想起四年前赴德攻博的愿望破灭，在巨大的痛苦与困顿中，我安慰自己：这个城市将我留下了，或许是为了给我更多。如今再看过去的四年，我满怀感激并感到欣慰。

感谢我的导师张异宾先生，在跟随先生七年的学习生活中，先生的胸怀、格局和视野，以及对学问的热忱，对学生来说是一笔弥足珍贵的财富。感谢南京大学马克思主义哲学学科的老师们，他们对我的培养、引导和支持，让我充满力量。语言总是苍白的，我想，将这些感恩之情化作动力，在学问之路、真理之路上奉献自己更多的力量，就是最好的报答。

感谢巴克豪斯先生和莱希尔特教授，与这两位守住了思想史"战略图"上的"街亭"的老人的缘分，想起来是那样的美妙。和他们的面对面交流，注定将是我此生最难忘且美好的回忆。

最后，我还要感谢国家留学基金委的资助，希望我的这项研究能够对得起祖国的培养。

我将这篇论文献给我的爱人尤佳女士。过去的几年，是我人生最重要的一段时间，而这一切，都离不开她的付出与陪伴。

2017 年 4 月 5 日于南京大学鼓楼图书馆

在修改成书的过程中，除去必要的技术性修订及若干最新文献的补充以外，笔者还在附录中增添了在写作博士论文过程中，与莱希尔特和埃尔贝进行的两份访谈的记录。通过这些访谈，读者可以直接了解新马克思阅读的兴起过程、其理论要点等相关问题。

本文成稿于两年前，在对书稿进行修改的过程中，笔者心怀感伤地发现，必须要对书中提到的新马克思阅读的相关人物的信息做出修改，因为就在过去两年中，鲁道夫·沃尔夫冈·穆勒、艾尔玛·阿尔特法特和普殊同都已相继离世。

2019 年，正值巴克豪斯和莱希尔特两位老人的 90 岁和 80 岁生日，这本书的出版，就作为对二人的生日献礼吧！

2019 年 6 月 26 日于南京大学树华楼

图书在版编目（CIP）数据

价值形式、国家衍生与批判理论：德国新马克思阅读运动研究/
李乾坤著. —北京：北京师范大学出版社，2021.8
　　（当代国外马克思主义哲学研究）
　　ISBN 978-7-303-26785-9

　　Ⅰ.①价… Ⅱ.①李… Ⅲ.①西方马克思主义-研究
Ⅳ.①B089.1

中国版本图书馆 CIP 数据核字（2021）第 018552 号

营　销　中　心　电　话　010-58805385
北 京 师 范 大 学 出 版 社　　http://xueda.bnup.com
主题出版与重大项目策划部

JIAZHI XINGSHI GUOJIA YANSHENG YU PIPAN LILUN
出版发行：北京师范大学出版社　www.bnup.com
　　　　　北京市西城区新街口外大街 12-3 号
　　　　　邮政编码：100088
印　　刷：鸿博昊天科技有限公司
经　　销：全国新华书店
开　　本：730 mm×980 mm　1/16
印　　张：23.75
字　　数：283 千字
版　　次：2021 年 8 月第 1 版
印　　次：2021 年 8 月第 1 次印刷
定　　价：88.00 元

策划编辑：郭　珍　　　责任编辑：朱前前
美术编辑：王齐云　　　装帧设计：王齐云
责任校对：包冀萌　　　责任印制：陈　涛